학습자 중심의
번역 수업 모델

Multiple Voices in the Translation Classroom

존 벤자민스 통번역 총서 05
한국통역번역학회

John Benjamins Series – 05

학습자 중심의 번역 수업 모델 - 활동, 과업, 프로젝트

Multiple Voices in the Translation Classroom

마리아 곤잘레즈 데이비스 지음 | 신지선 옮김

HU:iNE

The paper used in this publication meets the minimum requirements of American National Standard for Information Sciences –Permanence of Paper for Printed Library Materials, ansi z39.48-1984.

Library of Congress Cataloging-in-Publication Data

Gonzalez Davies, Maria

Multiple voices in the translation classroom : activities, tasks and projects / Maria Gonzalez Davies.

p. cm. (Benjamins Translations Library, issn 0929–316 ; v. 54)

Includes bibliographical references and index.

1. Translating and interpreting--Study and teaching (Higher) I. Title.

II. Series.

P306.5.G66 2004

418'.02'0711-dc22

2004049729

isbn 90 272 1660 6 (Eur.) / 1 58811 527 5 (US) (Hb; alk. paper)

isbn 90 272 1661 4 (Eur.) / 1 58811 547 X (US) (Pb; alk. paper)

John Benjamins Publishing Co. · P.O. Box 36224 · 1020 me Amsterdam · The Netherlands

John Benjamins North America · P.O. Box 27519 · Philadelphia pa 19118-0519 · USA

발간사

1960년대 캣포드(J. C. Catford)와 니다(E. Nida) 이후 통역학을 포괄하는 광의의 번역학은 현대적 본격 학문 분야로 부상하기 시작하였다. 캣포드의 '언어학적 접근'과 니다의 성서번역을 위한 '소통효과중심의 접근'에 이어 '문화전환'(cultural turn)과 '맥락전환'(contextual turn)의 패러다임 전환을 거치면서 번역학은 학제적 성격(interdisciplinarity)을 더욱더 공고히 하게 되었다.

번역학이 대표적인 학제적 학문분야인 것은 연구대상인 번역현상과 문제의 설명을 위해 가져오는 이론 틀(frameworks)과 연구방법론(research methodology)의 다양성 때문이라 할 수 있다. 번역학은 번역과정과 번역 결과물을 모두 연구대상으로 삼는다. 번역사의 '블랙박스' 안에서 번역행위를 둘러싸고 연속적으로 이루어지는 무수한 의사결정 과정과 그 과정에 작용하는 다양한 변수들을 설명하는 한편 이들 작용의 가시적 구현체로서의 번역 결과물을 모두 다룬다. 이렇다 보니 번역사의 머릿속에서 이루어지는 과정을 들여다보기 위해 사고발화법(Think-Aloud Protocol), fMRI(기능적 자기 공명 영상 기법), 통계처리를 포함하는 코퍼스 분석, 담화분석 및 기능문법 등 다양한 인접학문분야의 연구성과와 분석도구를 차용하기도 한다.

그러나 번역학이 언제까지나 학제성에 만족하고 있을 수만은 없다. 번역학의 학제성은 그동안 어쩌면 번역학의 일방적 '짝사랑'이었을 수도 있다는 문제의식이 필요한 시점에 와있다. 프랑스 번역학자 질(D. Gile)의 이야기는 이런 면에서 시사하는 바가 크다.

> 『번역학이』 타 학문분야와 맺어오고 있는 파트너십은 균형을 이루지 못한 경우가 대부분 이어서, 『우월한』 지위, 파워, 재정능력 및 실제 리서치 능력은 파트너 관계에 있는 학문분야가 점하하는 경우가 일반적이다. 뿐만 아니라 학제성이 패러다임의 확산을 도와 결과적으로 자율적인 학문분야로서의 통번역 연구의 지위를 약화시키고 있다.
>
> (질 2004: 29)

발생학적으로 학제성을 장점으로 강조해온 번역학의 입장에서 다시 한 번 곱씹어볼 일이다. 핌(A. Pym) 역시 대표적 번역학 학술지의 하나인 『Target』의 역할을 되돌아보면서, 번역학이 인접 학문분야의 연구성과를 도입해오고 있는 반면, 정작 번역학의 연구성과가 인접 학문분야로 전파되는 경우는 상대적으로 드물다는 점을 지적하고 있다. 그만큼 번역학과 인접학문분야의 관계가 균형 잡힌 호혜적 지적(知的) 파트너십은 아니었다는 이야기일 것이다. 이런 시점에서 번역학을 연구하는 우리가 해야 할 일은 번역학 자체의 고유연구영역을 더 분명히 규정하는 한편 학문적 엄격성을 갖춘 연구방법론을 확립하는 일일 것이다.

존 벤자민스(John Benjamins) 출판사의 통번역 총서는 그동안 전세계적으로 번역학의 다양한 연구 성과와 새롭게 개척되는 연구방법론을 선도적으로 꾸준히 소개해왔다는 점에서 일정한 기여를 인정해야 할 것이다. 번역학 연구자라면 누구나 이 총서 가운데 최소한 한두 권 이상은 읽어보았을 정도로 번역학의 학문적 성과를 집대성하여 소개해오고 있기 때문이다. 『존 벤자민스 통번역 총서』 번역작업에 누구보다도 바쁘신 교수연구자들이 다수 자원하신 것은 바로 이 총서에 대한 지적 향수(知的 鄕愁) 같은 것이 작용한 때문은 아닐지.

국내 최초의 전문통번역학 연구단체인 한국통역번역학회(KSCI)가 이번에 『존 벤자민스 통번역 총서』 가운데 대표적인 업적들을 선별하여 번역 출간하게 된 것은 특별히 의미가 크다. 1998년 학회 창립 이래 국내 최초의 한국연구재단 등재지 『통역과 번역』, 국제전문학술지 『FORUM: International Journal of Interpretation and Translation』을 발행해오면서 국내외 통번역학의 발전과 소통에 이바지해온 본 학회의 통번역총서 번역 발간이 우리말로 쓰인 번역학 자료에 목말라해온 연구자들에게 도움이 될 수 있기를 희망한다.

경기침체로 출판계 전망이 장밋빛이지만은 않은 상황에서 "뜻있는 기획출판일수록 대학 출판부에서 맡아야 한다."며 선뜻 『존 벤자민스 통번역 총서』 출판 추진에 합의해주신 한국외국어대학교, 특히 권원순 출판부장님과 안상덕 팀장님, 신선호 과장님께 고개 숙여 감사를 드린다. 학회를 대표하여 출간을 총괄해주신 김대진 서울과학기술대학교 교수님과 실무조정을 도와준 이주연 한국외대 통번역대학원 교수님께도 감사의 마음을 전한다.

2014년 4월 1일

한국외국어대학교 영어통번역학부 교수

한국통역번역학회 회장

정호정

저자 서문

저의 연구를 처음부터 전폭적으로 신뢰해 준 필 뱅크스와 앨런 더프, 두 사람에게 이 책을 바치고 싶습니다.

또한 이 모든 연구의 출발점이 되어 준 바르셀로나 대학교의 마이크 모즐리, 미셸 페레이라, 로빈 라이크로프트와 수잔 크랙에게 특별히 감사의 말씀을 전합니다.

원고를 검토하고 조언을 아끼지 않은 유진 나이다, 로렌스 베누티, 셰일라 발데크, 마사 테넨트, 로사 티라도, 몬세 카탈라, 마리아 루즈 셀라야와 필라 고다욜과, 본문에 나오는 불어와 독어를 점검해 준 서스 우가르테, 루크레시아 카임, 그리고 익명으로 도움을 준 두 분께도 진심으로 감사드립니다. 특히, 열성적으로 협력해준 학생들과 본 연구를 성원해준 빅 대학교의 인문번역과학대학 동료 교수들이 있었기에 이 책을 완성할 수 있었습니다.

끝으로, 늘 제게 용기를 주고 성원해 주며 함께 나누지 못한 시간들을 너그러이 이해해 준 저희 가족들, 특히 조셉 엔리크, 카를로스, 후안, 페르민, 그리고 아버지께 깊은 감사의 마음을 전합니다.

지식은 실체가 아니라 역동적인 구조이다. 고정된 부동의 유형이 아니라, 대화를 기반으로 하는 역동적이고 불규칙한 유형이다. 따라서 침묵에 대한 대안을 찾는 과정에 적극 참여하여 다른 사람들과 더불어 배워나가는 법을 습득하는 것이 관건이다.

고다욜(P. Godayol) 2003, p.23

옮긴이의 말

해외에서 출판된 번역학 이론서들을 구입해서 읽다가 '그래! 바로 이 책이다!' 싶은 책을 만났다. 마리아 곤잘레즈 데이비스 교수의 번역 교수법, 바로 이 책이다. 이 책을 번역하게 된 직접적인 동기이다.

번역은 수학이나 과학처럼 정답이나 풀이 과정, 평가 기준이 명확한 학문이 아니다. 가르치는 교수자도 전문 번역사, 어문학 전공 교수, 번역학 연구자 등으로 다양하다. 또한, 단계적으로 참고할 수 있는 교재가 풍부하지 못한 것이 현실이다. 교수자가 어떤 방식으로 수업을 진행해야 좀 더 효율적일까에 대한 연구 자료도 부족하다. 이런 상황에서 교수자들은 학생들을 가르치면서 수없이 시행착오를 겪었다.

고민하던 차에 만난 이 책은 가뭄 끝에 내린 비처럼 감동 그 자체였다. '우와! 앞으로 수업 시간에 이렇게 해야겠구나! 진작 알았더라면 학생들에게 많은 도움이 되었을 텐데...' 저자는 교수자가 수업 시간에 바로 적용해볼 수 있는 다양한 모델들을 구체적으로 제시해 주었다. 번역 과정에서 진지하게 논의해 보아야 할 항목들도 꼼꼼하게 지적해 주었다. 학생들을 번역 전문사의 길로 이끌어줄 수 있는 안내서로 독보적인 이론서라 할 수 있겠다.

한국통역번역학회에서 번역 출간하려는 『존 벤자민스 통번역 총서 시리즈』의 도서 목록에 이 책이 포함되어 있었다. 이 책만큼은 내가 꼭 번역해야겠다는 생각이 들었다.

이 책이 다른 이론서와 차별화되는 점이 무엇이며, 번역을 가르치는 교수와 번역을 배우는 학생들이 왜 이 책을 읽어야 하는지에 대해서는 저자가 서문에서 자세히 밝히고 있다.

번역을 하면서 이 책은 번역 교수법의 매뉴얼이라는 확신을 얻었다. 교재는 누가 읽더라도 쉽게 이해할 수 있어야 한다는 것이 역자의 소신이다. 난해하거나 모호해서는 좋은 교재라 할 수 없다. 사용자의 가독성을 우선적으로 고려한 이유라 하겠다.

이 책은 저자가 진행했던 수업을 바탕으로 집필해서, 소개된 사례들이 대부분 영어와 스페인어의 조합으로 되어 있다. 사례에서 원문이 영어로 제시된 경우, 영어 원문을 한국어로 번역하지 않고 그대로 두었다. 수업 중 영어 원문을 한국어로 번역해 볼 수 있을 것이다. 그 외에 영어 원문을 스페인어로 번역한 사례의 경우, 저자가 괄호 안에 영어로 역번역하여 소개하고 있기 때문에 두 언어 간에 어떤 식으로 번역이 이루어졌는지 알 수 있다.

체계적인 교수법의 관련 서적이 부족한 현 상황에서 이 책은 번역을 지도하는 교수자들 뿐만 아니라, 번역을 지도받는 학습자들에게도 크게 도움이 되리라는 기대감으로 이 책을 소개한다.

신 지 선

차례

서 론[1)]

모든 번역, 모든 읽기란 토론하는 것이다. 읽기나 배우기는 '소극적으로 수용하는 상태'가 아니라 참여자들의 다양한 목소리가 한데 모여 살아 숨 쉬는 상황이다.
오이티넨(R. Oittinen) 1992, p.79-80

다행스럽게도, 지난 50년동안 번역 이론가, 연구자, 실무자들의 목소리가 강하게 들리기 시작했다. 그런데 미래의 이론가, 연구자, 실무자를 양성하는 전문가들, 바로 교육을 담당하는 교수자들의 경우는 상황이 조금 다르다. 본인들의 존재를 뚜렷이 드러낼 만한 목소리가 제대로 들리지 않고 있다. 장차 연구와 실무에서 중요한 위치를 차지할 학습자들의 경우에도 상황은 마찬가지이다. 번역사를 준비시키는 교수자들의 목소리는 번역 전문가를 양성하는 교육 과정에서 크고 또렷하게 들려야 한다.

번역 교육 분야는 지난 수백 년간 얼마나 많이 발전했을까? 교육학이나 심리학의 연구 결과에도 꾸준히 관심을 기울였나? 번역은 가르칠 수 있는 것인가? 관련 분야의 문헌을 개괄적으로 살펴보면 번역 과정과 번역 결과물에 대한 연구는 많으나, 실제 수업 시간에 이루어지는 상호 작용에 관한 연구는 찾아보기 어렵다. 번역은 어떻게 지도해야 하는지를 처방하거나(아쉽게도 실질적인 방법은 제시하지 않으면서) 번역문에서 발생하는 변환양상을 기술하는 데만 초점이 맞추어져 있고, 수업에서 발생하는 상호작용에는 관심이 없는 듯하다.

번역을 지도하려면 교수자가 다양한 분야에 배경 지식이 풍부해야 하기 때문에 번역교육이 어렵다고들 한다. 즉, 교수자가 소통이론, 언어학, 사회언어학, 심리언어학, 신경언어학, 인지학, 번역학 등을 알 필요가 있다는 주장이다. 잘못된 생각은 아니다. 따지고 보면 맞는 말이다. 필자가 지적하고 싶은 점은 교수자가 알고 있어야 할 분야에 교육학과 심리학이 빠져있다는 사실이다. 위에서 언급한 분야들을 교육적 맥락에서 고찰해야 한다는 사실은 모두가 간과하고 있는 듯하다. 교육학과 심리학, 이 두 분야를 어떻게 하면 번역 교육에 포함시킬 수 있을까? 예를 들어 생각해 보자. 번역 수업을 위해 강의계획안을 준비할 때 리차드와 로저스(Richards and Rodgers, 1986/2001)가 제안한 단계별 교육 방안을 따른다면, 교육학은 분명히 번역 교육에 교육적 토대를 제공해주고 있는 셈이다. 번역 교수자는 다음의 세 가지 측면을 깊이 생각해 보아야 한다. 첫 번째는 '접근 방법'이다. 이는 번역이라는 대상의 본질과, 번역 능력을 습득하는 방법에 관한 이론이나 원칙들을 가리킨다. 두 번째는 '디자인'이다. 실제 교실에서 이루어지는 모든 상호 작용을 가리키며 여기에는 학습 목표와 학습 내용의 선정, 순차적 구성(강의계획안), 물리적 환경, 교수자와 학습자의 역할 등이 포함된다. 마지막으로 세 번째는 '교수법'이다. 이는 앞의 두 가지 측면을 바탕으로, 교수자 중심의 강의에서부터 학습자 중심의 실제 프로젝트 진행에 이르기까지 수업과 관련된 모든 활동들을 아우른다.

교육학에 이어 심리학과 접목할 수 있는 핵심 사항으로는 다음의 두 가지를 생각해 볼 수 있다. 한 가지는 학습자의 번역 능력을 향상시킬 수 있는 정보처리 관련 두뇌활동을 관찰, 탐구, 시험해 보는 것이고, 다른 한 가지는 학습자의 성격, 배경, 학습/번역 스타일 등의 정서적 지능과 관련된 문제들을 면밀히 살펴보는 것이다. 이 두 분야는 교수자가 본인의 지식을 보완하고, 학습자가 각자의 실력과 전문가다운 자세를 함양하는데 도움이 될 것이다. 심리학과 교육학의 연구 결과, 동기를 유발하고 참여를 장려하는 분위기 속에서 다양한 학습/교습 스타일을 존중하면, 학습자의 능력과 성과가 향상된다는 사실이 밝혀졌다(가드너(Gardner), 1985; 가드너와 램버트(Gardner & Lambert), 1972; 우드워드

(Woodward), 1992; 라이트(Wright), 1987). 번역을 가르치는 교수자는 누구든지 해당 분야에서 전문가로서의 역할과 교육 전문가로서의 두 가지 역할을 해야만 한다.

위에서 언급한 모든 학문 분야는 "읽고 번역하는" 방식으로 가르칠 수도 있고, 학습자의 참여와 대화를 독려하는 상호 작용 방식에 따라 가르칠 수도 있다. 상호 작용 방식을 활용하면 수업 시간에 활동(activity)과 과업(task)을 활용하고 프로젝트를 진행하여 학생들에게 전문 번역사의 세계를 가감 없이 보여주거나, 실제 작업에 직접 참여해 볼 수 있는 기회를 제공해 줄 수 있다. 이러한 교수법을 디자인 할 때 교육 목표는 읽기/쓰기, 문제 발견 및 해결, 검색, 컴퓨터 작업, 전문가 자세, 그 외 번역사가 갖추어야 할 기타 능력 계발 등이 고려된다(번역 능력에 관한 연구는 오로스코(Orozco), 2000 참조). 위의 두 가지 교수법 중에서 어떤 방식을 선택할 것인가는 교수자에게 달려있다. 교육적 맥락에서 보면, 무엇을 가르치기 위해 택하는 교습 방식이 가르치는 내용 그 자체만큼이나 중요할 수 있다. 이 책에서는, 학생들이 습득하기를 바라는 선언적 지식(declarative knowledge)을 교수자가 어떻게 하면 가장 효과적으로 제공할 수 있을지 고찰해 보았다. 효과적인 교육이란, 질문에 답을 주는 것뿐만 아니라 질문 자체를 유발시키는 것이라고 생각한다.

여기에서 한 가지 분명히 밝히고 넘어가야 할 사항이 있다. 일각에서 번역 교육은 구체적인 번역 이론에 의존하기 때문에 번역 능력을 이론적으로 온전히 설명할 수 있기 전까지는 교육이 제대로 이루어질 수 없다고 주장한다. 이 문제를 논하기 위해 언어 학습 분야를 한 번 생각해 보자. 언어 학습 분야에서도 비슷한 문제가 발생한다. 언어 능력을 구성하는 기저에 과연 무엇이 있는지 우리가 알고 있는가? 이런 의문이 해결되지 않았음에도 불구하고 언어는 현재 전 세계적으로 교육이 이루어지고 있다. 제대로 된 번역 교육이 아직 시기상조라는 견해에 대한 대답으로, 번역 이론 가운데 유일하게 타당한 단 하나의 이론이란 없는 것처럼, 번역 교육에서도 유일하게 타당한 단 하나의 교육법은 없다고 할 수 있다.

가드너와 램버트가 1972년에 동기유발에 관해 획기적인 연구 결과를 발표하고, 가드너(H. Gardner)가 1986년에 다중지능에 관해, 골먼(D. Goleman)은 1996년에 정서 지능에 관해 밝힌 이래로, 우리는 소위 말하는 후기 교수법(Post-Method Condition)(블록(Block), 2000; 쿠마라바디베루(Kumaravadivelu), 1994; 프라부(Prabhu), 1992)을 교육에 활용하게 되었다. 탈식민주의 시대와 맞물려 다양성, 다문화/다언어 교육, 학습자와 학습/교습 스타일 존중과 같은 개념들이 일반화되었고, 교육환경에 따라 서로 다른 교육법이 효과적일 수 있다는 인식 또한 널리 확산되었다.

이 전에 몇몇 나라에서, 외국어를 가르칠 때 문법 번역식 교수법(Grammar-Translation Method) 대신 소통 중심 교수법(Communicative Approach)을 적용하면서 1980년대와 90년대 이후에 학습자 자율성, 자신감, 그룹 활동, 의사 결정, 학습준비, 유의미한 학습, 학습자 중심 수업 등의 개념들이 자리를 잡게 되었다. 이는 번역 교육과도 분명히 연관이 있는 개념들이다.

여기에서 한 가지 더 지적하고 싶은 것이 있다. 학생들이 제대로 번역을 하지 못한다고 교수들이 불평을 하곤 하는데 교수들은 다음의 사실을 잊지 말아야 한다. 우선 교육학적 논리로 따져 보았을 때, 학습에는 어느 정도의 일정한 시간이 반드시 필요하다. 그러므로 처음부터 일반 학생들에게 경험이 풍부한 전문 번역사의 능력을 기대하기란 무리이다. 한편, 이제는 교수가 신세대 학생들에게 맞추어 종이에 적힌 텍스트만이 아니라, 구술과 비언어적 요소도 수업교재에 포함시킬 때가 왔다는 사실을 깨달아야 한다. 수업에서 이 두 가지가 통합된 형태도 다루어야 하고 아울러 학생들의 문화적 배경도 고려해야 한다. 학생들이 서로 다른 문화권에서 성장했고, 향후 그 안에서 번역을 하게 될 것이기 때문이다. 이제는 텔레비전이나 라디오의 토크쇼, 이메일과 핸드폰 문자 등도 교재로 다룰 때가 되었다. 오늘날, 번역을 가르치기 위해 "읽고 번역하라" 지시하는 것은 외국어를 가르칠 때 문법 위주 번역식 교수법에 매달리는 것만큼이나 구시대적이고 비능률적이라고 할 수 있다. 어느 나라 속담처럼 "항상 하던 대로 하면 항상 같은 결과만을 얻을 뿐이다!"

이 책에서 이야기하는 교수자의 역할은 안내자나 상담자의 역할에 가깝다. 대부분의 질문에 정해진 답이란 없고 토론과 협의, 협력, 성찰이 필요하다. 이 모든 과정에서 학습과 소통전략, 창의력과 심리학에 관한 연구에 기반을 둔 교수법을 활용할 수 있을 것이다.

여기에서 언급하고 넘어가야 할 중요한 것이 있다. 번역을 빠르고 효율적으로 수행해야 할 "의사 소통의 역동적인 과정"(하팀과 메이슨(Hatim & Mason), 1990, p.52)이라고 생각한다면 텍스트 분석, 재표현, 요약, 의뢰인 요구사항이나 독자/청자 기대치에의 부응, 검색, 소프트웨어 활용, 제약 극복 등의 기술들이 기본적으로 필요하다. 이런 기술들을 계발하려면 유연하고 탐구적이며 개방적인 자세 또한 필요하다. 이러한 자세는 학습단계에서 키워주고 독려할 수 있다는 사실을 잊지 말아야 할 것이다. "... 왜냐하면 시간과 열의를 가지고, 올바른 방법과 전략을 고집할 수 있는 유일한 곳이 바로 대학이기 때문이다." (과덱(Gouadec), 2000).

여기에서 학생들의 특성과 그들의 교육적 환경이 모두 동일한 것은 아닌데 번역 교육자료들을 보면 종종 동일하다는 인상을 받는다. 실제 현실에서는, 심지어 한 나라 안에서도 번역 교육 기관별로 환경의 차이에 따른 니즈를 분석하여 강의계획안을 다르게 마련하곤 한다. 지정학적으로 멀면 멀수록 더 큰 차이를 보이는 것은 물론이다. 다른 것을 다르지 않다고 보는 번역 교육 분야의 이러한 상황은, 긍정적인 측면에서 보자면 허비(Hervey 외, 1995, p.17)가 '번역상의 손실(loss)' 문제를 고찰할 때 제시한 상황과 비슷할 듯하다. "우리가 주장하는 이론에서는 번역사의 목표가, 원문과 번역문을 절대적 차원에서 최대한 같게 하려는 것이 아니라 상대적 차원에서 최소한 다르게 하려는 것이라고 가정한다... 그러므로 '번역상의 이득(gain)'이라는 환상에서 벗어나 '번역상의 보상(compensation)'이 가져다 줄 실질적인 이점에 주목해야 한다." 우리는 번역 수업에 관한 아이디어를 더 많이 공유해야 한다. 번역에 대해서 뿐만 아니라 교수법에 대해서도 상이한 이론의 다양한 아이디어를 공유해야 한다. 그렇게 하면 지역별, 개인 간의 차이점을 존중하면서 공통점의 연결고리도 틀림없이 만들어 낼 수 있을 것이다.

이번에는 동기부여와 성공적인 학습에서 찾아볼 수 있는 또 하나의 요소를 언급하고자 한다. 바로 놀이의 요소이다. 크로닌(Cronin, 출간예정)은 다음과 같이 밝힌 바 있다.

> 번역 교육에 관해 이론적으로 고찰하다 보면 언어의 놀이 이론과 게임 이론이 이상하게도 빠져 있는 것을 깨닫게 된다. 인간 발달과정에서 놀이가 기여하는 엄청난 인지적 측면을 고려하지 않고서는 사고에서의 직관과 언어에서의 창의력을 이론화하기 어려운데 이 부분이 빠져 있어 매우 놀랍다.

이 책에서 소개하는 교수법에는이 놀이 요소가 대부분 포함되어 있어 학생들의 기분전환에, 심리적 압박감을 줄이는데, 창의력을 발휘하는데, 그룹의 결속력을 다지는데 도움이 될 것이다(어만(Ehrmann), 1999 참조).

교실에서는 여러 참여자들의 다양한 목소리가 들려야 한다. 이론가와 연구자, 번역사와 의뢰인의 목소리 뿐만 아니라 교수자와 학습자의 목소리도 들려야 한다. 번역을 하거나, 번역을 지도할 때 한 가지 방식만 고집하지 말고 새로운 길도 탐험해 보아야 한다. 이는 번역사의 존재감에 힘을 실어줄 뿐만 아니라 이 분야의 다른 목소리들을 격려하는 문제이기도 하다.

왜 이 책을 읽어야 하는가?

> 우리가 학생들에게 원하는 실력을 쌓게 하려면 정확한 교육 도구를 디자인해야만 한다. 여기에서 도구란 원하는 효과를 구체적으로 거둘 수 있고 특정 목적에 쓰일 도구를 가리킨다.
>
> 슈리브(Shreve) 1995, p.14

번역 이론, 텍스트를 번역하는 가장 좋은 방법, 전문 번역사가 되는 방법 등에 관한 문헌은 비교적 많은데 번역 교육에 관한 자료들은 거의 없다. 간혹 있다 해도 대부분 교수자와 학습자 관계에서 교수자 중심의 교수법을 따른 것이고, 교육 초반부터 학생들에게 전문가 정도의 실력을 기대하는 편향된 시각을 보여준다. 또한, 학생들의 경우에는 종종 동일한 재능과 성향을 지닌 동질적인 그룹으로 간주되며, 백지상태에서 교육을 받기 시작한다. 학생들의 구체적인 니즈, 전문가 수준에 도달하기 위해 거쳐야 할 단계, 번역시 본인들의 결정을 이해하고 평가하기 위한 이론적 틀 등은 명확하게 다루어지지 못한다. 미래의 번역사가 '꼭 알아야 할 것'을 처방하는 이론서에, 교육 목표를 향해 학습자를 체계적·창의적으로 안내할 수 있는 경로와 방법은 나와있지 않다. 번역 교육은 지금의 상태에서 진일보할 필요가 있다. 텍스트 중심, 교수자 중심의 현재 방식에서 벗어나 학생들의 다양한 배경, 학습 스타일 등을 고려하고, 최신 학습 도구와 기술을 도입하여 학생들의 번역 능력을 향상시키는 방향으로 나아가야 한다. 교실에서 학습자와 교수자가 담당하는 역할은 그 사회에서 번역을 어떻게 정의하고 번역사의 정체성에 대해 어떻게 생각하는가에 따라 정해지기도 하지만, 교육학에서의 관련 연구 결과를 적용하여 정해질 수도 있다. 이 책에서 제안하는 활동과 일련의 과업, 그리고 프로젝트들은 교수자가 교육 과정에서 쉽게 활용할 수 있도록 디자인하는 한편, 학습 과정에서 교수자는 안내자와 상담자의 역할을 담당하고 학생들이 중요한 위치를 차지할 수 있도록 디자인하였다. 이는 일각에서 우려하듯이 교수자가 소외되는 결과를 의미하는 것이 아니라, 다양한 번역 교육 이론을 토대로 강의, 협동 작업, 실제 프로젝트 등을 연계하여 활용할 수 있음을 의미하는 것이다.

누가 이 책을 읽어야 하는가?

이 책은 다음의 독자들에게 유용할 것이다. 우선 번역을 지도하는 교수자와 학습자에게 유용하고, 제2외국어 수업이지만 의사 소통/상호작용의 한 방법으로 번역을 다루고 싶은 교수자, 번역 교육에 관심이 있는 대학원생과 전문 번역사, 번역프로그램을 신설하기 위해 가능성을 타진중인 관리자들에게도 도움이 될 것이다. 이 책은 학생들이 처음으로 번역교육을 받은 뒤 몇 년 동안 외국어학습자에서 초보번역사[2]로 바뀌어 가는 과정에서도 유용할 것이다. 또한 외국어 교수자가 번역을 활용하여 모국어와 제2 외국어 사이의 유사점과 차이점을 강조, 실습, 고찰하는 데도 좋을 것이다. 그 외에 교실 밖에서 학생들이 부득이 번역사나 통역사 역할을 해야 할 때도 도움이 되며, 나중에 전문연구자의 길을 가고 싶을 때 학문의 한 분야로서 처음 접하는 번역학 이론서가 이 책이 될 수도 있다.

이 책은 교수자와 학습자 모두가 사용하기 편리하게 구성되어, 교수자가 수업환경에 맞추어 교수법과 토론 주제를 정하기만 하면 수업에서 바로 활용이 가능하다. 책에서 소개한 수업 방안들이 번역상의 쟁점들과 밀접하게 연관되어 있기 때문에 문제가 발생했을 때만 요긴하게 쓸 수 있는 여타 지침서와는 큰 차이가 있다. 실험과 관찰과 경험에서 우러나온 결과물이자, 교육 행위와 직접 연관된 내용들로 다음의 세 가지를 고려하였다. 바로 첫 번째는 접근 방법, 두 번째는 디자인, 가장 중요한 세 번째는 교수법이다. 세 번째의 교수법은 앞의 두 가지를 교실에서 직접 이행하는 수단으로 여기에는 활동, 과업, 프로젝트가 포함된다. 이 책은 어떤 특정한 번역 이론에 관한 책이 아니라 이론을 실천에 옮겨 학생들이 다양한 관점에서 실험하고, 탐구하고, 번역할 수 있게 하는 책이다. 구체적인 교수법에 초점을 맞추어, 번역 교육에 관한 일반 서적들에서 다루지 않은 빈자리를 채우고자 했다. 본문에서 소개한 많은 활동들은 혼자서 번역을 공부하는 학습자에게도 유용할 것이다. 이러한 특징은 학습자의 자율성 원칙을 부각하는 것으로, 이 책을 통해 학습자는 교수자의 도움 없이도 자신의 번역을 교정할 수 있어, 독립적인 전문 번역사로 나아가는데 크게 도움이 될 것이다. 번역의 교수법, 역사, 이론과 관련하여 더 깊이 연구해 볼 자료는 참고 문헌란에서 찾아볼 수 있다.

이 책의 목표는 다른 데서 찾아볼 수 없는 교육 방법을 제시하는 것이 아니다. 앞서 언급했던 후기 교수법 시대에는, 즉 학습과 교습에서 최적의 방법은 한 가지만 있는 것이 아니라고 생각하는 이 시대에는 이러한 목표가 오히려 부적절해 보인다. 지금은 교수자가 다양한 교수법을 실행에 옮기고 학생들 눈높이에 맞추어 적절하게 도와주다가 학생들이 독립할 능력을 갖추면 사라져주는 것이 교육의 핵심인 듯하다. 즉, 교수자의 역할은 모델이 되어주고, 안내와 조언을 해 주고 마지막에 놓아주는 것이다.

본문에서 소개한 교수법을 활용하고자 할 때 어떤 언어에서 어떤 언어로 번역하는가 하는 문제는 특별히 고려할 필요가 없다. 왜냐하면 이 책에서는 언어 조합보다는 전이 능력을 강조하고, 번역에 접근하는 다양한 방식 자체에 주목하며, 번역 과제를 제대로 완수하기 위해 논의가 필요한 번역상의 쟁점들에 관심을 두기 때문이다. 본문에 소개한 사례들은 필자가 수업에서 주로 사용하는 언어인 영어나 스페인어, 카탈로니아어로 쓰인 자료에서 발췌한 것들로, 간혹 불어나 독어도 포함되어 있기는 하다. 그러나 앞서 언급했듯이 여기 제시한 활동들은 특정한 두 언어를 기준으로 하는 것이 아니기 때문에 다른 언어 조합에도 얼마든지 적용이 가능하다. 교수자가 학생들의 특성을 고려하여 수업에서 변형하여 이용할 수 있는 활동, 과업, 프로젝트들의 아이디어 모음집으로 구상하고 펴낸 책이다.

간단히 말해서 집필 목표가 교수자 한 사람의 '감히 범접할 수 없는' 교수법을 제시하는 것이 아니고 폭넓은 관점에서 번역 교육을 다루려는 것이다. 또한 교수법상의 공백을 메우기 위하여 동기를 유발하는 아이디어를 소개하여 긍정적·효과적인 교습/학습 분위기를 조성하고, 학습자들 간의 소통뿐만 아니라 교수자와 학습자 간의 소통도 원활히 하려는 것이다. 여기에 소개된 교수법들은 상호 작용 중심의 번역 교육으로 진일보하는데 실질적인 토대가 될 수 있도록 디자인하였다. 따라서 학생들은 가장 초보적인 어휘 차원의 문제에서, 보다 복잡한 통사 구조 문제로, 통사 구조 문제에서 문화적 차이로 인한 화용적 문제로까지 나아갈 수 있을 것이다. 특히, 이 책에서는 언어학 이론에서부터 문학 연구학에 이르기까지 다양한 번역 이론들을 통합하여 제시하고자 노력하였다.

어떻게 이 책을 활용해야 하는가?

이 책은 크게 1부와 2부로 구성되어 있고 각 부는 다시 두 장으로 나뉘어 있다. 1부에서는 교육 이론의 바탕을 이루는 교육 원칙을 제시하고 있는데 1부의 1장에서는 번역 교육의 다양한 이론들을 개괄적으로 소개한다. 교육학 분야의 연구 결과를 토대로 활동, 과업, 프로젝트의 기저에 깔려있는 교수법 원칙과 교실 내 상호 작용에 관한 정보를 제공하고 있다.

2장에서는 교육 현장의 두 주인공인 교수자와 학습자를 중심으로 학생들을 외국어 학습자에서 번역사로 변모시키는 과정이 단계별로 그려진다. 또한 교수자의 역할에 대해 진지하게 고찰하는 부분도 포함되어 있다.

다음으로 2부는 번역을 제대로 하기 위한 구체적인 방법에 관한 내용이다. 1장에서는 번역 과정과 번역 결과물을 설명하기 위하여 거시적 차원에서의 두 가지 접근 방법을 탐구하고 있다. 이를 이해하거나 제대로 적용하기 위해서는 모든 번역 관련 논의에 영향을 미치는 핵심 질문을 면밀히 고찰해 보아야만 한다. 그 질문이란 바로 충실성의 정도와 번역 과정에서 발생할 수 있는 번역상의 손실에 관한 문제이다. 2장에서는 학생들의 번역 능력을 향상시키는데 도움이 되는 기본 요소로 언어 능력, 배경 지식, 전이 능력에 대해 살펴본다. 이 과정은 크게 세 가지 방식으로 제시되는데 첫 번째는 구체적인 목표를 염두에 두고 시행하는 간단한 '활동'이고, 두 번째는 다양한 활동을 연결하여 수행하는 '과업'이며, 세 번째는 활동과 과업을 통합하여 일련의 수업에 걸쳐 진행하는 '프로젝트'이다. 학생들은 프로젝트를 통해 전문 번역사의 세계를 생생하게 체험하고 그 세계에 몰입하게 될 것이다.

각 활동과 과업, 프로젝트가 차근차근 단계별로 제시되어 있고, 각각의 수업은 지향하는 바에 따라 학습 목표, 학생들 수준, 소요 시간, 그룹 구성 방식 등으로 세분화되어 있다. 소요 시간이 표시되어 있기는 하나 학생들의 특성, 텍스트나 녹음 자료의 분량, 번역하는 언어 방향 등에 따라 달라질 수 있다(일례로, 역번역을 하게 되면 그 반대의 경우보다 시간이 더 많이 걸리기 쉽고 학습자의 다른 기술들이 더 중요하게 부각되곤 한다). 그룹을 다양하게 구성하는 것은 가장 기본적인 필수 조건으로 그룹 활동을 통해 교실 내 상호 작용이 원활하게 이루어지고, 경험과 논의의 결과물로 배움이 이루어지는 교실에서 긍정적이고 협조적인 분위기를 조성하는데 도움이 된다.

여기에 소개된 텍스트들은 양방향으로 번역을 할 수 있도록 디자인하여 수업 중에 제2 외국어에서 모국어로나, 모국어에서 제2 외국어로의 실습이 가능하다. 텍스트를 선정할 때 주안점을 둔 것은 텍스트에 사용된 언어보다 번역할 때의 전이 능력이었다. 따라서 다른 텍스트나 다른 언어에도 같은 아이디어를 적용하여 자유롭게 활용할 수 있다. 수업에서 사용할 텍스트는 교수자 뿐만 아니라 학습자가 준비해 와도 좋을 것이다. 또한 비언어적 활동도 포함되어 있는데 이는 번역에 영향을 미치는 번역사의 주관성을 보여주고, 텍스트에 존재하는 비언어적 특징을 학생들에게 일깨워주기 위해서이다.

이 책에서 정의하고 있는 교육학/번역학 관련 주요 용어 해설은 마지막 부분에 정리되어 있고, 아울러 그 개념들을 확장하는데 필요하다고 생각되는 추가 도서 목록도 제시되어 있다. 이 책에서 다룬 활동, 과업, 프로젝트의 목록은 목차에서 확인하기 바란다.

John Benjamins Series

05 Multiple Voices in the Translation Classroom

John Benjamins Series

05 Multiple Voices in the Translation Classroom

제 1 부

번역 교육

– 학습자, 교수자, 교육내용 간의 상호작용

선생님이 문을 연다... 여러분은 스스로 들어온다.

중국 속담

1장

번역 교육의 현황

1.1 접근 방법: "읽고 번역하라"의 대안을 찾아서

번역은 전문 번역사들이 다른 언어와 문화를 연결할 때 섬세하게 균형을 맞추어가며 수행하는 복잡한 언어 과정이다. 오늘날 전문 번역사로 성공하려면 다음의 역할을 대부분(또는 모두 다) 능숙하게 해낼 것으로 기대한다. 문화 중개자, 컴퓨터 전문가, 다언어 전문가, 마케팅 기술과 그 외 다양한 전문 기술을 갖춘 여러 분야 전문가의 역할이 여기에 해당한다. 세계적으로 번역사협회가 늘어나는 것에서도 알 수 있듯이 번역 전문가들은 본인들이 전면에 드러날 권리에 대해 점점 명확하게 인식하고 있다. 1970년대에 홈즈(Homles)가 이름을 붙인 번역학은 다양한 분야와 이론에서 출발하여 학문의 체계를 갖추었다. 이런 배경과 특성으로 인해 번역학은 복잡한 성격을 띠고 있고, 다른 분야에 비해 미개척 상태로 남아 있다. 번역학의 경우, 체계적으로 교육이 이루어진 역사가 길지는 않지만 반드시 교육이 필요한 분야이기 때문에 교육이 계속되고 있는 상황이다.

번역을 가르친다는 그 자체는 그리 새로울 것이 없으나, 최근 들어 교육적으로 어떻게 접근할 것인지 그 접근 방법에 관심을 기울이는 것은 바람직한 현상이다. 학부에서 대부분의 다른 과목들은 교재를 가지고 교실에서 적절한 방법으로 가르친다. 그러나 번역의 경우에는 사정이 조금 다르다. 번역은 정식 과목도 아니고, 미래의 의사나 생물학자를 위하여 의학과 생물학이 존재하는 것처럼 번역과 직접 연관된 과목이 있는 것도 아니다. 번역과 그나마 가장 가까운 분야가 있다면 모국어와 외국어 학습 분야 정도일 것이다. 그러므로 번역 교육을 논할 때 접근 방법과 아이디어를 이들 분야에서 끌어와서 번역학의 특성에 맞게 선택, 통합, 수정하는 것이 적절할 듯하다. 번역 능력에는 언어 기술 그 이상이 필요하고, 번역과 언어 간에 학습 목표도 서로 달라 접근 방법이 같을 수는 없으나, 적어도 둘 사이의 간극을 이어주는 연결 고리를 찾을 수는 있을 것이다. 그런데 외국어 학습 이론 중에서 문법 번역식 교수법을 참고하는 것은 적절하지 않다. 왜냐하면 이 교수법에서 번역을 이용하는 경우는 외국어를 가르칠 때 주로 학생들이 실수를 하게 만들려고 할 때나 평가를 목적으로 테스트할 때뿐이기 때문이다. 이런 상황이 새삼스럽지 않은 이유는 그간 번역이 문학텍스트를 바탕으로 복잡한 문법과 어휘를 테스트하는 데에만 이용되었고, 전문 번역사들이 알아야하는 일상적인 커뮤니케이션 맥락에는 교수자가 관심을 두지 않았기 때문이다.

그래서 이 책에서 제안하는 수업 디자인과 교수법은 주로 다음의 이론들에서 출발하였다.

- 인본적 교육 원칙
- 소통 중심 교수법
- 협동 학습
- 사회구성주의

교수법은 1960년대 당시의 신세대에 맞추어 수정되고 보완되었다. 외국어 교육 분야에서 심리학, 소통학, 언어학, 문화학을 탐구하였고 이들 분야에서 아이디어를 가지고 왔다. 당시에 등장하여 가장 잘 알려진 이론으로는 인본적 언어교육 원칙과 소통 중심 교수법이 있다. 이들은 구조주의적 프로그램과 교수자 중심의 "칠판에 판서하고 강의하는"

방식의 수업을 거부한다. 인본주의적 관점에서는 학습자를 객체가 아닌 주체로 간주한다. 즉, 학습자를 교수가 전하는 지식을 수동적으로 받아들이는 객체가 아니라, 본인의 능력/성과 뿐 아니라 그룹 전체를 변모시키는데 적극적으로 기여하는 주체로 본다.

이 교육 방식에서는 협동 학습을 지지하고, 학습자의 정서적 측면과 다양한 적성 및 재능을 존중해 주었을 때 나타나는 긍정적인 결과를 높이 평가한다(아놀드(Arnold) 편, 1999; 브라운(Brown), 1971; 칙센트미하이(Csikszentmihalyi), 1990; 다마시오(Damasio), 1994; 데이비스, 가사이드와 린볼루크리(Davis, Garside & Rinvolucri)), 1998; 곤잘레즈 데이비스, 2002; 모스코비치(Moskowitz), 1978; 로저스(Rogers), 1994). 이러한 맥락에서 학습자의 정서적 문제를 학습의 결과만큼이나 중요하게 여기고, 특히 정서적 문제가 학습자의 성과를 좌우한다고 생각한다. 인본적 교육 원칙은 신경생물학 분야에서 뇌기능, 정서, 학습 결과 간의 밀접한 관계를 발견함으로써 지난 십 년간 그 기반이 더욱 견고해진 듯하다. 그 관계란 "교육이 효과적이려면 학습자는 개인적으로 연관성이 있다고 여겨지는 유의미한 패턴을 만들어낼 수 있어야 한다"는 것이다(케인과 케인(Caine & Caine), 1994, p.90). 오늘날 화상 기술이 발전하면서 뇌가 주위환경과 어떻게 상호 작용을 하는가에 관한 연구가 더욱 활발해지고 있다. 제2 외국어 습득 관련 분야도 이 기술을 이용하면서, 학습과 정서 간의 밀접한 관계를 보여주는 획기적인 연구 결과를 제시하고 있다(부잔(Buzan), 1991; 캄포스(Campos)와 곤잘레즈, 1995; 엘리스(Ellis), 1995; 오토니, 클로어와 콜린스(Ortony, Clore, & Collins), 1988; 슈만(Schumann), 1997 참조).

여기에서 흥미로운 사실은 이러한 연구에서 비록 언어학적 관점이긴 했지만, 연구 방법의 일환으로 번역이 활용되었다는 점이다. 따라서 번역학자들은 언어학의 연구 결과에다 번역학 측면의 결과를 더할 수도 있을 것이다. 인본적 교육 원칙은 처음에 제2 외국어 수업에서 호응을 얻었다. 후반의 출판물과 활동들은 학생들의 경험이나 생각과는 크게 연관이 없는 일종의 커뮤니케이션 위주로 축소되었고, 이후 인본적 교육 원칙은 정서적 측면을 지나치게 강조하고 강의계획안의 수업내용에는 충분히 관심을 기울이지 않는다는 이유로 비판을 받았다(브럼핏(Brumfit), 1982; 커(Kerr), 2001; 손버리(Thornbury), 1999 참조). 그러나 인본적 접근 방법을 토대로 유의미한 학습, 학습자 자율성, 성찰적 교육과 같은 혁신적인 개념들이 발전하였고, 동기유발, 다중지능, 신경언어 프로그래밍 등의 연구가 활발해졌다. 소통 중심 교수법이 외국어 교육 분야에 돌파구를 마련한 것과 같이 인본적 접근 방법이 이 분야에 잃어버린 활력을 다시 불어넣는데 기여하고 있는 것이다. 소통 중심 교수법에서는 주어진 상황에서 적절히 의사 소통을 하기 위해서 언어적, 통사적 정확성뿐만 아니라 의미와 화용적 용법도 중시한다(애셔(Asher), 1977; 브럼핏과 존슨 편, 1979; 캔들린(Candlin) 편, 1978; 쇼드롱(Chaudron), 1988; 엘리스(Ellis), 1992; 곤잘레즈 데이비스, 2002; 할리데이(Halliday) 외, 1964; 한비(Hanvey), 1992; 크라셴과 테럴(Krashen & Terrel), 1983; 누난(Nunan), 1993; 오멜리와 샤모(O'Malley & Chamot), 1990; 리차드와 로저스, 1986/2001 참조).

협동 학습 또한 인본적 교육 원칙의 영향을 받았다. 협동 학습은 시너지라는 개념에서 출발하여 하나의 전체는 부분들이 모여 이루어진 단순한 총합이 아니라는 시각을 가지고 있다. 즉 팀의 일원들이 총체적으로 최상의 성과를 거두기 위하여 노력을 하면, 이러한 긍정적인 팀워크는 급우 간의 강박감을 줄여주고, 소통 기술과 사회성을 높여줄 수 있다. 언어와 문화의 차이를 극복하고 그룹 내의 결속력을 증대시켜 결과적으로 학습 효과를 높여줄 수 있다는 주장이다. 여기에서 말하는 협동 학습이란 하나의 텍스트를 여러 부분으로 나누어 번역한다거나, 그룹으로 활동을 한다 하더라도 결속력이 거의 없는 경우는 해당하지 않는다. 진정한 협동 학습이란 모든 학생들이 결과물을 생성하는 과정에 적극적으로 참여하고 책임감을 느끼는 분위기를 조성하는 것이다(바사노와 크리스티슨(Bassano & Christison), 1994; 베넷, 롤하이저-베넷과 스테판(Bennet, Rohlheiser-Bennet & Stevhan) 1991; 곤잘레즈 데이비스와 카탈라(Català), 1994; 홀트(Holt), 1993; 케슬러(Kessler), 1992; 슬라빈(Slavin), 1990 참조).

다음으로 사회구성주의는 학습을 하나의 사회적 행위로 간주하여 지식이란 학생들이 수업에 참여하기 이전에 쌓은 지식, 경험, 의욕을 토대로 구성된다고 생각한다. 여기에서 중요한 것은 의미 있는 방법으로 서로 교감하며 상호 작용을 하는 사람들이다. 키랠리(Kiraly)의 말을 인용하면 "학생들은 전문 번역사들의 실제 작업에 직접 참여하여 해당 직업에 대해 본인의 고유한 지식을 구성하고, 전문가로서의 권리와 책임을 파악해야 할 것이다(2000, p.46)." 학습자 자율성은 이 모든 교수법에서 핵심이 되는 개념이다. 학생들은 수동적으로 받아들인 지식을 암기하거나 반복하는 것이 아니라, 무엇인가를 배우기 위해서 학습한다는 사실이 훨씬 더 중요하게 받아들여지고 있다(벤슨과 폴러(Benson & Voller) 편, 1997; 키랠리, 1995, 2000; 리틀(Little), 1991; 멀리건과 그리핀(Mulligan & Griffin) 편, 1991; 비고츠키(Vygotsky), 1978; 윌리암스(Williams), 1999 참조).

이 책에 나오는 교수법의 기본 원칙은 다음과 같이 요약할 수 있다. 교습과 학습 과정의 목표는 상호주관적 소통을 장려하는 것으로, 긍정적인 분위기 속에서 주로 협동 작업을 통해 언어 능력, 배경 지식, 전이 능력과 전문가 정신을 갖추고, 번역이란 무엇인가에 대해 배우는 것이다. 교실 내 활동과 구체적 교수법의 토대가 되는 번역 능력 이론은 제2부 2장의 2.1과 2.3에 삼각도표로 정리되어 있다.

학습 과정에 관한 이론으로 번역 교육과 관련된 접근 방법에는 다음의 세 가지가 있다.

a. 전달주의(Transmissionist) : 결과물 지향적, 교수자 중심의 전통적인 교육

방법으로 "읽고 번역하라" 는 훈련을 받은 학생들이 모범답안으로 여겨지는 번역문을 의문 없이 수용하는 방식이다.

b. 교류주의(Transactional) : 협동 학습에 토대를 두어 그룹 활동과 상호 작용이 이루어지나, 활동 중에 다루는 문제에 대한 최종 해답은 여전히 교수자가 가지고 있다. 전달주의에 비해 학생들의 목소리에 점차 힘을 실어주는 방향으로 진일보한 단계이다.

c. 변용주의(Transformational) : 학습자와 학습 과정을 중심으로 협동 학습과 번역 과정 탐구에 초점을 맞춘 방식으로 교수자는 안내인 역할을 담당하고, 여기에서는 교실 내 수업과 실제 전문가로서의 연습을 연계하는 교수법이 중요한 부분을 차지한다.

교실 내 상호 작용에 관한 이 세 가지 접근 방법 외에 번역학과 직접 관련이 있으며 수업 시간에 토론의 주제로 등장하는 다른 접근 방법들도 추가해볼 수 있다. 이 교수자가 텍스트와 그 텍스트의 번역을 어떤 시각에서 바라보느냐에 따라 달라질 수 있으며 접근 방법들은 서로 중복될 수도 있다.

a. '언어학 중심' 접근 방법은 두 언어의 비교 및 대조, 텍스트 유형, 화용론, 기호론, 의미론, 통사 구조론 등을 기초로 하며 주로 텍스트와 언어에 주목한다.

b. '문화학적' 접근 방법은 학생들이 텍스트의 숨어있는 문제들을 인지하여 분석하고 이를 고려하여 번역하는 방법이다. 여기에서 주로 논의가 되는 것은 저자와 번역사가 그 의도를 드러내거나 감추기 위해 사용하는 방법에 따라 번역사의 반응과 행동은 어떻게 달라져야 하는가에 관한 내용들이다. 이데올로기의 번역도 중요하게 다루어지는 문제이다.

c. '인지적' 접근 방법에서는 번역 해결 방안(전략이나 방법)을 구체적인 문제에 어떻게 적용할 것인가 하는 문제에 주목한다. 또한 번역사의 머릿속에서 무슨 일이 벌어지고 있는가와 번역 능력의 밑바탕에는 무엇이 자리 잡고 있는

가에 관해서도 고찰한다. 전이 능력이 연구와 실무에서 주요 관심사가 된다.

d. '기능주의적' 접근 방법에서는 그 초점이 의뢰받은 번역 과제와 발주자에 있다. 발주자는 의뢰인일 수도 있고, 저자일 수도 있으며, 번역사 본인일 수도 있다. 이 접근 방법에서는 원문과 원문 저자보다도 번역문이 더 중요하게 여겨진다. 발주자의 요청에 따르기 위해서 번역시 어떤 변형이 필요한가 등이 수업 시간의 주요 토론 주제로 등장한다.

e. '철학적·시학적' 접근 방법에서는 문학 번역과 해석학을 둘러싼 논의를 강조한다. 즉, 의미란 과연 무엇인지 그 의미를 이해하려고 노력하고, 모든 텍스트에 담겨있다고 굳게 믿고 있는 그 정신이나 진실을 포착하고자 한다.

학생들이 이런 다양한 접근 방법에 대해 더 많이 알고 경험해 볼수록 실제로 번역을 할 때 보다 적절한 선택을 할 수 있을 것이다.

1.2 디자인: 교실 내의 상호 작용

> 모든 것은 최대한 단순하게 만들어야 한다. 그러나 필요한 것까지 없애선 안 된다.
>
> 아인슈타인(A. Einstein)

번역은 흔히 교수자가 번역 과정과 번역 결과물에 대해 어떤 시각을 가지고 있느냐에 따라 가르치는 방법이 달라진다. 그런데 번역을 '가르치고 있다'는 사실이 종종 간과되어 번역 연구에서 교실 내의 상호 작용은 아예 다루어지지 않거나, 다루어진다해도 아주 간략한 정도에 그치고 있다. 논의의 출발점으로 필자는 교수법상의 두 가지 기본 원칙인 '통합성'과 '명료성'을 환기해보고자 한다. 연구자, 이론가, 실무 번역사들의 작업 및 연구 결과를 토대로 수업 중에 주요 쟁점들을 명확히 고찰해보면 학생들에게 도움이 될 것이다. 왜냐하면 학생들이 이후에 번역을 하면서 문제에 직면했을 때 참고할 수 있는 사항들을 알고 있다고 느낄 것이기 때문이다. 한 걸음 더 나아가, 학생들 자신이 학습 과정의 중요한 구성원이라고 느끼는 깨달음에 이를 수도 있다.

여기에서 지식을 내용으로만 보거나 혹은 과정으로만 보는 극단적 시각에 대해 키랠리(2000, p.30)가 언급한 내용을 다시 한 번 살펴보는 것은 의미가 있을 것이다.

학습은 기본적으로 고정된 사실을 습득하는 것인가, 아니면 개인적인(또한 개인 간의) 의미를 창출하는 것인가?

이 딜레마의 양 극단이 밑바탕이 되어 교육관행의 원칙이 생겨났다고도 말할 수 있다. 밀러와 셀러(Miller and Seller)는 이 양 극단을 '전달주의' 입장과 '변용주의' 입장이라고 명명하였다.

전달주의 관점	변용주의 관점
지식은 전달된다	지식은 구성된다
학습자는 학생이자 의뢰인이다	학습자는 총체적 인간이다
교수가 통제를 해야 한다	학생이 통제를 해야 한다
지식은 공적인 것이다	지식은 사적인 것이다
동기는 외부에서 유발된다	동기는 내부에서 유발된다
학습은 부분적으로 이루어진다	학습은 전체적으로 이루어진다
학습 성향은 비슷하다	학습 성향은 학습자마다 다르다
지식은 내용이다	지식은 과정이다

이런 이분법적 기준은 극단적임에 분명하다. 대부분의 교수자들은 이 둘 사이의 어느 지점에서 본인들의 입장을 찾을 수 있을 것이다. 교수자들이 어떤 입장인지는, 학생들이 배울 내용과 방법에 대해 교수자가 어떤 기대를 가지고 있는가에서도 알 수 있고 교실에서 교수자가 담당하는 역할과 구체적인 수업 방식을 살펴보면 명확해진다.

"번역은 가르칠 수 있는 것인가?" 이 질문에 대한 대답은 상당 부분

우리가 번역과 교육에 대해 어떤 생각을 가지고 있느냐에 따라 달라질 것이다. 번역사는 애초에 타고난다고 생각하는 사람에서부터 번역사는 천천히 만들어진다고 생각하는 사람에 이르기까지 입장이 천차만별이다. 이런 견해차에 따라 학생들은 "선천적인" 번역사이거나 아니면 "선천적이지 않은" 번역사로 간주된다.[3] 필자는 개인적으로 다음의 의견에 동의한다.

> 번역사는 본인의 선천적 재능과 후천적 기술을 한데 결합하는 것이 가장 바람직하다. 번역을 공식적으로 가르치는 것에 회의적인 시각이 있는데 이들에게 다음의 두 가지를 말해주고 싶다. 첫째, 번역에 재능이 있는 학생들은 타고난 재능을 가장 능숙한 수준으로 끌어올리는데 번역 교육이 유용하다는 것을 대부분이 느끼게 된다. 둘째, 재능이 없는 학생들도 교육을 통해서 후천적으로 어느 정도 능숙한 수준에 도달하게 된다.
>
> (허비 외, 1995, p.5)

학생들이 지식을 습득하는 데 도움이 될 좋은 방법으로, 삼각형을 활용해 개념과 원칙을 시각화하는 것이 있다. 가드너(1999)는 삼각형 모양으로 개념들을 시각화하여 제시할 때 큰 효과를 거두었다고 강조하였다. 따라서 수업 시간에 다루는 주제와 연관이 있다고 생각되면 언제든지 삼각형과 연속선을 활용하여 이론을 설명할 수 있는 것이다. 논의가 필요한 주제들을 삼각형의 각 꼭지점에 두고 사례와 함께 보여주며, 그 문제를 고찰하기에 적합한 텍스트로 번역 연습을 해 본 후 토론을 진행하면, 미래에 전문가로 활동할 때 참고할 수 있는 이론적 틀을 정립하는 기회가 될 것이다(제2부 2장의 2.1과 2.3 삼각도표 참조).

본 책에서 번역 교육 이론을 적용하여 교수법을 디자인할 때 디자인에 직접 영향을 미친 사항들은 다음과 같다.

- 학습이 이루어지는 공간에서 모든 참여자들 간의 상호 작용
- 번역 과정과 번역 결과물, 두가지를 모두 중시하는 다양한 활동
- 번역 교육 관련 다섯 가지 주요 이론: 언어학, 문화학, 인지심리학, 기능주의, 철학적 시학
- 교육학 분야의 연구, 특히 교실 내 상호 작용 관련 연구
- 이론가, 연구자, 실무 번역사, 발주자, 교수자 간의 소통을 촉진할 연결고리
- 안내자, 상담자, 정보제공자, 평가자로서 교수자의 역할
- 학생들의 다양성과 자율적 학습자로서 학생의 역할
- 학습자 스타일, 교수자 스타일, 번역사 스타일
- 학습 효과와 관련하여 다중지능과 정서 지능에 대한 최근 연구 결과
- 번역 문제에 관한 실무 워크숍과 토론의 장을 열어 논의를 통한 학습
- 수업 시간에 다룰 텍스트를 보완하고 언어적/언어외적 차원에서 번역의 다양한 측면을 부각할 수 있는 연습 문제와 활동
- 텍스트 유형과 주제를 고려하여 선정한 텍스트
- 번역을 교습 수단으로 활용하는 경우와 전문 활동으로 학습하는 경우를 고려하고, 이론적 배경 지식을 적용한 실무 번역 연습
- 번역에 경험이 거의 없는 학생들이 언어 학습에서 번역 학습으로 나아갈 수 있도록 구체적인 니즈 파악
- 편안한 분위기 속에서 창의력을 발휘하고 그룹 내 결속력을 높일 수 있는 놀이 요소

대부분의 교수들은 교실이 인위적인 환경일 수 있다는 점에 연구자나 전문 번역사들과 의견을 같이 할 것이다. 그렇다고 해서 오래 전의 도제방식이나 체계적이지 않은 "현장 실습"(질, 1995, p.8) 방식으로 다시 돌아가자고 주장하는 것은 현실적으로 시간 낭비일 뿐이다. 이는 마치 의대 학생이나 사범대 학생에게 공식적인 교육 없이 그냥 병원이나 학교에 가서 직접 배우라고 하는 것과 같다. 그보다는 교실 환경을 다음

의 다섯 가지 방법으로 최적화하는 것이 더 시급할 것이다.

- 교실을 토론과 실무 워크숍의 장으로 활용하여 수업을 재편성
- 학습 환경을 조정하여 학생들의 잠재력을 키워주고 다양한 학습 스타일을 최대한 존중
- 구체적 목표에 적합한 교재를 선정하여 프로그램을 디자인하고 교육적인 활동과 현실적인 활동을 모두 포함(아래 참조)
- 프로젝트를 시행하여 외부와 협력 관계를 정립. 프로젝트에는 전문 번역사, 번역 능력을 갖춘 이중 언어 구사자, 학생들이 다룰 텍스트의 주제 관련 전문가 등을 포함
- 학생들이 전문 번역사의 세계를 경험할 수 있도록 실제 상황을 가능한 많이 포함

또한 교수자가 주제 중심으로 엮은 편집본이나 내부용 자료들을 교재로 디자인하여 활용하면 학생들의 번역 실력을 높이는데 도움이 되고, 절차적 지식과 선언적 지식을 체계적·순차적으로 쌓아가는 데도 효과적일 것이다.

a. '주제중심 편성' 이란 최소 4-5회 수업에 활용할 텍스트를 선정하기 위하여 상위 주제와 그에 따른 하위주제(일례로, 과학번역을 연습하기 위해 신경학, 소아학 등에 관한 의학 텍스트를 이용)를 고려하는 한편, 이전 수업에서 다음 수업으로 자연스럽게 연결되는 텍스트를 고르는 것이다. 또한 이들 텍스트는 학생들에게 번역상의 문제, 번역시장, 전문분야와 관련하여 최신정보를 제공할 수 있는 텍스트여야 한다.
b. '텍스트 유형 선택' 은 교육 과정에서 학생들이 텍스트의 다양한 유형과 각 유형의 특성에 두 언어로 모두 익숙해 질 수 있도록 다루어 보는 것이다.
c. 수업에 활용하는 자료는 전문적이면서도 교육적이어야 하므로 다음의 사항

이 포함되어야 한다.

- 여러 가지 방법으로 학생들이 다양하게 번역을 연습하고, 전문적인 기술을 실습할 수 있는(시역, 요약 번역, 역번역 등) 텍스트
- 번역 기술(문제 발견 및 해결, 독자 지향적 번역 등)을 향상시키는데 도움이 되는 텍스트
- 두 언어 능력(독해력, 문장력 등)을 높일 수 있는 다양한 활동 및 연습 문제
- 텍스트를 번역할 때 언어 능력, 배경 지식, 전이 능력, 전문가 자세 등을 제고하는데 도움이 되는 텍스트

학생들의 교육적 배경에 따라 학습에 대한 기대 수준도 달라질 것이다. 여기에서 명심해야 할 사항은 강의계획안을 디자인할 때 현실적으로 가능한 목표를 설정해야 한다는 사실이다. 그래야만 학습자의 번역 능력 및 번역 성과가 교수자의 기대치에 부응할 수 있을 것이다.

1.3 교수법: 활동, 과업, 프로젝트

번역 수업은 교육대상(학부생, 대학원생 혹은 전문 번역사)이 누구냐에 따라 다양한 교수법을 활용하게 되고 활동의 초점도 교육적, 현실적, 전문가적 측면에 따라 달라진다(누난, 1989, p.40). 교육적 활동은 학생들이 나중에 전문가 수준으로 번역을 해낼 수 있도록 번역 기술을 탐구하고 연마하는데 도움이 된다. 한편, "실제 현실"에 대비하여 전문 번역사의 작업 과정을 모방하거나 전문 번역사의 세계를 수업 중에 소개하는 활동/과업/프로젝트도 교육 과정에서 다루어야만 한다.

번역사가 두 언어와 문화 사이에서 중개 역할을 할 때, 원문과 번역문 사이에 정확한 대응어가 없거나 번역상의 손실이 불가피한 경우가

있어[4] 번역사라는 직업은 "분명히 다른 것으로 파악되는 것들 간의 상대적인 차이를 최소화하기 위해... 본질적으로 다른 것들에서 같은 것을 최대화하려는"(허비 외, 1995, p.14) 방향으로 나아가는 듯하다. 다시 말해서, 우리는 학생들에게 현실에 존재하지 않는 이상적인 번역을 요구할 것이 아니라 다음과 같은 번역을 요구해야 한다. 바로 통일성과 일관성이 있고, 발주자와 목표 독자의 기대에 부응하며, 번역상의 한계에도 불구하고 원래의 메시지를 효과적으로 전달하는 번역이다.

"연관성의 손실"(더프(Duff), 1981, p.26)이 불가피한 경우도 있을 수 있으나 학생들은 교수자의 안내를 받고 급우들과 의견을 교환하며 연관성을 최대한 살리는 선택을 할 수 있을 것이다.

학생들은 번역을 시작하기 전에 다음과 같은 다양한 사항들을 고려해야 한다. 일단 기본적으로 주제, 소주제, 작업 조건, 번역문 독자, 텍스트 유형, 문어체 양상, 전형적 양식 등을 파악하고, 활동/과업/프로젝트를 시작하기 전에 토론의 출발점으로 다음과 같은 질문들을 생각해 볼 수 있다. 각각의 질문은 심층 토론과 후속 연구로 이어져도 좋을 것이다.

① 수행하고자 하는 번역이 다음의 각 연속선상에서 대략 어디쯤에 위치하는가?
- '충실성 정도' : 출발어 지향적? 도착어 지향적?
- '대상 독자층' : 저자 중심? 텍스트 중심? 독자 중심?
- '이국화/자국화 전략' : 출발 문화 지향적? 도착 문화 지향적?

② 번역이 같은 언어 내에서 이루어지는가? 아니면 다른(조금 다른, 많이 다른) 언어 간에 이루어지는가? 번역에 자국화가 필요할 것인가? 부분 번역, 전체 번역, 요약 번역 중에서 어떤 번역이 필요한가?

③ 번역을 할 때 어떤 제약사항들이 있는가? 텍스트 자체? 발주자(교수자 또는 외부독자)? 번역 보조 도구? 전문 지식?

구체적인 교수법을 통해 학생들은 번역 능력과 관련된 쟁점을 고찰하거나, 번역할 때 다루게 될 기본적인 도구를 활용해 볼 수 있어야 하고, 교수자는 학생들의 특성을 파악할 수 있어야 한다(곤잘레즈 데이비스 출간 예정(b)). 그렇게 하면 학생들은 ① 번역의 원칙과 번역사에 대한 자아 개념을 되새기고 ② 개인으로서나 전문가로서의 제약 사항을 극복하고 ③ 번역 지식도 컴퓨터와 마케팅 기술처럼 업그레이드가 중요하다는 사실을 깨닫고 ④ 의욕을 고취하고 ⑤ 보다 자율적으로 문제를 해결하고 ⑥ 문제 발견 및 해결 능력을 제고하고 ⑦ 텍스트 유형과 전형적인 양식을 파악하고 ⑧ 작업조건과 독자의 중요성을 충분히 이해하게 될 것이다.

전문적인 활동, 과업, 프로젝트에는 학생들이 전문 번역사의 세계를 더욱 잘 이해할 수 있도록 번역 소프트웨어로 작업해보는 것(제2부 번역 방법 참조) 이외에 다음의 사항들도 포함되어야 한다.

- 전문적이거나 현실적인 활동을 자주 시행
- 교육적 관점뿐만 아니라 전문가 관점에서도 평가
- 실제 번역 프로젝트를 수행하되 전문 번역사 사회에 혼란을 막기 위해 비영리단체 등을 위한 번역을 수행
- 교실에서 자가 평가, 급우 평가 등을 통해 검토하는 능력을 연마
- 학생들이 각 분야의 전문가들과 전문 번역사들을 초청해 세미나 개최
- 전문 번역사와 해당분야 전문가들에게 학생들의 번역을 평가해 줄 것을 요청(곤잘레즈 데이비스, 1998a).
- 마감일을 준수해야 하는 전문 번역사처럼 시간제약을 두고 실습해 볼 것
- 왜 그렇게 번역을 했는지 타당한 이유를 말로 설명하거나 글로 적는 연습
- 향후 의뢰인이 번역해달라고 의뢰할 수 있는 텍스트의 번역 연습(또는 교수자가 의뢰받은 텍스트를 학생들이 번역해보기)
- 다른 목적의 번역물을 다양한 방법으로 번역해 보는 연습(사내 번역, 출판

번역, 소리 내어 읽을 용도로 번역, 요약 번역 등)

- 전문적인 번역 도구에 어떤 것들이 있는지 안내
  - 각종 사전
  - 병렬 텍스트: 비엔(J. Vienne)은 병렬 텍스트를 가리켜 "특정 텍스트 유형에 속하는, 원래 도착어로 작성된(즉 번역본이 아닌) 텍스트를 개인적으로 수집한 모음"이라고 정의(맘크자에르(Malmkjaer), 1998, p.113-114)
  - 해당 주제를 다루는 중에 학생들이 종합한 용어 목록: 특히, 교육학 분야와 같이 번역 전통이 짧은 학문 분야의 경우에 더욱 필요
  - 인적 자원, 문헌, 인터넷: 검색 도구를 파악하고 검색 기술을 제고
- 번역 전략 및 방법(번역상의 문제를 해결하는 방법을 명확히 소개하고 학생들의 해결 방법도 수용)
- 번역문을 평가한 뒤 필요한 경우에 부분적으로나 전체적으로 재번역
- 번역시 위임사항(잠재적 발주자, 의뢰인, 독자, 출판 여부, 누구를 위해 무엇을 번역하는가를 명확히 공지)

요약하자면, 교육적이면서도 전문적인 활동/과업/프로젝트를 다양하게 디자인하면 학생들이 번역 과정에서 하팀과 메이슨(1990, p.21)이 제시한 다음의 세 가지 단계를 시행하고 성찰하는데 도움이 될 것이다.

1. 원문 이해
2. 의미 전달
3. 번역문 평가

그런데 주어진 번역 과제가 무엇이냐에 따라 위의 사항들이 달라질 수 있다는 사실을 강조할 필요가 있다. 여기에는 언어 지식과 배경 지식 이외에도 해석, 검색 및 사고력, 적절한 번역 전략의 적용, (자가)검토 능력 등이 필요할 수 있다. 각 단계마다 의사 소통, 화용적, 기호론적

차원에서 복잡한 언어적/언어외적 분석 과정이 따른다.[5]

활동 (Activities)

여기 소개할 활동들은 간단하지만 구체적인 연습들이다. 학생들이 언어 능력, 주제지식, 전이 능력, 전문가 자세 등을 향상시키기 위해 필요한 사항들을 숙지하는데 도움이 될 것이다.

활동 1 10분 번역 연습

목표

- 번역 속도를 높이는 연습
- 초벌 번역문을 빨리 작성하는 능력 계발
- 전문 번역사처럼 한정된 시간 내에 수행하는 연습
- 참고 자료 없이(사전에 의존하지 않고) 번역
- 기초 통역 기술(요약, 신속한 의사 결정, 순발력 등) 연습
- 텍스트의 맥락에서 의미 추론
- 급우들과 번역상의 쟁점 토론

수준

모든 학생(학생들 수준에 따라 텍스트의 난이도 조절)

그룹 구성

개별, 2인 1조

소요 시간

30분

진행 방법

a. 학생들이 번역할 텍스트를 받는다. 이 활동을 처음 시행할 때는 시작하기 전에 학생들이 텍스트를 미리 읽어보아도 좋다. 연습을 정기적으로 하게 되면 학생들은 문제 해결 능력, 참고 자료 없이 번역하는 능력, 신속하게 초벌 번역하는 능력이 향상되었음을 느낄 것이다.

b. 학생들은 텍스트를 정확히 10분 내에 번역한다. 시간이 다 되면 다른 학생의 번역문과 바꿔 서로 비교해 본다.

c. 전문 번역사는 한정된 시간 내에 번역을 해야 하므로 번역 속도가 중요하다. 번역 속도를 높이는 데 가장 좋은 방법이 무엇인지에 대해 논의해본다. 중간에 멈추지 않고 번역한 뒤 나중에 다듬을까? 다음 문장으로 넘어가기 전에 한 문장씩 충분히 검토하며 번역할까? 전체 텍스트를 미리 읽고 번역할까, 읽어가면서 번역할까? 아니면 앞의 두 가지 방식을 적절히 모두 사용할까? 텍스트 유형이나 전문적인 주제에 따라 번역 방식이 어떻게 달라질까?

과업 (Tasks)

외국어 교육에 과업 중심 학습을 적용한 연구는 많이 찾아볼 수 있다(예를 들어, 브루스터(Brewster), 1996; 바이게이트, 스키한과 스웨인(Bygate, Skehan & Swain) 편, 2000; 곤잘레즈 데이비스, 1994; 곤잘레즈 데이비스와 카탈라, 1994; 곤잘레즈 데이비스 외, 1994; 누난, 1989; 리베(Libé), 1997 참조). 학자에 따라 과업의 정의와 목표가 조금씩 다르다. 이 책에서 과업이란 동일한 목표 아래 최종 결과물을 만들어내기 위한 일련의 활동으로 이해하면 될 것이다. 보통 하나의 과업을 완수하기 위해서는 수업을 연속해서 몇 차례 진행하게 된다. 각각의 수업에서 시행하는 다양한 활동을 통해, 학생들은 같은 경로를 밟아 같은 목표에 이르게 될 것이다. 그 과정에서 절차적 지식(방법을 아는 것)과 선언적 지식(내용을 아는 것) 두 가지를 모두 쌓게 된다. 얼(P. Ur)은 과업을 정의할 때 학습 과정과 결과물 모두를 다음과 같이 강조하였는데 이 개념을 번역 교육에도 적용해 볼 수 있을 것이다. "각각의 과업은 사고의 과정과 형태가 반영된 결과물로 구성되어야 한다. 문제를 하나 생각해 내고 의견이 일치하지 않는 부분을 파헤쳐보는 것만으로는 충분하지 않다. 어떤 방법으로든 결론을 반드시 기록·검토해야 하고 목록으로 정리해야 하며 스케치 해두거나 녹음해 두어야 한다."(얼(Ur), 1996, p.34).

최근 들어 과업 중심 학습법을 번역 교육에 적용하자는 제안이 나오고 있다(곤잘레즈 데이비스 편, 2003과 우르타도(Hurtado), 1999 참조). 다음에서 과업의 구체적인 사례를 살펴보자.

과업 1 마인드맵: 격언 및 관용표현

목표

- 문화 간 유사점과 차이점 인식(세계관, 은유, 문화적 표현 등)
- 특정 어역(register)과 문체에 유의
- 검색 기술 연마
- 마인드맵을 통해 다양한 세계관 탐구
- 두 언어 간에 완전히 일치하는 대응어가 없거나, 대응어가 아예 없는 경우의 번역 전략 모색
- 자국화/이국화 전략 고찰
- 순발력과 같은 기초 통역 기술 연습

수준
중급, 고급

그룹 구성
개별, 2인 1조, 반 전체

소요 시간
2시간씩 5회

참고: 문화적 배경이 다른 학생들이 함께 참여하는 수업이면 더욱 효과적

진행 방법
1회차

a. 학생들이 자기 나라의 고유한 미신, 관습 등을 10-12개씩 조사해 온다. 예를 들어, 고양이는 목숨이 아홉 개다, 13일의 금요일은 불길하다, 소금을 쏟지 마라, 모자를 침대 위에 놓지 마라, 신발을 탁자 위에 두지 마라, 실내에서 우산을 펴지 마라 등이 있다(아래 연습 문제 참조).

b. 그룹별로(한 반에 여러 문화권의 학생들이 섞여 있으면 각기 다른 문화권에서 온 학생들이 그룹을 이루도록 함) 자신의 문화권에서 그와 유사한 미신, 관습이 있는지 알아본다. 검색 연습을 하도록 과제로 내주어도 좋다(일례로 스페인의 경우, 고양이는 목숨이 일곱 개다. 13일의 목요일은 불길하다 등)

c. 문화적 차이가 내포된 내용을 아무 생각 없이 직역했을 때 어떤 위험이 있을지 토의한다. 이런 경우에 어떻게 하면 좋을지 방법을 고찰해 본다. 자국화 전략을 이용하여 도착 문화에 맞추어 번역할 것인가? 아니면 이국화 전략을 이용하여 출발어의 미신이나 관습을 그대로 번역할 것인가?

2회차

a. 직청 직해를 해 보아도 좋다. 즉, 교수가 격언이나 속담을 한 언어로 불러주면 학생들은 바로 다른 언어로 번역해서 받아 적는다(활동 54. 직청 직해 참조).

b. 이어서 '올바른 짝 찾기' 활동을 한다. 표의 왼쪽 칸에는 한 언어로 격언이나 속담이 적혀있고 오른쪽 칸에는 다른 언어로 대응되는 격언이나 속담이 적혀 있는데 순서가 뒤섞여 있다. 학생들은 왼쪽 칸의 표현에 맞는 대응어를 오른쪽 칸에서 찾아야 한다. 이 때 대응하는 짝이 없을 수도 있고, 대응하는 짝이 여러 개일 수도 있다.

c. 두 언어 간에 일치하는 정도에 관해 고찰해 보아도 좋다. 더프의 말에 따르면, 격언이나 속담은 '풍요로운 밭이지만 지뢰 밭이 될 수도' 있는 요소이다. 그 이유는 우리가 속담이나 격언을 문장 중에 인용할 때 구문을 완전히 갖추어 사용하지 않는 경향이 있고 맥락을 알아야만 이해가 되는 경우가 빈번하기 때문이다. 교육적 목적을 위해 필자는 대응어가 완전히 일치하는 경우에서부터 일치하는 대응어가 전혀 없는 경우에 이르기까지 다음의 7단계를 제안하고자 한다.

A. 의미가 같은 경우

1. 완전한 일치
2. 부분적 일치: 어휘/어의 (어휘 차원에서 일치하나 통사 차원에서는 일치하지 않는 경우)
3. 부분적 일치: 통사(통사 차원에서 일치하나 어휘/어의 차원에서는 일치하지 않는 경우)
4. 부분적 일치: 의미(의미는 같으나 어휘나 통사 구조는 다른 경우)
5. 부분적 일치: 문화적 표현(의미는 같으나 다른 대상으로 표현하는 경우)

B. 대응어가 없는 경우

6. 부분적 일치: 어휘/어의차원에서 일치하나 의미가 다른 경우. 속담과 격언의 잘못 짝지어진 대응어쌍.

7. 완전 불일치: 어떤 차원에서도 일치하지 않는 경우

(위의 각 단계에 해당하는 사례를 다음 보기에서 고르거나, 보기에 없는 속담이나 격언에서 찾아보기)

- To look for a needle in a haystack
- Barking dogs seldom bite
- The straw that broke the camel' back
- To go to Timbuktu
- Mad as a hatter
- An Englishman' house is his castle
- 영국 사람들은 검은 고양이가 행운을 가져온다고 믿고, 스페인 사람들은 불운을 가져온다고 믿는다.

연습 문제 사례: 속담이나 격언의 번역 (영어-모국어)

선생님이나 학생 한 명이 영어로 격언과 속담을 적는다. 학생들은 그것을 모국어로 번역한 후 위의 7단계를 기준으로 두 문장이 일치하는 정도를 표시한다.

영어	모국어	일치 정도
A dog' life		
As ugly as sin		
To pull X' leg		
To be like a bull in a china shop		
A storm in a tea-cup		
Yellow (cowardly)		
Silence is golden		

3회차

a. 학생들은 이전 수업 시간에 준비해 왔던 격언과 속담을 일치 정도에 따라 분류해 보고, 각각의 번역 전략이나 번역 방법을 생각해 본다. 의사 소통 차원에서 의미가 통하는 대체 표현(의미는 같으나 원문과 일치 하는 정도에서 차이가 있음)으로 번역해야 하는 경우가 많을 수 있다. 그런데 일치하는 대응어가 도착어에 없는 경우, 번역하기가 훨씬 어려워질 수 밖에 없다(번역 문제와 해결 방안 목록은 곤잘레즈 데이비스와 스콧 테넨트(Scott-Tennent), 2000 참조).

번역 제안 사항(학생들 토론 결과)

a. 같은 맥락, 어역, 의미를 유지

b. 완전히 창의적인 번역과 보상하는 방식을 양극단으로 하는 연속선상에서 해결 방법 탐색

*	*	*	*	*	*	*
신조어 만들기	표현을 바꿔 설명하기	구체적으로 설명하기	역주 달기	직역하기	생략하기	다른 부분에서 보충하기

- 새로운 속담을 만들기: 원래 문장의 느낌과 도착어의 리듬을 유지하는 새로운 격언이나 속담을 만들어낸다.
- 바꾸어 말하기: 격언이나 속담의 의미를 간략히 설명한다.
- 외연화: 격언이나 속담의 의미를 명확히 하기 위하여 텍스트에 간단한 설명을 삽입하는데 흔히 어의 번역(semantic translation)을 한 뒤에 덧붙인다. 어의 번역이란 직역이나 일대일 번역을 하지 않고 원문에 가깝게 번역하는 중립적인 번역이다(뉴마크(Newma가), 1988, p.45 참조).
- 주석: 격언이나 속담을 직역하거나 일대일 번역을 하고, 흔히 페이지 맨 아래에 설명을 덧붙인다.
- 직역: 단어 대 단어 정도의 번역은 아니지만 출발어를 따라가는 번

역이다.

- 생략: 격언이나 속담을 생략할 때 그럴만한 이유가 있을 수 있다(해당 부분이 텍스트와 연관이 없을 때 생략할 수 있으나 이 때 번역사의 지극히 주관적인 결정은 아닌지 따져보아야 함). 때로는 왜 생략했는지 타당한 이유를 제시할 수 없는 경우도 있다(번역사가 어떻게 처리해야 할지 몰라서 번역하지 않은 경우 등).
- 필요한 경우에는 보상 전략을 적용한다. 텍스트 전체를 하나의 텍스트 단위로 간주한다면, 속담이나 격언을 도착어 텍스트의 다른 위치에다 넣을 수 있다. 원문과 동일한 위치는 아니더라도 앞에서 미처 살리지 못한 것을 다른 부분에 끼워넣을 수 있다. 이 방법을 활용하면 전체적으로 보았을 때 원문과 번역문에서 비슷한 효과를 거둘 수 있다.

4회차

a. 학생들이 그룹별로 앉는다. 이전 수업에서와 같은 그룹이어도 상관없다. 각 그룹마다 반 전체 학생들에게 제시할 주제를 두 가지 정한다. (시간/돈/게임/교육 등)
b. 각 그룹이 본인들의 주제를 소리 내어 말하면 교수는 그 주제들을 칠판에 적는다.
c. 이번에는 각 그룹마다 칠판에 적힌 주제들 중에서 다시 두 가지를 고른다.
d. 두 그룹씩 같은 주제를 골라 그 주제를 가지고 함께 작업을 한다.
e. 각 그룹마다 그 주제에 관해 마인드맵을 그려본다(과업 7. 마인드맵: 차이점의 시각화, 발견, 해결 참조). 마인드맵의 중앙에 개념이나 단어를 적고 관련된 하위 주제를 다른 가지들로 연결한다. 각 가지를 다시 또 나눈다. 각 주제나 하위주제 옆에 관련된 격언, 속담, 표현 등을 적어 넣는다. 이 활동에서는 마인드맵을 모국어로 작성한다.

5회차

a. 기타방법 1. 마인드맵에 적어놓은 표현이나 격언을 다른 언어로 번역해본다.

b. 기타방법 2. 그룹끼리 서로 마인드맵을 바꾸어서 다른 팀이 적어놓은 표현이나 격언을 다른 언어로 번역해 본다.

c. 기타방법 3. 두 그룹이 모여 앉아 같은 개념에 대해 서로 다르게 해석한 것과 시각적으로 다르게 표현한 것을 비교하고, 번역상의 문제점을 이전 수업에서 논의했던 내용과 연관 지어 토론해본다.

프로젝트

오늘날 많은 국가에서 프로젝트 작업(하인즈(Haines), 1989; 리베와 바이달(Vidal), 1993)은 교육단계에 상관없이 수업에서 매우 중요한 부분을 차지하고 있다. 번역 교육 맥락에서는 프로젝트를 다중능력 과제라고 정의할 수 있다. 즉, 학생들을 교육적·전문적 활동과 과업에 참여하게 하고 최종 결과물을 위해 협력하게 만드는 과제인 것이다. 실제로 의뢰인에게서 의뢰받아서 하거나 전문 번역사가 진행하는 프로젝트의 경우에는, 의뢰받아 수행한 실제 번역물이 최종 결과물이 될 것이다. 한편 교육 목적의 프로젝트 경우에는 활동이나 과업을 통해 전문가 수준의 결과물을 보여주어, 학생들이 실제로 번역을 의뢰받았을 때 필요한 기술을 연마하는 준비 단계가 될 것이다.

프로젝트 작업에 대해 다른 이론들이 많이 있지만, 과업과 차별화되는 프로젝트의 특징은 다음과 같이 정리해 볼 수 있다.

- 프로젝트는 과업보다 더 많은 시간을 필요로 한다. 짧게는 2주에서부터 길게는 2개월 이상 소요될 수 있다.
- 프로젝트는 과업보다 훨씬 더 학생 중심으로 이루어져서, 활동이나 과업을

수행하는 과정에서 뿐만 아니라, 최종 의사 결정과 번역물 평가에서도 학생들이 적극적으로 참여한다.

- 활동이나 과업은 순차적으로 배치되나 학생이나 교수 누구든지 특정 활동이 필요하다고 생각되면 그때그때 추가할 수 있는 여유가 있다.
- 학생들이 협동정신을 발휘하여 공동으로 노력할 때, 진행하는 과정에서 교수가 학생들과 협의할 일이 발생하기 마련이다. 그 때 교수는 권위적인 인물이라기보다는 협의를 원활하게 진행하고 평가하는 진행자이자 평가자 역할을 담당한다.

필자는 다음과 같은 이유로 프로젝트가 번역 교육에 효과적인 새로운 방법이라고 제안한다.

- 프로젝트는 주제 중심으로 진행되며 분명한 결과물을 만들어낸다. 초등학교에서 흔히 시행하는 프로젝트로 태양계 탐구가 있다. 이 프로젝트를 진행할 때 교실을 천문관으로 꾸미곤 한다. 번역 수업에서는 실제 번역을 의뢰받아 수행하거나 번역 자료를 데이터베이스로 구축하는 프로젝트 등을 진행할 수 있을 것이다.
- 프로젝트 작업을 하면 교수자와 학습자 간에, 또는 분야전문가와 실무 번역사 간에 진정한 의미에서의 협력이 이루어져 교육적 상호 작용 이론을 실현해 볼 수 있다. 또한 프로젝트를 통해 학생들은 교실 밖의 세계를 체험해 보게 된다.
- 프로젝트 수업은 학생들 활동이 번역 작업/대상 독자/의뢰인(가상이든 실제이든) 중심으로 이루어지기 때문에 기능주의 접근 방법을 지지한다.
- 번역의 결과물 뿐 아니라 번역의 전체 과정을 면밀히 검토한다.
- 학생들 스스로가 본인의 번역물과 평가에 책임감을 느끼기 때문에 수업의 중심이 교수에서 학생으로 옮겨간다. 프로젝트 수업에서 교수는 협조하고 안내하는 역할을 맡는다.

- 학생들의 번역 능력, 자신감, 번역 결과물에 대해 설명하는 능력이 향상된다. 프로젝트를 진행하며 마감일, 전문 용어, 텍스트의 일관성 등을 협의하는 과정에서 번역사에게 필요한 사회성이 계발되기 때문이다.
- 학생들이 프로젝트를 진행하는 과정에서 본인의 언어 능력, 배경 지식, 전이 능력, 전문가적인 자세를 계발하여 번역 능력이 향상된다.
- 전문가 자세가 강화된다. 학생들이 본인의 번역물에(교수자에게 평가를 받기 전에 독자나 의뢰인에게 먼저 전달) 책임감을 가지고 마감일 엄수, 작업 분담, 진행 과정을 조율하고 최종 번역물을 의뢰인에게 직접 설명하기 때문이다.
- 프로젝트를 시행하게 되면 학생들 개개인의 번역 능력을 필요로 하기 때문에 한 학생도 배제되었다는 느낌을 주지 않는다. 각자 본인이 가장 잘 할 수 있는 역할을 담당하여 그룹에 기여할 수 있다(검색을 잘하는 학생이 있는가 하면 문서를 잘 다루는 학생이 있고, 그 주제에 관해 배경지식이 풍부한 학생이 있다).
- 컴퓨터 기술을 활용하면 번역사의 생산성을 극대화하는데 도움이 될 것이다. 예를 들어, 검색 기술과 전자 메시지를 활용하면 독자/의뢰인과 의사 소통이 원활해질 수 있다.

대부분의 교수들이 프로젝트 작업이 학생들의 동기를 유발하고 참여도를 높이는데 긍정적인 효과가 있다고 강조한다. 그 이유로는 학생들이 경쟁 대신에 협력을 하고, 수업 시간 뿐만 아니라 수업 외의 시간에도 수시로 중요한 질문을 하고 그에 대한 답을 귀담아 듣기 때문이다.

그러면 실제 프로젝트의 사례를 살펴보자. 다음은 스페인 빅 대학교의 인문과학번역학부에 재학 중인 필자의 학생들이 독일 마인츠대학교의 번역전공 학생들과 협업하여 프로젝트를 진행한 사례이다.

이 프로젝트는 지난 2년 동안 참여자들이 컴퓨터와 인터넷을 활용하여 진행되었다.

실제 프로젝트 1 협동 학습을 통한 웹사이트 번역(독어-영어-스페인어)

목표

- 실제 웹사이트를 영어에서 스페인어로 번역(원문 텍스트는 독어)
- 번역 과정에서 활용할 수 있는 컴퓨터 기술 활용방법 파악
- 자기주도 원칙과 상호주의 원칙에 따라 다른 학습자와 논의하는 방법 습득
- 번역 과정의 초기 단계에서 학습 동기 유발.
- 실제 시장에서 번역사에게 요구되는 전문가 자세 인지(속도/효율적 일처리/팀워크/컴퓨터 사용/검색 기술/책임감/마감시한 엄수 등)
- 학생들이 실제 전문 번역사의 세계를 접할 수 있는 활동 포함

수준

중급, 고급

그룹 특성

학부 3학년 학생들

소요 시간

총 15주를 세 기간으로 나누어 작업

2-3주 편집, 8주간 번역, 2-3주 마인츠대학교에서 받은 피드백에 따라 교정 및 윤문

원문

다음 웹사이트 참고 http://www.fask.uni-mainz.de/user/kiraly/

진행 방법

a. 학생 여섯 명씩 그룹을 정하고 그 안에서 다시 세 명씩 두 그룹으로 나누었다.

b. 각 그룹별로 영어로 쓰인 원문 여섯 페이지씩 교정할 책임을 맡았다. 그룹에 따라 작업 방식에 어떤 차이가 있었는지 나중에 논의해 보았다. 어떤 그룹에서는 전원이 여섯 페이지를 다 같이 살펴보고 서로 찾아낸 사항들을 취합했고, 또 어떤 그룹에서는 두 명씩 두 페이지를 맡아 나누어 살펴보고 찾아낸 사항들을 상의하기도 했다.

c. 교정한 것을 교수가 최종 감독자 입장에서 검토를 하였다. 교수는 개선이 필요한 부분이 있어도 해당 부분에 밑줄을 그어 표시하거나 텍스트의 특정 부분을 다시 한 번 보라고 적어주기만 했다.

d. 교수가 표시를 해 놓은 번역문을 가지고 학생들은 그룹별로 20-30분씩 교수에게 지도를 받은 뒤에 최종 교정 작업을 진행하였다.

e. 필자의 학생들 경우, 그룹별 평가를 위해 함께 작업했던 여섯 페이지를 제출하는 동시에, 각 학생들의 개별 평가를 위해 각자가 맡았던 두 페이지를 본인의 논평과 함께 제출하도록 했다.

f. 번역문을 독일 마인츠대학교의 학생들에게 보냈다.

g. 마인츠대학교 학생들이 독일어 원문과 스페인어 번역문을 검토하고 피드백을 보내주었다.

h. 필자의 학생들은 텍스트를 html 형식으로 전환하여 다시 마인츠대학교에 보냈다.

1.4 평가

평가에는 평가자의 주관적 판단이 크게 작용하여 언제나 미묘한 문제를 피하기 어렵다. 연구가 더 많이 이루어져야 할 분야라고 확신한다. 대학에서의 평가에는 두 가지 목적이 있는데 첫 번째는 학생들이 교과 과정의 성과를 가늠하기 위해서이고(교육측면 평가), 두 번째는 학생들을 공식 인증시험이나 전문 번역사의 수준을 기준으로 삼아 준비시키기 위해서이다(직업측면 평가). 평가의 목적은 다음과 같이 다양할 수 있다.

- 교육 목표와 학습 결과 간의 상관 관계를 파악
- 학문적, 직업적 안내에 필요한 정보를 습득
- 학생의 개별적인 성과를 그룹의 다른 학생들과 비교하여 개선 사항을 제안
- 한 학기동안 학생의 진전 상황을 이전 성과와 비교 관찰
- 문제점들을 분류하여 학생들의 자가 검토 능력을 계발. 예를 들어, 번역할 때 본인이 가장 많이 저지르는 실수를 열거하게 하고 문제점을 분류한 뒤, 특정 부분의 개선이 필요하면 교수가 제안
- 관찰 결과에 따라 강의계획안과 교수법을 수정 보완

번역을 평가할 때 활용할 수 있는 평가시스템과 평가표에 관한 연구 결과는 쉽게 찾아 볼 수 있다(바카르디(Bacardí), 1997)의 발레로(Valero), p. 199–10); 돌레럽과 린데가르트(Lindegaard), 1994)의 세인즈(Sainz), p. 133–143)와 이브라임(Ibrahim), p. 151–57); 돌레럽(Dollerup과 린데가르트, 1992)의 파라자드(Farahzad), p. 271–79)와 핌(Pym, p. 279–91); 크로우체(Krawutsche), 1989)의 만(Mahn), p. 100–09); 곤잘레즈 데이비스와 스콧-테넨트(2001); 하팀(1997) 또는 쿠스마울(Kussmaul), 1995(제6장) 등 참조). 상호 작용이 이루어

지는 교육 환경에서 번역을 평가할 때, 모든 참여자들이 각자의 의견을 표명할 수 있어야 한다. 다음은 평가를 하려고 할 때 자문해 보아야 할 네 가지 질문과, 각 질문에서 구체적으로 고려해야 할 사항들을 정리한 것이다.

1. 무엇을 평가하는가?

a. 각 교과 과정의 교육적 목표(교육측면 평가) 대(VS.)전문 번역사의 기준치(직업측면 평가)

b. 원문 이해력, 전이 능력, 번역문 상태

c. 언어 능력, 배경 지식, 전이 능력, 전문가 자세

d. 번역시 문제가 될 부분을 발견하고 해결하는 능력

e. 주어진 조건에서 번역 과제를 수행하는 능력

2. 누가 평가하는가?

a. 교수

b. 학생 자신

c. 급우

d. 분야 전문가

e. 전문 번역사

전통적인 수업에서는 교수가 기말고사를 보거나 일련의 번역문을 보고 평가를 하나, 자가 평가나 급우 평가 등을 통해 학생들을 평가 과정에 참여하게 할 수도 있다. 시험 결과물을 가지고 학생들이 직접 참여하는 방법도 있지만 다음과 같은 방법을 활용해 볼 수도 있다.

교수

a. 학생들의 참여 정도와 수업 태도를 체계적으로 관찰(브레인스토밍

시간, 관찰일지, 관련 작업 기록 등)

b. 학생의 결과물을 관찰하고 분석(이전 보고서와 비교, 집중 탐구 과제, 검색 결과물, 그룹 및 전체 토론 참여도, 활동 및 번역시 공동 작업, 자가 평가 보고서 등)

학생

a. 참여자들 간의 대화(토론 및 논쟁, 공동작업, 원탁회의 등)
b. 자가 평가 및 급우 평가
c. 다른 학생들을 위한 교습 방법 준비
d. 급우 간 편집 연습

교수와 학생

a. 특정 테스트(논문, 시험 등)

3. 언제 평가하는가?

번역 과정과 결과물, 학생들의 진척 상황은 어느 때나 평가할 수 있으나, 주로 세 번의 평가를 시행하여 진척 상황을 알아볼 수 있다.

a. 처음에(진단): 과정의 초반에 일정 활동을 통해 학생들의 수준을 파악할 수 있다.
b. 계속해서(형성): 교수가 지속적으로 평가하는 것 이외에 학생들도 계속해서 서로의 결과물을 평가하거나 관찰 할 수 있다.
c. 마지막에(총괄): 이 단계에서는 시험을 치루거나, 논문이나 발표로 평가를 해도 좋고, 여러 가지를 한데 묶어 평가해도 좋다.

4. 어떻게 평가하는가?

평가를 위해 오역을 분류하고 점수를 매기는 것이 인위적일 수 있으나, 그렇게 함으로써 번역상의 문제를 정의할 수 있고 어느 방향으로 나아가야 할지를 보여줄 수 있다. 필자의 개인적인 경험과 재직 중인 학과에서 경험한 결과를 참고로, 제안하고 싶은 것은 학생들을 여러 가지 방법으로 평가할 수 있다는 사실이다. 수치로 환산해서 평가하거나 총체적으로 평가할 수도 있고, 다양한 참여자가 평가를 시행할 수도 있다. 즉, 교수, 급우, 전문 번역사, 분야전문가 등이 평가자가 될 수 있다. 그 밖에 평가를 반드시 오역 중심으로 할 필요가 없고 잘된 번역 중심으로 할 수도 있다. 예를 들어, 평균 이상의 번역 결과물을 만들어 냈을 때 점수를 주는 방식이다. 다음의 채점표는 필자의 학과 내 교수들이 동의한 평가 방식으로 필자가 재직 중인 학교의 교수들 대부분이 활용하고 있다. 이러한 채점 방식은 총체적 평가를 보완하여 학생들이 번역 시장의 실제 현실을 직접 느껴보는 데 도움이 될 것이다. "수용 가능하나 개선이 필요한 번역"(아래 참조)이라는 성적을 받으면 학생들은 교육적 관점에서는 통과 점수일지 모르지만, 본인들 번역에서 특정 부분이 개선되어야만 미래의 의뢰인이 원하는 번역사가 된다는 사실을 알고 있다. 이러한 평가 방법은 학생들이 전문가 기준에 맞추기 어려운 수업 초반부에 특히 유용하다. 학생들이 계속 학습하다 보면, 교육 측면과 전문가 기준의 평가 기준이 점차 한 곳으로 모아져 마침내 일치하는 지점에 도달하게 될 것이다.

(교육 측면의) **채점표**

문제	점수*
원문 메시지 a. 전달 안 됨 b. 메시지는 전달되지만 완전하지 않음	- 1 또는 2 - 0.25 또는 0.5
원문 이해력: 어역, 결속성, 응결성, 통사 구조, 어휘, 어순, 문화적 표현 등	2~3개의 오역 = - 1
전이 능력 a. 번역상의 문제 발견 및 해결 능력을 적절히 적용 b. 검색 능력 c. 번역시 위임사항을 적절히 완수	적절한 해결책 = + 1 또는 2 부적절한 해결책 = - 1
번역문 가독성: 어역, 결속성, 응결성, 통사 구조, 어휘, 어순, 문화적 표현, 전형적 형식 등	2~3개의 오역 = - 1
전체적 인상	+ 1, 점수변화 없음, - 1

*오역의 종류나 해결책의 적절한 정도에 따라 점수 부여. 총점은 10점

(전문가 기준의) **총체적 평가표**

a. 이 번역은 원문의 메시지를 전달하고 도착어 형식을 따르고 과제 조건에 부합하였다. 바꿀 것이 거의 없거나 이 상태로도 수용 가능하다 - 수용 가능한 번역

b. 이 번역에는 텍스트 이해에 장애가 될 수 있거나 원문 메시지의 일부를 적절하게 전달하지 못하는 오역들이 있다 - 수용 가능하나 개선이 필요한 번역

c. 이 번역에는 원문 이해력이 부족함을 보여주는 오역들이 있다. 번역문의 가독성에 문제가 있다. 번역 전략과 상관없이, 번역상의 문제를 발견하고 해결한 흔적이 없다 - 수용 불가능한 번역.

2장

외국어 학습자에서 번역사로

2.1 교수자와 학습자 간의 상호 작용

잘 가르친다는 것은 옳은 답을 주는 것보다 옳은 질문을 던지는 것이다.

알베르스(J. Albers)

오늘날 번역은 주로 번역을 생업으로 하는 전문 번역사들이 한다. 본인들의 전문분야에 이론적, 사상적으로 접근하는 것이 이들에게는 편치 않을 수 있다. 번역사들은 속도와 효율성으로 수많은 제약 조건을 극복하며 번역을 한다. 대학에서 준비 중인 신세대 번역사들은 차츰 교육 과정에 직업상의 쟁점과 학문적인 이론을 조화롭게 혼합하고자 하는, 새로운 시스템에서 공부하게 될 것이다. 직업과 학문을 융합하는 것은 결코 쉬운 일이 아니며, 또한 번역의 세계에 번역사 교육자라는 새로운 인물이 등장하면서 다음과 같은 질문이 제기될 수 있다. 이 교육은 누가 담당해야 하는가? 강의계획안에는 무엇이 포함되어야 하며 어떤 비율로 구성되어야 하는가? 신기술, 세계화, 현지화 등의 문제를 이데올로기 이론이나 응용언어학 이론과 어떻게 연관 지을 수 있을까? 번역에 대한 학문적 연구가 실무 번역사에게 도움이 될까? 그 반대의 경우는 또 어떠할까?

대부분의 대학에서 번역학 학부 과정의 목표로 제시한 사항은 대체로 다음과 같다(스페인의 빅 대학교에서 제공한 정보를 참고).

a. 최소 두 가지 언어로 작업하는 번역사와 통역사를 양성하여 그들이 지적, 전문적, 기술적 능력을 가지고 경쟁적인 시장에서 잘 활동할 수 있도록 준비시킨다.
b. 출판 부문에서 활동할 수 있는 편집자와 교정자를 배출한다.
c. 졸업생들이 신문사, 텔레비전, 영화계(더빙과 자막-비영어권 국가에서 시장의 규모가 훨씬 방대함), 라디오, 홍보, 관광, 다국적 기업 등에서 일할 수 있도록 기본적인 요건들을 준비시킨다.
d. 학생들이 외국어, 모국어, 번역(필자가 추가한 항목)을 가르치는 교수자가 될 수 있도록 준비시킨다.
e. 학생들이 대학원에 진학하여 연구자가 될 수 있도록 준비시킨다.

여기에서는 교수자가 핵심적인 역할을 담당한다. 교수의 나이, 인성, 의욕, 전문가/ 교육자로서의 경력만큼이나 가르치는 스타일, 번역에 대한 의식, 강의계획안의 주요 내용에 따라 학생들의 학습 과정이 크게 달라질 것이다. 상호 작용이 이루어지는 수업에서는 교수가 강의자이자 문제 해결자 일뿐만 아니라 안내인, 상담자, 평가자이기도 하다. “진실된 번역의 보호자, 정확한 번역의 수호자(키랠리, 1995, p.99)” 역할과는 거리가 멀다.

교수는 학습 현장에 나타나서 모델을 보여주고 사라지는 사람(키랠리, 2000)이라는 생각이, 효과적인 학습에 관한 최근의 연구와 훨씬 더 일맥상통한다. 다른 쪽에는 다음과 같은 교수자 중심의 수업 방식이 있다.

교수님이 학생들에게 특정 문장들을 번역해 보라고 한 뒤, 모범 답안과 비교하여 달라진 부분을 지적하였다. 이러한 상황에서는 모범답안과 다르게 번역한 학생들이라면 누구라도 본인의 번역에 자신감을 갖기가 어려웠다. 교수님이 내가 한 번역을 부정확하다고 생각했을 때 나는 토론시간에 참여하는데 주저하게 되었다.

(엔스-콘놀리(Enns-Connoly), 1986, p.2~3)

위의 상황에서는 번역을 잘 하기 위해 꼭 필요한 의욕과 자신감을 학습자가 갖기 어려웠을 것이 분명하다. 번역은 의사 소통과 그룹 활동이라는 생각을 공유하고, 학생들이 본인의 번역이 교수자에게 칭찬받고 인정받는다고 느낀다면 이런 상황은 발생하지 않을 것이다. 이런 방식으로 상호 작용을 하게 되면 학습자 자율성을 높이는데 자극이 된다. 내성적인 학생도 짝을 지어서나 그룹으로 활동을 수행할 수 있고, 수업에서 각자의 결과물과 개인의 생각이 존중되기 때문에 적극적으로 참여할 수 있다. 아놀드(J. Arnold, 2001, p.143)는 어떻게 하면 이러한 상황으로 나아갈 수 있는지에 대해 언더힐(Underhill, 1999)이 다음과 같이 묘사한 내용을 소개한 바 있다.

...'강의자'는 주제에만 관심을 기울여서는 가르치는데 충분치 않다는 사실을 인식하고, 교수 방법론에 관심을 갖게 되면서 '교수자'로 한 단계 발전한다. 그 이후 한층 더 발전해야 할 필요성을 느끼고 상호교감과 관련된 전문 지식으로 학습을 용이하게 도와주는 '촉진자'로 거듭 성장한다.

이런 식으로 발전을 거듭한 교수자는 학생들이 의욕적으로 선택과 결정을 할 수 있도록 잘 안내해 줄 수 있다. 즉, 학생들이 아래와 같은 단계를 잘 통과할 수 있도록 도와주는 것이다.

- 이론적 틀을 정립하고 실무 연습을 통해 번역에 대한 인식을 제고
- 번역시 문제가 될 수 있는 부분과 그 해결 방법을 소개

- 원문의 특성과 작업 조건을 고려하여 의사 결정
- 선택의 타당한 이유 설명: 학생들은 다른 학생들과 서로의 번역을 비교 분석한 뒤 본인의 번역을 설명하고 다른 급우의 번역에 대해서도 평가
- 심사숙고하는 시간과 철저한 토론을 거쳐 최종 결과물을 완성
- 번역사로서 학생들의 자아 개념을 정립

학생들의 학습 성과를 극대화하기 위한 주요 요인들로 교수자가 고려해 보아야 할 사항들은 다음과 같다.

a. 학생의 '배경': 개인적, 직업적 배경 모두 포함
b. 번역 스타일을 포함한 학생의 '학습 스타일': 다중지능, 정서 지능, 학습 스타일 모형(아래의 레이드, 엘리스, 캠벨 참조)에 따라 가늠해 볼 수 있는 스타일
c. 학생의 '자세': 번역이라는 학문과 직업에 대한 개념, 번역사로서의 자아 개념 등에 관해 알고 싶어 하는 의욕
d. 학생의 '적성': 능력과 마음가짐. 텍스트에 맞추어 다양한 전략을 활용할 수 있는 유연함. 텍스트 종류, 맥락, 주어진 조건에 맞추는 능력. 고도의 읽기 쓰기 능력 이외에 문제 발견 및 해결책을 비롯한 텍스트 해석 능력

이 모든 요소들이 학습이 이루어지는 '속도' 와 '경로' 에 영향을 미치며, 학습이 성공하거나 실패하는 경우에 그 이유를 설명해 줄 수 있다. 배움의 장에서는 지능만이 유일한 변수가 아니다. 교수자가 학습 맥락의 정신적, 정서적 측면을 잘 파악하면 할수록 학습자에게 보다 긍정적이고 바람직한 결과를 가져올 수 있다. 최근에는 교육학 분야에서 교육과정을 체계화하는데 적극적이라는 사실을 기억해야 한다. 여기에서 학습이란 참여자의 두뇌 활동뿐만 아니라 정서와 목적까지 아우르는 총체적인 경험으로 이해해야 된다. 다시 말해서 EQ가 IQ만큼이나 학

습 성과와 연관성이 높다는 것이다(오우즈벨(Ausubel), 1968; 가드너와 램버트, 1972; 가드너, 1985; 가드너 외, 1996; 골먼(Goleman), 1996; 가드너, 1999; 로저와 올슨, 1992).

학습자 유형도 고려해야 할 또 하나의 중요한 요소이다. 한 반에 어떤 유형의 학습자가 많은가에 따라 교습 방향이 정해지고 결과적으로 번역사 유형도 정해지게 된다. 세구노(Séguinot, 1991, p.85)는 "작가들 가운데 기본적인 유형이 있듯이 성공적인 번역사들 가운데도 한 가지 이상의 유형이 있는 것 같다"고 언급하였다. 그동안 학습자 유형을 여러 가지로 분류하는 연구가 소개되었는데, 여기에서는 가장 많이 알려지고 유용하다고 생각되는 연구자 세 명의 구분법을 살펴보고자 한다. 엘리스(1985)는 학습자를 능동적, 수동적, 경험적, 학구적, 이렇게 네 가지 유형으로 구분하고 가장 이상적인 학습자는 이 네 가지 특성을 다 보여주는 학습자라고 하였다. 한편 캠벨은 번역 능력 모델(1991, 1998)에서 구성요소를 기본적으로 성향과 능숙도, 이 두 가지로 구분한다. 번역사의 성향은 심리적인 특징인 마음가짐과 관련이 있어 개인적인 두 가지 성격이 그 중심에 자리 잡고 있다. 즉, 모험형 대 신중형, 끈기형 대 포기형으로 나눌 수 있다. 능숙함은 능력을 계발하는 기술과 연관되어 있다. 이 두 가지 구성요소가 상호 작용을 하며 번역사의 유형을 결정짓는다고 생각한다.

레이드(J. Reid, 1999, p. 301)는 최근의 연구 결과에 따라 학습자의 유형을 다음과 같이 정리하였다.

	일곱 가지 다중 지능
구두의/언어적	구어적/문어적 어휘능력 및 어휘에 대한 민감성
음악적	리듬, 음높이, 선율에 대한 민감성
논리적/수학적	수치를 효율적으로 활용하는 능력 및 논리적인 능력
공간적/시각적	형태, 공간, 색상, 선, 모양에 대한 민감성
신체적/운동감각적	생각과 느낌을 표현하기 위해 신체를 활용하는 능력

외적 이해	다른 사람의 기분과 의도를 이해하는 능력
내적 이해	본인 자신과 본인의 강점/약점을 이해하는 능력
	감각적 학습 스타일
시각형	눈을 통해 더 효과적으로 학습
청각형	귀를 통해 더 효과적으로 학습
촉각형	만지는 데서 더 효과적으로 학습
운동감각형	신체적인 경험을 통해 더 효과적으로 학습
그룹형	다른 사람과 함께 작업할 때 더 효과적으로 학습
개인형	혼자 작업할 때 더 효과적으로 학습
	장(Field) 독립적/장 의존적 (민감한) 학습 스타일
장 독립적	순차적으로 사실을 분석할 때 더 효과적으로 학습
장 의존적	총체적 맥락에서 더 효과적으로 학습하고 인간관계에 민감
	분석적/전체적 스타일
분석적	개별적, 순차적, 선형적일 때 더 효과적으로 학습
전체적	구체적 경험과 타인과의 상호 작용을 통해 더 효과적으로 학습
	성찰적/충동적 학습 스타일
성찰적	대안을 생각해 볼 시간이 있을 때 더 효과적으로 학습
충동적	즉각적으로 반응할 수 있을 때 더 효과적으로 학습

2.2 학부 단계: 토대 구축

모든 예술가가 처음에는 아마추어였다.

에머슨(R. Emerson)

학생들을 가르칠 때 반드시 출발점으로 삼아야 하는데 무의식적으로 잊어버리곤 하는 중요한 사항이 있다. 바로 교육은 학생들의 교육단계에 맞추어서 이루어져야 한다는 사실이다.

학부 학생들을 가르칠 때는 석사나 박사과정 수업과는 다르게 디자인하고 교수법도 달리 하여야 한다. 비단 교육 목표가 다르기 때문이어서가 아니라 학생들의 배경, 자세, 적성, 학습속도, 학습경로가 다르고, 학습 및 번역 스타일도 단계별로 다를 것이기 때문이다.

번역을 가르칠 때 초기 단계에서는 연령, 성숙도, 상식, 번역에 대한 고정관념과 같은 변수들이 매우 중요하다. 흔히 이 시기의 학생들은 제2 외국어 학습자들과 유사하여 여전히 번역은 언어, 사전과 관련이 있는 작업이라고 생각한다. 외국어를 가르칠 때 소통 중심 교수법으로 가르치는 나라의 학생들은 시험을 치룰 때나 번역을 해보는 정도이고, 그 외에는 수업 시간에 번역 관련 활동이나 연습을 전혀 하지 않는다. 따라서 학생들이 번역에 대해 가지고 있는 시각은 참으로 모호할 수밖에 없다. 학생들은 번역을 "쉽다"고 생각하거나, 아니면 반대로 앨런 더프의 표현처럼 "고통스러운 경험"으로 생각한다(곤잘레즈 데이비스, 1993, p.17). 학생들이 번역을 커뮤니케이션 맥락에서 다루어본 적이 없고 번역이란 오로지 시험을 보기 위해서나 또는 무엇이 잘못되었는지를 부각하고 그 부분을 교정할 목적으로만 이용했기 때문이다. 그 결과 학생들은 번역에 대해 혼란을 느끼고 다른 대안을 찾아볼 자신감을 갖지 못해서 "정확성/등가성"을 찾기 위해 애를 쓰며, 사전에서 이를 찾을 수 있다고 믿는다. 인지심리학에 토대를 두고 교육학적으로 고찰한 다음의 내용을 살펴보면 대부분의 사람들이 학습 과정에서 제약 사항을 어떻게 극복했는지 이해할 수 있을 것이다(허니와 멈포드(Honey & Mumford), 1986, 1995; 곤잘레즈 데이비스, 1994; 곤잘레즈 데이비스와 코토너(Cotoner), 1999).

이 연구에 따르면 학습의 초기단계에서는 학생들이 본인이 선택한 분야(우리 경우에는 번역하는 방법)가 복잡하다는 사실을 인식하지 못한다. 바로 '무의식적 능력 부족' 단계이다. 외부에서 바라보면 모든 것이 쉬워 보인다. 이것이 바로 보통 사람들이 번역에 대해 가지고 있는 일반적인 시각이다. 즉, 사전만 있고 두 언어를 조금만 알면 쉽게 할 수 있는 일이라고 생각한다. 이 시기에는 학생들이 그저 정보를 모으기 시작할 뿐이다. 그러다가 학생들이 일단 여러 가지 문제와 어려움에 접하게 되면서 이 분야에 관해 배워야 할 게 많다는 사실을 인식하게 된다. 이때가 바로 '의식적 능력 부족' 단계이다. 학생들은 주춤하고, 비틀거리고, 실수를 하면서 힘겹게 앞으로 나아가지만, 점차 그동안 습득한 지식과 연관 지어 유사점, 차이점, 관련 패턴 등을 알아나간다. 그 이후에 세 번째 단계인 '의식적 능력' 단계에 이르게 된다. 이제 학생들은 본인들이 잘 하는 때가 언제인지, 잘 하는 이유가 무엇인지를 안다. 규칙을 따르긴 하지만 각자가 좋은 아이디어도 가지고 있다. 취사선택을 하게 되고, 과제에 대한 총체적인 아이디어를 가지고 결과를 예측하면서 문제 발견 및 해결 능력을 높인다. 학생들이 관련 기술을 가장 많이 배우는 단계가 바로 이 때이다.

마지막으로, 학생들은 '무의식적 능력' 단계에 도달한다. 잘 하는데 왜 잘하는지 때때로 설명할 수 없는 단계이다. 대부분의 기술이 최상의 성과를 거두는데 필요한 지식 및 전략과 함께 내재화되어, 맡은 일을 아주 손쉽게 해낼 수 있다. 이 단계는 전문가 수준에 해당한다. 물론, 모든 학생들이 위와 동일한 방법과 동일한 속도, 동일한 경로를 따라 발전하는 것은 아니며, 각 단계가 중복되거나 반복될 수도 있다.

비슷한 맥락으로 체스터만(Chesterman, 2000)은 드레퓌스(Dreyfuss) 형제의 저서 『기계보다 직관(*Mind over Machine*)』을 참고하여, 정보처리가 특징인 초보 단계, 학생 스스로가 무엇을 배우고 있는지 이해하고 연관성을 파악할 수 있는 발전 단계, 능력 단계, 숙달 단계에 관하여 언급하였다.

효율적인 교수자는 흔히 실무자로 활동할 때 마지막 단계의 특징을 보이는 전문 번역사이다. 그러나 이들은 마지막 단계에서 두 번째 단계나, 때로는 첫 번째 단계로까지 되돌아가 학생들이 그 시기에 느끼는 바를 파악하고, 본인들이 마지막 단계에 이르기 위해서 무엇을 했었는지를 분석한 뒤, 이 과정을 명확히 보여줄 수 있도록 강의계획안과 교수법을 디자인하여 학생들이 비슷한 경로를 밟도록 안내해야 한다. 전문 번역사가 학생들에게 번역을 가르칠 때 어려움을 느끼는 이유가 바로 여기에 있다. 본인은 완전히 숙달했지만 명확히 설명하기 어려운 그 무엇을 가르쳐야 하기 때문이다. 반면에 교수법에 능숙한 번역 전문가는 학생들과 소통을 하고 각 단계에 적합한 자료를 준비하는데 문제가 없을 것이다. 물론 학생에 따라 반응정도가 다르겠지만 교수법에 능숙한 교수자가 학생들을 전문가 단계로 더 잘 이끌어주어, 학생들의 반응이 더 긍정적이고 학생들의 학습 성과도 더 뛰어날 것이다. 여기에서 강조하고 싶은 것은 전문 번역사는 훌륭한 교수자가 될 수 없다는 것이 아니라, 본인이 구체적인 번역 능력을 내재화하여 진정한 전문가가 되기까지의 단계들을 잘 기억하고 분석할 수 있어야 한다는 것이다(곤잘레즈 데이비스와 스콧-테넨트, 2005).

한편, 끊임없이 '실력'을 갈고 닦는 노력과 함께 번역이라는 직업에 대한 올바른 '마음가짐'이 성공적인 전문가로 활동하는데 관건이 될 것이다. 번역 과정에 대한 깊은 성찰과 전문 번역사로서 연마해야 할 특정 '실력'은 학부 과정에서 일찍 시작될 수 있다. 이러한 사항들을 환기시키는 교수법과 토론시간 외에 교수가 진행할 수 있는 또 하나의 중요한 과업이 있다. 바로 전문가다운 기술을 소개하고 습득시키는 일이다.

교수자는 학부과정에서 다음의 사항의 토대를 마련해 주고 그 중요성을 강조해 준다.

a. 도구화. 사용가능한 도구와 자료, 특히 새로운 기술에 익숙해지게 하는 것
b. 전문화 준비. 어떤 전문 분야라도 유연하고 개방적인 자세로 잘 다룰 수 있도록 다양한 분야를 소개
c. 대부분의 언어 조합에 적용할 수 있는 인지적 능력

d. 번역을 기계적으로만 수행하던 방식에서 벗어나 깊이 생각하고 끊임없이 업데이트 하는 방향으로 나아가는 능력

교과 과정에서 직업적, 학문적 측면을 균형감 있게 고려할 때 학생들은 위와 같은 능력을 습득할 수 있을 것이다. 수업에서 다음과 관련된 주제들을 다루면 도움이 될 수 있다(곤잘레즈 데이비스, 출간 예정(a)).

1. 언어 능력: 출발어와 도착어를 끊임없이 습득하고 연마하며 두 언어 간의 전이 양상과 유의해야 할 함정을 인지
2. 주제지식: 다양한 전문분야에 대한 백과사전식 지식을 쌓고 출발어와 도착어 모두에서 전형적으로 사용되는 표현양식을 습득하며 용어관리의 필요성을 인식
3. 전이 능력: 문제 발견 및 문제 해결 능력으로 번역사로서의 창의력과 자신감을 갖추고, 순발력, 사고력, 자가 검토, 전략 활용, 작업 조건의 특성 및 텍스트의 기능에 따라 충실도를 결정하는 능력 계발
4. 검색 능력: 문헌, 인터넷, 인적 자원 활용
5. 컴퓨터 기술: 번역지원 프로그램, 컴퓨터 보조 번역, 번역사 보조 자동번역에 익숙해지고, 데이터베이스 및 디지털자료 활용과 같은 인터넷 검색 능력을 제고 하며, 일방(웹페이지 등)/양방(이메일 등) 원거리 커뮤니케이션 기술 습득
6. 전문가 기술: 번역사의 권리, 계약, 번역료, 의뢰인의 기대를 충족시키는 법, 양질의 번역을 신속하게 하는 능력, 제약 사항 극복, 실제 시장의 요구를 고려하여 간접 번역 및 역번역 수행, 자가 평가 및 급우 간 평가 기술, 교정 작업 및 실제 업무를 최대한 연습

학부 학생들이 번역을 학습할 준비가 되고 강의계획안에 포함될 주요 사항들의 윤곽이 잡히면 교육 목표를 달성하기 위한 구체적인 방법

들을 디자인하기 시작한다. 이 방법들은 교육적인 측면에 명확히 초점이 맞추어져 있되 실질적인 훈련 상황을 반영한 결과물이어야 한다.

John Benjamins Series

05 Multiple Voices in the Translation Classroom

제 2 부

번역 방법

– 과업과 씨름하기

실무가 이론(일반적인 번역상의 쟁점과 문제들)에 기반을 두지 않으면 우리가 기대하는 미래의 번역사들, 즉 지극히 평범한 번역사도 오늘 날의 뛰어난 번역사만큼이나 번역을 잘하는 세대는 영원히 오지 않을 것이다. 번역 학교가 미래의 세대를 위한 기반을 만들어낼 때이다. 그렇게 되면 학생들, 번역사의 직업적 위상, 고용주, 번역문 사용자 모두가 혜택을 입을 것이다.

모습(B. Mossop, 2000)

1장

출발점 번역에 대해 생각해보기

번역에 관한 다양한 이론을 인식하도록 일깨워주는 것은 번역 교육에서 매우 중요한 문제이다. 이와 관련하여 브라이언 모솝은 다음과 같이 언급한 바 있다(2000).

> 사회에서 번역사가 차지하는 지위에 대해 학생들이 생각해 볼 기회를 갖는 것이 중요하다. 본인이 어디에 위치하는지 알기 위해서는('번역사로서 나의 역할은 무엇인가?') 비교 대상이 필요하다. 다른 시대, 다른 사회의 번역사들은 어떤 역할을 담당했는지 알 필요가 있다. 번역사(史) 과목은 겉모습만 그럴 듯한 장식물이 아니다. 이런 과목이 있어야, 생각이 깊은 번역사와 단순한 어휘 기술자에 불과한 번역사 간에 차이가 생겨날 것이다.

이어지는 내용은 번역사 수업을 위해 구상한 것은 아니고(번역사 수업을 위해서는 참고 문헌에 소개한 자료들을 많이 읽어야 할 것임), 번역사의 역할에 대한 다양한 시각이 번역 교수법에 스며들게 하기 위한 방편으로 마련한 것이다. 다음의 활동으로 시작해보자.

활동 2 번역사의 역할 (체스터만 참고, 2000)

목표
-지난 수세 기간 번역사의 역할 및 번역사와 관련된 비유 소개
-번역과 번역사를 주제로 학생들 간의 토론 독려

수준
모든 학생

그룹 구성
개별, 3인 1조, 반 전체

소요 시간
60–90분

진행 방법
a. 번역사의 역할로 다음의 내용을 칠판이나 슬라이드에 적어 학생들에게 보여준다.

벽돌공 복사가
예술가 주체
모방자 암호사용자
통제자 중개자

b. 각 학생들은 번역사가 흔히 하는 역할이 무엇이라고 생각하는지 해당 어휘에 동그라미를 친다. 중요한 순서대로 각 역할에 번호를 매겨보아도 좋다.

c. 세 명씩 그룹을 지어 각자가 고른 역할을 설명하고 토론해본다.

d. 브레인스토밍 시간을 갖은 뒤, 학생들이 가장 많이 고른 역할 세

가지에 칠판에 동그라미를 치고 토론을 한다.

e. 끝으로 번역사의 역할과 관련하여 시대별로 관념의 변화를 보여주는 체스터만의 표를 보며 의견을 교환한다. 위에서 논의한 '모든' 역할이 시대에 따라 적어도 한 번 씩은 번역사의 역할로 고려되었다는 점에 주목한다.

비유	역할	배경
재건	벽돌공	그리스 고전
복사	복사가	초기 성서번역
모방	모방자	수사적 번역, 번역자는 반역자
창조	예술가	독일 낭만주의와 그 후속 이론
부호전환	암호사용자	언어학, 기계 번역
전달	중개자	사회언어학, 번역행위
조작	통제자	폴리시스템 이론
생각	주체	인지, 행동양식

이 활동을 마치고 나면 초점을 20세기와 21세기로 옮겨 번역에 대한 현대의 이론들을 개괄적으로 설명한다. 이런 이론들과 직접 연관된 활동 및 과업(곤잘레즈 데이비스 출간 예정 (c) 참조)을 소개하기 위하여 이번 장에서 번역학의 주요 쟁점들을 제시하고자 한다. 설명 부분은 활동이나 과업과 구분이 되도록 ♣ 로 표시하였다. 이 부분은 교수가 설명해 줄 수도 있고, 학생들이 과제로 읽어올 수도 있으며, 아래의 활동을 하면서 주요 개념을 생각해볼 수도 있다.

활동 3 과제: 요약 번역을 위해 노트테이킹하기

목표

- 번역에 대한 현재의 주요 이론을 소개
- 교수의 설명을 들으며 노트테이킹한 내용을 번역(교수가 토의 주제로

다른 문제를 정해도 좋음)

- 순차통역 수업 시간에 배운 노트테이킹 기술을 활용(통역 수업을 받는 경우)
- 번역 요구사항에 맞추어 명확한 요약문 작성
- 요약문을 급우 간 교정

수준

모든 학생

그룹 구성

개별, 2인 1조

소요 시간

90–120분, 과제하는 시간

진행 방법

a. 교수는 번역에 대한 현대의 주요 이론을 읽어주고 필요한 부분은 더 자세히 설명해준다.

b. 학생들은 본인에게 편한 언어로 노트테이킹을 하는데, 순차통역 수업 시간에 노트테이킹하는 방법을 배웠으면 그 방법을 활용해도 좋다.

c. 노트테이킹한 내용을 다른 언어로 요약하는 것은 과제로 집에서 한다.

d. 짝과 요약문을 바꾸어 보고 상대편 것을 교정해 준 뒤, 함께 앉아 논의해보고 싶은 사항에 대해 의견을 교환한다.

e. 끝으로 교수가 학생들의 요약문을 걷어 교정해 주어도 좋다.

♣ 금세기에도 지속되는 언어학과 문화학, 이 두 가지 접근법을 거슬러 올라가 보면 19세기 말과 20세기 초반에 시작되었음을 알 수 있다(아로요(Arrojo)와 체스터만, 2000; 맘크자에르, 2000 참조).[6]

1.1 번역과 언어학

번역에 대한 현대의 언어학적 접근법은 비교문헌학(19세기 후반)과 러시아 형식주의(20세기 전반)를 따른다. 전자는 언어를 그룹별로 분류하기 위하여 역사적, 구조적 연관성을 고찰하다가 1930년대에 들어서는 언어 간의 차이를 연구하는 대조분석학으로 이어졌다. 이 접근법은 언어와 문화가 사고에 미치는 영향을 강조한 사피어-워프가설 개념이나 언어결정론과 연관 지을 수 있다. 문화에 따라 현실을 다른 방식으로 받아들인다면 한 언어를 다른 언어로 번역하는 것은 사실상 불가능하다. 예를 들어보자. 웨일스어로 glas는 '파랑'이고 gwyrdd 는 '초록'이지만 '풀' 은 흔히 glaswellt 라는 단어로 표현한다. 이것을 문자 그대로 번역하면 '파란 풀'을 의미한다. 그렇다면 똑같은 뉘앙스를 영어로 어떻게 전달할 수 있을까? glaswellt 를 그냥 '풀'이라고 번역해야 할까, 아니면 '파란 풀'이라고 번역해야 할까? (러시아 형식주의에 관한 논의는 1.1.2. 번역과 문화학 참조)

활동 4 문화를 그림으로 표현하기

목표

- 문화적 필터 인식
- 문화적, 개인적 배경에 따라 간단한 사물도 다르게 시각화함을 인식

- 문화적으로 고정된 사고방식이 텍스트 수용에 어떤 영향을 미치는지 토의

수준

모든 학생

그룹 구성

개별, 2인 1조, 반 전체

소요 시간

30분

참고: 이 활동은 여러 문화권 출신의 학생들이 모여 있는 수업에서 특히 효과적이다.

진행 방법

a. 학생들에게 집을 생각하거나 그려보라고 한다.

b. 학생들은 본인이 생각하거나 그린 것을 서로 비교해 보고 어떤 차이가 있는지 알아본다. 다양한 집들의 그림을 보여주거나 학생들이 그린 집을 가지고 다 같이 이야기해 본다. 에스키모의 얼음집, 천막 오두막집, 초고층 빌딩, 프랭크 로이드 라이트(20세기의 대표적 건축가: 옮긴이)가 지은 집, 탑 모양의 집 등이 있을 수 있다.

c. 활동 초반에 학생들이 예상한 것과 후반의 결과물에 대해 의견을 나누어도 좋다.

d. 이제 학생들에게 소들, 나무들, 산들, 호수 하나, 이 네 가지 요소가 들어간 풍경화를 그리라고 한다. 학생들이 그림을 그리는 데 영향을 미치지 않도록 다른 정보는 더 주지 않는다.

e. 학생들은 서로의 그림을 비교해 보고 흥미로운 점이 있으면 이야기해 본다.

f. 끝으로 같은 장면을 그린 두 그림을 보여준다. 데르벤트강을 한 영국 화가와 한 중국 화가(작가이기도 한 치앙 이(Chiang Yee), 1903–1977)가 그린 그림을 보여준다(더프, 1981, p.10) (http://www.authorsignatures.com/xyzauth/yee_chiang.htm). 더프는 곰브리치(Gombrich)의 말을 인용하며 다음과 같이 지적한 바 있다. "각 화가는...자신이 보는 것을 그리는 것이 아니라 보도록 배워온 것을 그린다." (1981: 9)

g. 번역사의 주관성, 다양한 차원의 해석, 개인적·문화적 해석에 대해 토론을 해 보아도 좋다.

♣ 말로 표현하는 활동이 더 많이 필요하다고 생각되면 학생들에게 교육이나 법률 등에 관한 용어 해설 목록을 만들도록 한다. 목록에 문화권에 따라 동일한 단어를 다르게 해석하는 양상도 적어 넣게 한다.

활동 5 용어 해설 목록: 용어 실력 쌓기

목표

- 일반 사전에서 찾기 어려운 전문 용어 맞춤형 목록을 구축
- 문화권에 따라 용어에 담긴 개념의 차이를 인식
- 사전에서 찾을 수 없는 적절한 대응어를 탐색
- 검색 능력을 계발

수준

모든 학생

그룹 구성

개별

➡ 소요 시간

한 학기 동안 (소)주제별로 완성될 때까지 진행

➡ 진행 방법

a. 브레인스토밍 시간에 해당주제와 관련하여 학생들이 아는 어휘를 말한다. 다른 방법을 활용해서 이 활동을 진행해도 좋다. 예를 들어, 어휘를 별모양으로 만들어 달기, 주제별 십자말풀이 게임하기 등을 활용할 수 있다(용어구축 사례 참조)

b. 수업 시간에 용어 목록을 만든다. 간단한 노트에 알파벳순으로 색인을 만들어 정리해도 되고, 기기가 갖추어져 있으면 적절한 컴퓨터 소프트웨어를 활용해서 만들어도 좋다.

c. 집에서나 교실에서 번역을 할 때 용어 목록을 가까이 두도록 한다.

d. 이 주제로 진행하는 마지막 수업에서는 학생들끼리 용어 목록을 비교하고 새로운 어휘나 표현을 추가하거나 정리한다. 세 네 명씩 그룹을 정해 목록을 교환하거나 확실치 않은 사항은 급우나 교수에게 물어보고 목록을 완성한다.

사례: **주제가 교육**(이 분야에는 일치도나 충실성에서 부분적으로만 대응하는 좋은 사례가 많이 있다. 심지어 같은 나라 안에서도 그런 경우가 있어, 독일에서는 모든 것이 연방정부에 따라 다르다. 이 활동을 하게 되면 문화적 차이, 충실성의 정도, 주제 관련 배경 지식에 관해 흥미진진한 토론시간이 이어질 것이다.)

영어	스페인어	불어	독어
grant	beca	allocation scolaire / bourse ...	Stipendium
college	colegio mayor / facultad...	Faculté	Fachschule / die Fakultät...
school	colegio	école	Schule
chair	cátedra	Chaire de professeur	habilitierter Professor / habilitierte
National Curriculum	La Reforma Educativa	—	Bildungsreform

♣ 다시 glaswellt 로 돌아가 보자. 문제는 다른 것일 수도 있다. 언어와 그 언어를 사용하는 집단 간에는 어떤 공통점이 있는가? 아담이 있기 이전의 순수 언어개념을 주장한 번역 이론가들이 있다. 벤야민(W. Benjamin)은 보들레르의 『파리 풍경』을 번역하고 역자 서문 "번역사의 과업"(1923/2000)에서 이러한 개념을 선보였다. 벤야민은 모든 언어에는 공통된 핵이 있어 그 핵을 찾아 재생하는 것이 번역사의 신비로운 과업이라고 밝혔다. 어휘나 통사 구조의 연관성 뿐만 아니라 번역상의 문제를 해결하는데도 도움이 될 공통의 핵에 대하여 논의하려면 다음의 활동이 도움이 될 것이다.

활동 6 루이스 캐롤은 번역될 수 있을까?

목표

- 불가능해 보이는 번역상의 문제를 극복하고 언어와 문화 간 공통점을 찾는 방법에 관해 토의(효과, 음조, 언어 유희 등)
- 언어적 창의력 독려
- 문학 번역의 심층 과정 인식
- 다양한 모델을 참고하여 번역 결정

수준

고급

그룹 구성

개별, 2인 1조, 반 전체

소요 시간

1시간씩 2회. 같은 날 모두 진행하지 않기

참고: 루이스 캐롤의 작품이 여러 언어로 번역된 텍스트를 보려면 다음 웹사이트 참조 http://www.lewiscarroll.org/carroll.html

진행 방법

a. 학생들에게 초등학교에서 배우는 "전통적인" 과목을 물어보고 학생들이 대답한 내용을 칠판에 적는다.

b. 9장에서 캐롤이 reading(읽기)와 writing(쓰기)의 발음을 이용하여 만들어 낸(연습 문제의 첫 번째 줄) 언어 유희를 보여준다. 이것을 도착어로 번역할 수 있을까?

캐롤	스페인어 번역 (마리스타니 1988, P.91-92)	카탈로니아어 번역 (올리바 1996, P.97)	학생 번역
Reeling	Veíamos a la legua, con o sin taxis, y gramática parda.	Llanguir [to languish]	
Writhing	[We could see from a far way off, with or without taxis, and astute grammar] [legua = lengua / language] [sin taxis = sintaxis / syntax] [gramática parda = astucia / astuteness, cunning]	Descriure [to describe]	

c. 학생들에게 전문 번역사의 번역문(들)을 보여준다(위의 연습 문제 참조). 넌센스에서 단어의 뜻/의미 뿐만 아니라 '소리'와 그 소리가 유발하는 효과도 중요함을 설명해 준다. 공작 부인의 말을 빌리자면

(가드너, 1971, p.121) "의미를 처리하면 소리는 저절로 처리될 것이다(take care of the sense and the sounds will take care of themselves)"(이 표현은 "푼돈을 아끼면 큰돈은 저절로 모인다(take care of the pence and the pounds will take care of themselves)"속담을 변형한 것임). 그런데 캐롤은 공작 부인이 제안한 것과 반대로 한 듯 하다. 그는 소리에다 신경을 쓰고, 의미는 알아서 처리되게 놔두었다. 이 점에 관해서도 토론해 보면 재미있을 것이다.

d. 이제 학생들에게 9장에 나와 있는 addition(덧셈), subtraction(뺄셈), multiplication(곱셈), division(나눗셈)에 대한 캐롤의 말장난을 보여주자. 학생들이 번역 방법을 생각해낼 수 있을까?

캐롤 (1865/1971, P.129)	토론해 보면 좋을 학생들의 번역 (본래 주제와는 다르게 놀이터에서 일어나는 일로 바꿈)	스페인어에서 역번역
Ambition	Saltar	[Jump]
Distraction	Retar	[Defy]
Uglification	Exagerar	[Exaggerate]
Derision	Decidir	[Decide]

e. 학생들은 본인들의 번역에 대해 이야기해 보고, 모국어로 출판된 전문가의 번역문과 비교해 본다. 다음은 스페인어와 카탈로니아어 번역 사례이다.

캐롤 (1865/1971, P.129-130)	카너 (1927, P.109)	올리바 (1996, P.97-98)	마리스타니 (1988, P.92)	스페인어 대응어	카탈로니아어 대응어
Ambition	Ambició	Suar	Ambición	Adición/ Sumar	Addició/ Sumar
Distraction	Distracció	Rascar	Distracción	Sustracción/ Restar	Sustracció/ Restar
Uglification	Enlletgiment	Mortificar	Multicompli cación	Multiplicación/ Multiplicar	Multiplicació/ Multiplicar
Derision	Irrisió	Dimitir	Diversión	División/Dividir	Divisió/Dividir

위의 사례를 보면 의미와 음성이라는 두 가지 차원에서 해석이 이루

어졌음을 알 수 있다. 첫 번째 번역은(카너(Carner), 1927) 의미만 유지했으나 저자 캐롤은 의미뿐 아니라 음성의 형태에도 의도적으로 신경을 썼다. 다른 번역사들은 이 점을 파악하고 번역문에서 넌센스의 가장 기본적인 원칙을 유지하려고 애를 쓴 흔적이 보인다. 즉, 환기적 단어를 찾아 말장난을 하려고 한 것이다(『이상한 나라의 앨리스』 이태리어 번역에 대한 크리스 헤퍼의 논평과 비교해 보기, 1999, p.57–77). 유머는 내용을 뒤집는 것으로 유머를 가장 잘 보여주는 말장난이 넌센스일 것이다.

물론, 원문과의 유사함을 애써 찾기보다, 문제가 되는 부분을 번역문에서 생략하고 싶어하는 번역사들도 있다. 아래 역자의 말에 이들의 입장이 잘 드러나 있다.

> 이 번역본에서는 언어 유희가 등장하는 문단은 모두 살리지 않았다. 왜냐하면 번역문에서는 그 표현들이 전혀 의미가 통하지 않거나, 부적절한 등가어를 억지로 찾게 만들기 때문이다. 캐롤이 살았던 영국에서 대중적 사랑을 받았던 시와 풍자 부분도 모두 살리지 않았다. 왜냐하면 여기에 익숙하지 않은 독자들은 그 안에 담긴 유머를 이해하지 못 할 것이기 때문이다.

♣ 구조주의 언어학을 연구하는 과정에서 후반에 접어들어 번역학을 통찰해 볼 수 있는 계기가 마련되었다. 이 때 제기된 주요 질문은 다음과 같았다. 언어학을 기반으로 한 번역 이론을 찾아야 할 것인가, 아니면 언어학에 대한 다른 접근법을 번역학에 적용해야 할 것인가? 구조주의는 처음에 소쉬르가 언어를 체계와 음운론으로 분석한 이래로 이 학파가 발전하는데 중심 논제가 되었다. 그러나 학파가 여러 파로 나뉘어 계속 분열된 상태이다. 예를 들어 제네바 학파, 미국 구조주의, 코펜하겐 학파, 영국 퍼스(Firth) 중심의 맥락주의자들은 언어의 용법을 중시하고(문맥, 사회적 상황 등), 프라하 학파는 언어를 체계로 이해하는 것과는 대조적으로 기능주의, 주제구조, 음운론을 강조하며, 촘스키는

변형생성문법을 소개하였다.

이 시기에는 성경 번역이 그 어느 때 보다도 중시되었다. 20세기의 가장 영향력 있는 이론가 중의 한 사람인 나이다(E. Nida)는 변형생성문법을 받아들여 1964년에 『번역 과학을 향하여(Towards a Science of Translation)』(촘스키의 『통사 이론의 제양상(Aspects of the Theory of Syntax)』이 출판되기 1년 전)와 1969년에 태버(C. Taber)와 함께 『번역의 이론과 실제(The Theory and Practice of Translation)』를 출판하면서 번역과 언어학을 성공적으로 접목시켰다. 나이다는 미국성서협회의 일원으로 활발한 활동을 펼치며 매우 이질적인 다양한 집단을 위해 성경을 번역하는데 참여하였다. 나이다 번역 이론의 바탕에는 커널(kernels) 개념이 자리 잡고 있다. 커널이란 문장을 단순화하기 위하여(심층구조와 연관된) 원문의 부호를 탈부호화하거나 아니면 변형되는 과정을 되돌려 보았을 때 마지막에 도달하게 되는 간략한 의미 단위이다. 이들은 변형문법을 이용하여 재부호화되어 도착어의 표층구조를 만들어내게 된다. 나이다는 또한 촘스키의 모델에 사회언어학, 인간 경험의 보편성에 대한 성찰, 문화적 맥락을 추가하여 강조하였다. 그리고 문화적 맥락은 다시 물질적, 생태적, 사회적, 종교적, 언어적 맥락으로 구분하였다(촘스키 이론과 나이다 이론의 유사점과 차이점은 겐츨러(Gentzler), 1993, p.52–60 참조).

나이다에 따르면 번역문은 원문 독자가 원문을 읽고 이해하는 것과 동일한 메시지를 번역문 독자에게도 전달해야 한다. 그래서 나이다는 기능적 등가를 제안하고 소위 말하는 형식적 등가와 역동적 등가로 구분하였다. 형식적 등가란 원문과 번역문 사이에 소통이 동일하게 이루어지면서도, 형식을 거의 바꾸지 않는 경우이다. 반면에 역동적 등가는 번역사가 부호에 담긴 메시지, 의미를 전달하기 위해서 어떻게 번역할 것인지를 고민하여 형식상 변경하거나 변경을 고려하는 경우이다. 예를 들어, 주기도문에서 "우리에게 오늘도 일용할 양식(Give us today our daily bread)을 주시고"가 나이다가 에스키모인들을 위해서 번역한 성경에는 "물고기"로 바뀌어 있다(나이다, 1992). 동적 등가를 추구하는 번역사는 원문에 충실하면서도 번역문에서 자유로운 형태를 취할 수 있다. 역설적으로 번역사가 이러한 입장을 취하기 때문에 원문에 더욱 충실한 것이라고 나이다는 강조한다. 번역상의 문제는 위에서 언급한 방법을 활용하거나 텍스트에 주석을 달아 해결한다. 나이다의 탈부호화와 재부호화 개념은 과학적으로 번역을 설명하는 선례가 되었다. 그러나 그와 동시에 최근의 이론가들은 이러한 접근법이 너무 제한적이고, 고정된 의미를 절대적으로 신봉하는 데서 출발한다고 비판하고 있다(코스키넨, 1994 참조). 그렇지만 나이다가 번역학의 획기적인 발전에 기여했다는 점에서는 대부분의 학자들 간에 이견이 없다.

번역학이 발전하면서 번역학은 언어를 부호로, 번역사를 단순히 부호의 치환자로 보는 이론들과는 거리가 멀고 오히려 의미, 사회적 상황, 의사 소통 방법을 다루는 이론들과 관련이 깊다는 사실이 명확해졌다. 오늘날에는 언어학을 번역학에 적용함에 있어 '맥락'이 주요 쟁점으로 부상하고 있다.

한편 야콥슨(Jakobson, 1959/1971)은 번역을 세 가지 유형으로 구분하였는데 이는 번역상의 쟁점을 논의하는데 가장 기본이 되는 유용한 개념이다.

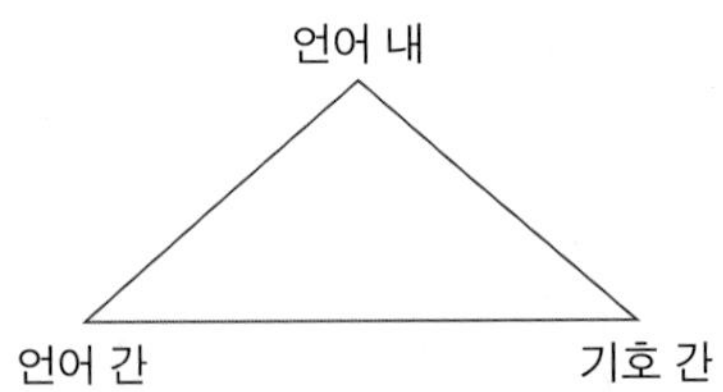

'언어 내' 번역은 한 언어로 된 메시지를 동일한 언어로 다시 전달하는 것이다. 예를 들어, 과학 논문을 언론 보도용으로 다시 쓰는 경우

등이 여기에 해당한다.

'언어 간' 번역은 진정한 의미에서의 번역으로, 한 언어로 된 메시지를 다른 언어로 전달하는 것이다.

'기호 간' 번역은 한 부호 체계의 메시지를 다른 체계로 전달하는 것이다. 예를 들어, 책의 내용을 영화로 만드는 경우 등이다.

교육적 맥락에서 이와 같이 구분한 것은 매우 유용할 수 있다. 여기에 텍스트언어학과 담화분석 이론을 더하여 내용을 한층 더 보완할 수 있다. 즉, 텍스트의 짜임 연구, 최종 텍스트의 구성법 연구, 텍스트의 형태(응결성과 결속성 등), 텍스트를 만들어내기까지의 협의 과정 등을 더하는 것이다. 번역과 번역 교육에서 번역 결과물과 번역 과정이라는 두 개념에 점차 관심이 모아지고 있다. 전통적인 교수법에서는 번역문 그 자체, 즉 최종 결과물이 유일한 연구 목표였으나 번역 과정에 대한 관심이 증가하면서 언어적, 비언어적 방법에 대한 연구와 교육의 문이 활짝 열렸다. 관심의 초점이 무엇이냐에 따라, 예를 들어 전이 능력, 번역 전략 및 방법, 인공 지능, 기계 번역, 텍스트 해석, 번역사의 주관성, 수용 이론, 창의력, 재표현, 의사 결정, 번역사와 번역상의 제약 사항 중 무엇이냐에 따라 연구와 교육의 길이 다양하게 열려 있다.

활동 7 『빨간 망토』: 하나의 이야기, 다양한 번역

목표

- 언어 내 번역과 언어 간 번역 연습
- 독자 지향적으로 글쓰기와 번역하기
- 텍스트 유형 고찰
- 관용구나 문화적 표현 전달
- 번역 과정에서 의사 결정
- 유사한 효과 창출

- 본인 번역의 타당한 이유 설명
- 창의적 번역 기술 적용
- 배경 지식의 중요성 강조

➡ 수준

상급

➡ 그룹 구성

2인 1조, 4인 1조, 반 전체

➡ 소요 시간

2시간씩 2회

➡ 진행 방법

a. 두 명씩 짝을 지어, 학생들은 짝에게 그 날 수업 시간에 다루게 될 이야기의 줄거리를 말해 준다. 이번 시간은 『빨간 망토』로 이야기하는 중에 문제가 되는 어휘나 내용 중에 채울 수 없는 부분은 메모해 둔다. 브레인스토밍 시간을 갖고 이야기의 언어적 특성이나 배경 지식에 관해 논의해본다.

b. 텍스트 유형에 익숙해지도록 한다. 학생들은 도착어로 쓰인 두 가지 버전의 이야기를 읽고 두 버전의 내용, 어역, 상이한 부분 등에 관해 토론해본다. 제안 사항: 어린이 명작동화는 쉽게 구할 수 있는데, 그 중 다수를 번안해서 선보인 책으로는 달(R. Dahl)의 『반항하는 운율(Revolting Rhymes)』(1984), 서버(J. Thurber)의 『작은 소녀와 늑대(The Little Girl and the Wolf)』(1974), 가너(J. F. Garner)의 『잠자리에서 읽는 정치적으로 올바른 이야기(Politically Correct Bedtime Stories)』(1994) 등이 있다.

c. 언어 내 번역. 둘 씩 짝을 지어 학생들은 여러 버전 중의 하나를 골라 같은 언어와(예를 들어, 영어를 영어로) 같은 스타일로 번역해 본다.
d. 언어 간 번역. 학생들은 위에서 같은 언어로 번역했던 번역문을 서로 교환한다. 이번에는 학생들이 새로운 짝을 정해 여러 이야기 중의 '한' 버전을 다른 언어로(모국어에서 제2 외국어)로 번역해본다. 번역이 안 된 버전이 있어서는 안 된다.
e. 번역상의 문제와 해결 방법을 그룹별로 논의해본다. 각기 다른 텍스트 A, B, (C)를 번역한 학생들 두 명이나 (세)명이 모여 한 그룹을 이룬다. 학생들은 본인이 번역하지 않은 텍스트들을 읽으며 번역상 문제가 되는 부분에 밑줄을 친다. 읽어야 할 텍스트가 세 개이면, 텍스트 A를 번역하지 않은 학생 B와 학생 C는 그 자리에서 구술로 번역해 본다.(활동 66. 시역 참조). 텍스트 A를 번역한 학생 A는 다른 두 학생을 모니터하며 조언을 해 준다.
f. 최종 번역본. 학생들은 원래의 짝이나 그룹으로 돌아가 좀 전에 논의하는 과정에서 떠오른 아이디어를 모아 공동 번역본을 만든다. 이 번역본은 나중에 교수에게 제출하거나 다른 급우들의 교정을 받는다. 시간이 충분하지 않으면 집에서 개인적으로 번역할 수도 있다.

사례

빨간 망토

텍스트 A: 작은 소녀와 늑대 (*The Little Girl and the Wolf*). 서버 지음

출처 http://www.whsd.k12.pa.us/ej/Arthla/thurber.htm

One afternoon a big wolf waited in a dark forest for a little girl to come along carrying a basket of food to her grandmother. Finally a little girl did come along and she was carrying a basket of food.
"Are you carrying that basket to your grandmother?"asked the wolf. The

little girl said yes, she was. So the wolf asked her where her grandmother lived and the little girl told him and he disappeared into the wood.

When the little girl opened the door of her grandmother' house she saw that there was somebody in bed with a nightcap and nightgown on. She had approached no nearer than twenty-five feet from the bed when she saw that it was not her grandmother but the wolf, for even in a nightcap a wolf does not look any more like your grandmother than the Metro-Goldwyn lion looks like Calvin Coolidge. So the little girl took an automatic out of her basket and shot the wolf dead.

교훈

요즘 시대에는 어린 소녀들을 속이기가 예전처럼 쉽지 않다.

(서버, 『우리 시대의 우화와 시 모음(*Fables for Our Time and Illustrated Poems*)』 1974)

텍스트 B: 『반항하는 운율(Revolting Rhymes)』 중에서. 달 지음 (1984).

참고: 아래 사이트에서 저자 로알드 달이 직접 다음의 시를 읽는 것을 들을 수 있음. http://www.storybookonline.net/lrrh/dahl.html

As soon as Wolf began to feel
That he would like a decent meal,
He went and knocked on Grandma' door.
When Grandma opened it, she saw
The sharp white teeth, the horrid grin,
And Wolfie said, "May I come in?"7
Poor Grandmamma was terrified.
"He's going to eat me up!"she cried.
And she was absolutely right.

Till Little Miss Red Riding Hood
Comes home from walking in the wood."
He ate her up in one long bite.
But Grandmamma was small and tough,
And Wolfie wailed, "hat' not enough!"h
"I haven't yet begun to feel
That I have had a decent meal!"
He ran around the kitchen yelping,
"I've got to have another helping!"t
Then added with a frightful leer,
"I'm therefore going to wait right here
(...)

과업 2 햄릿: 번역을 통해 텍스트를 업데이트하기

목표

- 언어 내 번역과 언어 간 번역 연습
- 급우 간 교정
- 텍스트를 업데이트
- 검색 기술 활용
- 번역을 통한 고전작품의 업데이트 토의

수준

상급

그룹 구성

개별, 2인 1조

소요 시간

2시간씩 4회 수업

진행 방법

1회차

a. 먼저 영화를 본다. 학생들은 폴로니우스가 레어티즈에게 충고하는 부분을 보고 해당 부분의 텍스트를 읽어본다.
b. 두 명 씩 짝을 지어 짝에게 제2 외국어로 그 부분을 설명해본다. 교대로 각 학생이 1분씩 한다.
c. 학생들은 오늘날의 관객을 대상으로 필요하면 부분부분 어역을 달리하여 텍스트를 제2 외국어로 다시 써 본다.

2회차

a. 두 번째 시청. 학생들은 자신들이 번안한 텍스트의 내용을 검토한다.
b. 각 그룹의 학생 A가 짝인 학생 B에게 텍스트를 주면, 학생 B는 학생 A의 텍스트를 교정하고 논평을 적는다(급우 간 교정).
c. 학생 A와 학생 B는 함께 앉아 텍스트와 교정 작업에 대해 이야기해본다.

3회차

a. 짝과 함께 셰익스피어의 텍스트를 업데이트된 모국어로 번역한다.
b. 다음 시간까지 해당 부분의 번역문을 찾아온다.

4회차

a. 그동안 출판된 여러 버전의 번역문을 한데 모아 세 명씩 그룹을 지어 번역문을 비교해본다. 이후 토론 시간을 가져도 좋다.
b. 세 번째 시청. 끝으로 더빙된 영화를 보거나 출판된 번역서의 해당

부분을 읽고서 본인들의 번역과 비교해본다.

사례

학생들이 한 언어 내 번역 (영어-스페인어)

햄릿 (1막 4장)

셰익스피어의 텍스트	학생의 텍스트
Polonius: There, my blessing with thee!	I am happy and hope you are lucky in life.
And these precepts in thy memory.	Remember all this:
See thou character. Give thy thoughts no tongue Nor any unproportioned thought its act	Be discreet. Don' say or do anything improper.
Be thou familiar, but by no means vulgar;	Be friendly, but not a pain!
The friends thou hast, and their adoption tried,	Keep good friends who have proved they are really your friends..
Grapple them to thy soul with hoops of steel.	Look after them.
Beware of entrance to a quarrel, but being in, Bear't that the opposed may be beware of thee.	Don't start a fight but, if you have to quarrel, make yourself feared and respected.
Give every man thine ear, but few thine voice.	Listen, but don' speak too much.
Costly thine habit as thy purse can buy,	Dress depending on how much money you have,
But not express'd in fancy; rich, not gaudy; For the apparel oft proclaim the man.	Your clothes express your personality, so don' dress as if you were at a fancy dress party!
Neither a borrower nor a lender be; For loan oft loses both itself and friend; And borrowing dulls the edge of husbandry.	Don' borrow or lend because you could lose your money and your friend and you will forget how to administer your money.
This above all: to thine own self be true,	Be yourself,
And it must follow, as the night the day; Thou canst not then be false to any man.	If you do this, people will know you are honest and that you can be trusted.

과업 3 면접: 이력서 다시 쓰기

목표

- 언어 내 번역과 언어 간 번역 연습
- 본인의 이력서 작성
- 프레젠테이션의 일반적인 방법 파악
- 다른 문화권의 이력서 양식을 습득
- 이력서를 공식서한 및 면접용으로 응용하여 작성

수준

초급

그룹 구성

개별, 2인 1조

소요 시간

2시간씩 3회

참고: 본격적인 수업에 들어가기 전에 교수가 면접, 이력서 등의 전형적인 양식을 학생들에게 알려줄 수도 있고, 학생들이 조사해 와서 발표할 수도 있다. 여러 나라의 학생들이 함께 수업을 듣는다면 학생들이 자기 나라의 관행을 설명해 주어도 좋다.

진행 방법

1회차

a. 학생들이 각자의 이력서 초안을 작성한다. 검색 능력을 활용하여 모델이 될 이력서 양식을 조사해 온다. 대부분의 컴퓨터 프로그램에는 다양한 모델이 포함되어 있어 비교 논의가 가능하다.

b. 브레인스토밍 시간에 학생들이 이력서의 형식, 내용, 기능 등에 관

하여 자신들이 알고 있는 바를 충분히 이야기하도록 한다.

c. 교수가 출발어로 쓰인 이력서와 도착어로 쓰인 이력서를 보여주고, 이 두 이력서가 어떤 점에서 비슷하고 어떤 점에서 다른지 꼼꼼히 설명해준다. 다른 대안으로는 학생들이 주도적으로 이 과정을 진행하고 최종적으로 교수가 검토해 주는 것이다.

d. 학생들을 두 그룹으로 나누어 학생 A는 모국어로 이력서를 다시 쓰고, 학생 B는 제2 외국어로 다시 쓴다.

e. 학생들은 서로의 이력서를 바꿔보고 브레인스토밍 시간이나 수업 시간에 배운 지침에 따라 상대방의 이력서를 교정해준다. 이렇게 하면 학생들 모두가 작성이나 교정 과정에 참여하게 되어 이력서를 두 언어로 다 다루어 볼 수 있다.

2회차

a. 학생들은 두 언어권에서 전형적으로 사용하는 공식서한 양식을 찾아온다. 세 네 명씩 그룹을 지어 각자 찾아온 양식을 한데 모은다. 필요하다고 생각되면 양식을 모아 슬라이드를 만든다.

b. 학생들은 각자 그 중 한 가지 모델을 골라 본인의 이력서를 공식서한 양식으로 다시 써본다. 장점을 부각하고, 잘 요약하고, 취업하는데 도움이 될 거라고 생각되는 전략이라면 무엇이든 활용하여 작성한다. 이 때 이력서를 쓸 때 사용했던 언어로 쓴다.

c. 본인의 이력서와 공식서한을 다 썼으면 다른 학생에게 전달한다.

3회차

a. 이제 학생들은 세 명씩 그룹을 지어 앉는다. 학생 한 명은 한 언어로 쓰인 이력서와 공식서한을 가지고 있고, 다른 한 학생은 다른 언어로 쓰인 이력서와 공식서한을 가지고 있다. 나머지 한 학생은 '관찰자' 역할을 한다. 예를 들어, 학생 A는 불어를 받고, 학생 B는

독어를 받고, '관찰자' 학생은 자신이 받은 이력서와 서한을 나중에까지 모두 가지고 있어야 한다.

b. 다음과 같은 방식으로 학생들끼리 면접을 진행한다. 즉, 한 학생은 다른 학생에게 질문을 던지고 관찰자는 이 과정을 지켜보며 메모를 한다. 세 학생 모두가 관찰자 역할을 한 번씩은 해 본다. 필요하면, 언어별로 그룹을 지어 질문할 사항을 미리 준비해두어도 좋다.

c. 마지막으로 문화권에 따라 프레젠테이션 방식, 면접할 때의 전형적인 상황 등이 서로 어떻게 다른지 토의해본다.

활동 8 소통 방식 변경: 교통 표지판과 핸드폰 문자

목표

- 부호 간 번역 연습
- 사전지식의 차이를 이해

수준

모든 단계

그룹 구성

개별, 2-3인 1조

소요 시간

1시간

진행 방법

a. 두세 명씩 그룹을 정한 뒤, 학생들은 여러 가지 교통 표지판을 복사한 종이를 받는다. 각각의 표지가 무엇을 의미하는지 문장으로

설명하여, 부호를 말로 표현해본다.

b. 학생들은 다시 새로운 그룹을 정한 뒤 각자가 적은 문장들을 서로 비교해본다. 이 때 어역, 텍스트 유형의 특성 등에 관해 토의해 보아도 좋다.

c. 각 학생들은 짤막한 텍스트를 받는데 이 텍스트를 핸드폰 문자 양식이나, 순차통역을 할 때 노트테이킹 하는 방식으로 번역해 본다. 텍스트가 적합하다면 이야기의 줄거리나 내용을 그림으로 그릴 수도 있다. 다중지능 이론에 따라 학생들은 어떤 도착어로 번역하고 싶은지 선택할 수 있다.

d. 마지막으로, 학생들은 본인이 번역한 서로 다른 부호 간의 번역 결과물을 비교해보고 하나의 부호체계에서 다른 부호체계로 번역할 때 어떤 일이 발생했는지 토의해본다.

사례

핸드폰 문자

출처 http://www.beckminster.freeserve.co.uk/beckoner/dec01/

Do u spk txt? The chncs r, if u dnt, u wll b4 lng. 2 jdge by ads 4 mob fns, txt msging hs ct pples imagntn, cos thyre all pshng it lk crzy. 1 ad sys u can snd msgs to15m pple in UK alne. Bt lts gt smthg str8. Ths is jst the strt

[Do you speak text? The chances are, if you don' you will before long. To judge by adverts for mobile phones, text messaging has caught people' imagination, because they are all pushing it like crazy. One advert says you can send messages to 15 million people in the UK alone. But let' get something straight. This is just the start.]

♣ 언어심리학에서의 과정과 결과물이라는 개념은 번역에도 적용되어 중요한 의미를 지닌다. 여기에서의 주요 관심사는 정보가 머릿속에서 어떻게 처리되는지를 연구해 보는 것이다. 결과물 중심의 연구는 원문과 번역문을 비교하여 번역사의 인지 과정을 후험적으로 설명한다. 반면에, 과정 중심의 연구는 번역 중인 번역사를 관찰하는 방법을 고안해냈다. 즉, 사고발화법이나 기록법, 오디오나 비디오로 동작 녹화, 질문지, 심층 면담 등의 방법을 활용한다. 그런데 이러한 연구에는 다음과 같은 단점이 있다. 우선 인지 과정을 관찰한다는 것 자체가 어렵고, 무의식적 과정을 의식적인 방법으로 관찰할 수 있는 객관적 방법을 고안해내기가 어려우며, 관찰한 과정과 그로 인한 결과물 사이의 직접적인 상관 관계를 규명하는 것이 쉽지 않다는 사실이다. 게다가 연구 대상을 누구로 했느냐에 따라 결과물이 크게 달라질 수 있다. 대상이 번역사 지망생, 전문 번역사, 이중 언어 구사자, 외국어 전공학생 중 누구냐에 따라 다른 결과가 나올 수 있다. 그러나 이외의 여러 가지 문제점이 있음에도 불구하고, 인지심리학적 접근 방법이 번역 과정과 인간의 의사 소통에 관해 의미 있는 결론을 제시하고 있어 후속 연구가 폭넓게 이어지고 있다. 특히 의사 소통 전략, 번역사 양성, 전문 통번역사들의 정보 처리과정에 관심 있는 학자들이 연구를 활발히 진행하고 있다(바조(Bajo) 외, 2001; 곤잘레즈 데이비스와 스콧-테넨트, 2001a, 2005; 쿠스마울, 1995; 뢰르셔(Lörscher), 1991, 1992; 오로스코, 2001, 2002; 스콧-테넨트와 곤잘레즈 데이비스, 2000; 세구노(Sèguinot), 1991; 티르콘넨넨-콘디트(Tirkkonen-Condit), 2001 참조).

심리학이나 언어학과 관련된 또 다른 접근 방법으로는 의미(sense)이론 중심의 연구가 있다. 파리 학파의 셀레스코비치(D, Seleskovitch)와 레데레(M. Lederer) (1974/1983) 가 중심이 되어 주로 국제회의 통역에서의 사례를 기반으로 주창하고 있다. 이들에게 의미란 연사의 의도(암시적)와 연사의 실제 발화내용(명시적)이 통합된 것으로, 이들은 여기에 배경 지식이 더해져서 진정한 의미가 생성된다고 강조한다.

활동 9 이중 언어로 대화하기: 부호 전환

목표

- 부호 전환, 집중력, 기초 통역 기술 등 전이 능력 계발
- 시역 연습
- 창의력과 상상력 제고
- 어역, 응결성, 결속성에 유의

수준

모든 단계

그룹 구성

5-6인 1조 (2인 1조도 가능)

소요 시간

45분

진행 방법

a. 학생들이 각기 연필과 종이를 준비하여 둥그렇게 모여 앉는다. 그룹 안에서 학생 A와 학생 B로 나누고 나중에는 두 학생이 서로 역할을 바꾸어 본다.

b. 학생 A와 학생 B는 각각 가상의 역할을 맡는데, 한 명은 모국어를 유창하게 잘 하는 역할이고, 다른 한 명은 제2 외국어를 잘 하는 역할이다. 두 명 다 상대편이 사용하는 언어는 듣고 이해하는 정도이다.

c. 학생들은 본인이 역할을 맡은 사람들이 사는 상황을 상상한다. 그들에 대한 텍스트나 함께 시청한 비디오를 토대로 가상 인물의 성격이 어떠할지 상상해본다.

d. 학생 A는 질문하거나 감탄하는 문장 등을 제2 외국어로 적어 왼쪽에 있는 학생 B에게 전달한다. 학생 B는 그에 대한 답을 모국어로 적고 나서 학생 A가 적은 부분을 접은 뒤, 본인 왼쪽에 있는 학생 A에게 전달한다. 종이를 전달받은 학생 A는 제2 외국어로 답을 적고 앞에서 적은 내용이 안보이게 종이를 접어 다시 왼쪽에 앉은 학생 B에게 전달한다. 이런 식으로 계속 왼쪽으로 진행한다.

e. 원으로 둘러앉은 학생들 모두가 다 참여하고 나면, 학생들은 종이를 펼쳐 종이에 두 언어로 적힌 대화를 읽어본다.

f. 이어서 종이에 두 언어로 적혀 있는 대화 내용을 시역(sight translation)해 보아도 좋다.

활동 10 미니무용담: 조금 다른 동화

목표

- 요약하는 연습
- 요약 번역 실습
- 최종 선택 및 선택에 대한 타당한 이유 설명
- 번역의 주관적인 특성을 경험해 보고 이에 관한 토의
- 다양한 번역가능성 인식
- 독자 지향적 번역 연습

수준

모든 단계

➡ 그룹 구성

개별, 2인 1조

➡ 소요 시간

60분

➡ 진행 방법

1. 학생들이 텍스트를 읽는다. 이번 수업에 다룰 텍스트는 동화이다.
2. 두 명씩 짝을 지어 짝에게 텍스트의 내용을 말로 요약해 주는데, 언어 능력에 따라 모국어나 제2 외국어 가운데 어느 언어로 해도 좋다.
3. 각자 모국어로 정확히 50단어로 요약해서 적는다.
4. 요약하는 과정에서 어떤 선택을 했어야 했는지, 어떤 목표 하에 무슨 전략을 활용했는지에 관해 토의해 본다.

사례

개구리 왕자

전체 텍스트 http://www.abp1.com/3funhous/stories/story05.html

다른 버전 http://www.pitt.edu/~dash/frog.html

전보 내용(실제로 한 학생이 필자에게 전보로 보내온 내용임! 스페인어로 보낸 것을 역번역한 텍스트임)

PRINCESS LOSES BALL IN GARDEN STOP FROG FINDS BALL STOP GIVES BACK TO PRINCESS STOP CONDITION PALACE LIFE WITH PRINCESS STOP PRINCESS LIES STOP KING MAKES PRINCESS KEEP PROMISE STOP PRINCESS ACCEPTS STOP FROG EATS

DRINKS SLEEPS THREE NIGHTS AT PALACE STOP FROG BECOMES HANDSOME PRINCE STOP ROYAL WEDDING STOP

과업 4 번역에 대한 성찰: 번역에 대한 기대치가 충족될 수 있을까?

목표

- 널리 연구되고 있는 번역 상의 쟁점들을 고찰하고 체계적으로 정리: 번역사의 사전지식, 번역물에 직접적으로 영향을 미치는 번역사의 선택, 번역상의 제약 사항, 번역 전략 및 방법, 번역에 대한 기대치 및 충족 정도, 자가 검토(이해 및 생성), 자가 관리, 자가 평가, 검색 능력 등
- 잠재적 번역 문제의 발견 및 해결

수준

중급, 상급

그룹 구성

개별

소요 시간

2시간씩 4회, 과제 부여

진행 방법

0회차

번역할 때 문제가 될 요소를 포함한 텍스트를 하나 정한다(아래 사례 참조).

학생들에게 수업 시간에 다루게 될 기사의 성격에 대해 알려준다. 본 수업의 목표는 번역에 대한 기대사항과 최종 결과물을 다음의 3단계에 걸쳐 비교해보는 것이다.

1. 번역 전의 텍스트 분석: 번역에 대한 기대사항
2. 번역 과정에 대한 고찰: 전략 및 방법, 해결 방안 및 제약 사항
3. 번역 결과물 : 결론

1회차

a. 번역 전 텍스트 분석. 분석 과정은 다음의 두 부분으로 구성된다.

① 번역 문제를 색깔을 달리하여 시각적으로 표시
② 누구를 번역 의뢰인과 번역문 독자로 할지 정하여 현실에서와 같은 실제 상황을 연출

– 번역 문제를 색깔을 달리하여 시각적으로 표시
주어진 텍스트를 번역할 때 문제가 될 부분에 밑줄을 치기 위하여 펜의 색깔을 정한다. 문제가 될 요인들은 텍스트에 따라 다르다. 반 전체가 논의하여 번역상의 문제를 예상해보고 무슨 색깔로 구분하여 표시할지 결정한다. 아래 사례에 나온 텍스트의 경우에는 다음의 네 가지 문제가 예상된다.

① 자연과 관련된 표현 (초록색)
② 인간과 관련된 표현 (빨간색)
③ 문화와 관련된 표현 (노란색)
④ 과학 기술 용어 (파란색)

참고: ①과 ②는 내용을 분석할 때 직접 연관된 문제를 포함하고 있고 (백과사전식 지식과 주제맥락 파악) ③과 ④는 번역을 할 때 어휘적-의미적, 문화적 차원에서 직접 연관된 문제를 내포하고 있다.

2회차

1회차 수업의 항목 ② 참조: ② 누구를 번역 의뢰인과 번역문 독자로 할지 정하여 현실에서와 같은 실제 상황을 연출

a. 독자 지향적 번역: 학생들은 본인의 번역문을 읽을 대상 독자를 각자 정한다. 그 결정에 따라 번역상의 문제가 될 다음의 주요 사항들을 결정해야 한다.
   - 주제, 텍스트 유형, 원문과 번역문의 어역
   - 원문과 번역문의 효과
   - 충실성의 정도
   - 이국화와 자국화 사이에 문화적 치환의 정도(허비 외, 1995).

b. 의뢰인: 학생들은 어떤 종류의 출판물에 본인의 번역을 실을 것인가에 따라 "의뢰인"을 선택할 수 있다. 일반적인 정보를 제공하는 잡지에서부터 전문가를 위한 전문적인 잡지에 이르기까지 다양하다. 학생들은 본인이 선택한 번역문 독자에게 번역문을 맞추기 위하여 원문의 요소들을 조금 바꿔야 할 수도 있을 것이다.

3회차

a. 번역 과정에 대한 고찰: 전략, 방법, 해결 방안 및 제약 사항. 앞의 두 단계를 마치고 나면 학생들은 다음의 두 가지 사항에 유의하며 텍스트를 번역하기 시작한다.

– 번역상의 제약 사항

고민을 요하는 번역 전략

① '번역상의 제약 사항'. 학생들은 번역을 해가면서 처음에 기대했던 바가 백퍼센트 충족될 수 없음을 깨닫게 될 것이다. 이러한 자각에서 자연스럽게 번역상의 손실이라는 문제가 제기될 수 있는데, 이 주제에 관하여 전체 토론을 해 보아도 좋다.

② '고민을 요하는 번역 방안들'. 첫 번째 단계에서 임의로 정한 대상 독자와 가상의 의뢰인에 맞추어 만들어낸 번역문이, 도착어의 언어 문화적 측면에서 문제가 없으려면 번역 전략 및 방법을 활용해야만 할 것이다. 이러한 과정은 자동적으로 이루어지지 않고 번역사가 의식적으로 고민해야만 한다. 그러한 고민 끝에 텍스트에 변경이 필요할 수 있다. 예를 들어 추가, 외연화, 축소, 보충, 재구성, 재표현, 때로는 생략이 이루어지는 경우도 있다. 이 단계에서는 무엇보다 학생들의 검색 능력과 전이 능력이 중요하게 부각될 것이다.

4회차

a. 번역 결과물: 결론
마지막 단계에서는 번역 결과물이 처음에 기대했던 사항들을 충족시키는지 이전 과정(1단계와 2단계)을 돌아보고 거기에서 결론을 이끌어 낸다.

b. 마지막으로 학생들은 앞의 3단계를 비평적으로 고찰한 보고서를 제출한다.

사례

"Saving Nature, But Not Only for Man" by C. Krauthammer (타임지 6월 17일자, 1991, p.56)

Environmental sensitivity is now as required an attitude in society as is, say, belief in democracy or aversion to polyester. But now that everyone from Ted Turner to George Bush, Dow to Exxon has professed love for Mother Earth, how are we to choose among the dozens of conflicting proposals, restrictions, projects, regulations and laws advanced in the name of the environment? Clearly not everything with an environmental claim is worth doing. How to choose?

(...)

Ozone depletion and the greenhouse effect are human disasters. They happen to occur in the environment. But they are urgent because they directly threaten man. (...) A sane environmentalism is entirely anthropocentric: it enjoins man to preserve nature, but on the grounds of self-preservation. (...)

활동 11 (고유)명사에는 무엇이 담겨있나?

목표

- 고유명사 속에 담긴 의미를 탐색하고 그에 따른 저자의 선택을 탐지
- 번역상의 문제를 찾아낸 후 번역문 독자에게도 유사한 효과를 창출하기 위하여 창의적인 해결 방안 마련
- 검색 능력 계발
- 번역시 하게 되는 선택과 선택에 대한 타당한 이유 제시
- 상호텍스트적 요소 인지
- 번역사의 주관적인 특성을 고찰하고 다양한 번역 가능성을 수용

수준

모든 단계

그룹 구성

개별, 2인 1조

소요 시간

60분

진행 방법

a. 교수가 출발어로 칠판에 다양한 고유명사를 적는다. 주어진 맥락에서 단어 그 자체로는 별다른 의미가 없는 '관습적으로 사용하는' 고유명사와, 본래 의미 이외에 '별도의 의미가 실린' 고유명사, 두 종류를 모두 적는다. '모든' 이름에는 어떤 뜻이 담겨있다! 라는 명제를 두고 토론해 보아도 좋다(헤르만스(Hermanns), 1988, p.12; 로지(Lodge), 1992, p.35–40 참조).

b. 가능하면 이 활동을 시작하기 전에 학생들은 본인의 이름에 담긴 뜻을 알아 와야 한다. 뜻을 알아왔으면 짝에게 설명해주고 학생들이 원하면 전체 학생들에게 설명해주어도 좋다.

c. 이 단계에서는 고유명사의 특성에 대하여 살펴본다. 칠판에 적은 이름들의 의미를 살펴보고 처음에는 각자가, 나중에는 짝과 함께, 어떻게 번역하면 좋을지 생각해보고 그렇게 번역하려는 이유를 밝힌다. 학생들은 브레인스토밍 시간에 구술로 번역안을 말해본다. 번역을 할 때 단어 자체의 의미 이외에 맥락과 연관 지어 또 다른 의미가 실리는 고유명사의 경우에 번역상의 문제가 발생하게 된다.

d. 학생들은 제안하고 싶은 번역안을 적고 그 이유도 적는다. 칠판에 적힌 이름들이 포함된 텍스트를 직접 번역해 보아도 좋다.

e. 학생들이 서로의 번역 결과물과 번역 과정을 비교하고 논평해본다.

사례

1. Snow White and the Seven Dwarfs

원문	원문의 고유명사	모국어 번역	이유
Snow White and the Seven Dwarfs	Snow White, Grumpy, Dumb, Sneezy, Happy, Sleepy, Bashful, Doc.		

2. 톨킨의 『반지의 제왕』을 대상으로 한 학생이 작성한 내용. 다음은 등장인물 빌보 배긴스(Bilbo Baggins)를 번역하고 그 이유를 설명한 내용이다.

번역	학생의 설명
Bilbo Bólsez Bilbo Sacón	Bag=*bolsa* / *-ez* 는 스페인어에서 끝에 오는 흔한 성이다. "bag=*bolsa*"를 두고 고민하는 대신에, 나는 동전을 가방과 자루에 넣어 다니던 때를 연상시키는 "*saco*"를 쓰는 것이 더 좋다고 생각했다.

활동 12 영화 속의 명대사

목표

- 검색 능력 계발
- 기존의 번역본과 상호텍스트적 요소에 관해 아는 것이 얼마나 중요한지 고찰
- 다양한 번역가능성을 인식하고 수용

수준

모든 단계

그룹 구성

개별

소요 시간

다루는 영화 분량에 따라 차이가 있을 수 있음

진행 방법

a. 교수가 잘 알려진 영화를 한 편 고른다(카사블랑카 등).
b. 영화에 나오는 명대사를 문장별로 나누어 놓은 연습 문제를 준비한다(아래 표 참조).
c. 학생들은 문장의 처음 부분과 마지막 부분을 찾아서 연결한다.
d. 연결을 다 하고나면, 거의 고정적으로 사용되는 기존의 번역이 있을 가능성을 염두에 두고 각 부분을 번역한다.
e. 기존의 번역을 찾아와서 찾은 문장들을 한데 모아본다.

사례

A. Of all the gin-joints in all the world	1. or is it my heart pounding?
B. You played it for her,	2. your thoughts.
C. Here' looking at	3. she walks into mine.
D. A franc for	4. you can play it for me.
E. Was that cannon fire	5. you, kid.

해답: A-3 / B-4 / C-5 / D-2 / E-1

♣ 하팀과 메이슨(Hatim and Mason, 1990)은 『담화와 번역사(Discourse and the Translator)』에서, 텍스트언어학으로 돌아가려면 번역을 독자 중심이나 저자 중심이 아닌 텍스트 중심으로 분석하고, 그 경우에 다음의 세 가지 차원을 모두 다루어야 한다고 강조한다. 바로 의사 소통적, 부호적, 화용적 차원에서의 분석이다.

의사 소통적 차원에서는 언어의 다양한 변형과 어역을 분석한다(할리데이, 매킨토시와 스트레벤스(McIntosh & Strevens), 1964). 그레고리와 캐롤(Gregory and Carroll, 1978), 노르트(Nord, 1991) 등은 다음과 같은 쟁점을 번역학 연구에 적용하였다.

a. '용법' - 담화의 장 또는 텍스트가 무엇에 관한 것인가에 따라 어역이 상이해짐
b. '형태' - 문어, 구어 중 어떤 채널을 사용하는지와 저자와 독자 간의 '관계'를 가리킴
c. '사용자' - 지리적, 역사적, 사회적 요인에 따라 방언 혹은 개인별로 다른 언어적 특성이 나타남

부호적 차원에서는 미술 작품에서부터 도로 표지에 이르기까지 현실 세계와 언어적/비언어적 부호 간의 관계를 연구한다.

한편 화용적 차원에서는 언어를 사용하는 여러 가지 목적에 관하여 연구를 한다. 이러한 연구의 중심에는 "발화하는 것"과 "행하는 것"에 관해 설명하는 화행 이론이 있다. 이 이론에 따르면 사람들이 사회적으로 상호 작용을 할 때 참됨(sincerity)이 작용해야 하지만, 아래와 같은 그라이스(P. Grice)의 격률(1975, 1989)을 따르지 않는 경우, 그 안에 함축된 의미를 찾아내야만 한다고 강조한다.

a. 협동(cooperation): 화자는 그 목적에 맞추어 대화에 기여한다.
b. 양(quantity): 화자는 필요한 이상으로 말하지 않는다.
c. 질(quality): 화자는 참된 말만 하려고 한다.
d. 관계(relation): 화자는 관련성이 있게 말하려고 한다.
e. 양태(manner): 화자는 명확하고 간결하게 말하려고 한다.

자발적이건 비자발적이건 간에 위의 격률 중 하나에서라도 벗어나게 되면 효율적인 소통이 어려워지고 함축적 의미를 내포하게 된다. 이러

한 상황이 출발어와 도착어 문화에서 유사한 양상을 보이는가? 번역사가 이러한 문제를 어떻게 발견하고 해결할 수 있을까? 공손성 이론(브라운과 레빈슨(Brown & Levinson), 1978/1987), 상호 작용 원칙 (니스트란드(Nystrand), 1989, 이에 대한 비판적 논평은 마이어스(Myers), 1999 참조), 그라이스의 협조의 격률을 살펴보면 범문화간 소통과 텍스트에서 사회적 관계의 중요성에 대한 통찰력이 생긴다. 이러한 좋은 예로, 국제학술대회에서 다른 국가 출신의 발표자들이 같은 주제에 관해 같은 언어(주로 영어)로 발표한 발표문을 분석한 연구가 있다. 글로 적힌 논문이지만 구어체를 선호한 연구자가 있는가 하면, 그 나라의 엄격한 논문식 글쓰기 형식을 따른 연구자도 있어 격식성, 어조 등에서 큰 차이를 보인다. 린볼루크리(M. Rinvolucri)가 온라인 저널 『인본적 언어교육(Humanising Language Teaching)』(2002년 5월호)의 편집자 코너에서 이러한 점을 생생하게 표현한 글이 있다. 다음을 살펴보자.

> 편집자의 독백: 이번 호를 작업하며 기고문을 최대한 원문 그대로 살리려는 나의 편집 방침 덕분에, 다른 모국어와 문화권에서 태어나고 자란 사람들이 고유한 문화적 사고방식, 고유한 느낌, 가치관을 표현하기 위해 국제어인 영어를 사용하는 과정에서, 본 저널이 참된 소통의 경로가 되었다는 사실을 깨달았다. 예를 들어 스칸디나비아의 한 연구자가 "성인교육에서의 자율성"이라는 논문에서 보여준 명확성, 어휘의 간결성, 구어적인 특성을 "독자의 소리" 란에 보낸 한 라틴어 독자의 풍부한 감성, 서정성, 복잡한 구문구조와 비교해보라. 두 편의 글 모두가 그 저자들이 사는 땅, 그 땅에 자리 한 가치관과 감정들로 나를 이끈다. 이 모든 것을 전달할 수 있을 만큼 섬세한 영어라는 매개체를 통해서 나를 이끈다.

활동 13 인사하기 - 누구에게?

목표
– 초보 단계에서 다양한 어역에 관해 인식(준비 단계에 해당하는 활동)

수준
초급

그룹 구성
개별, 반 전체

소요 시간
20분

진행 방법
a. 교수가 서로 다른 어역의 다양한 인사법을 칠판에 적어 주거나, 아니면 아래와 같은 표가 적힌 연습 문제 종이를 나누어준다.
b. 학생들은 칠판을 보고 가장 적절한 대응어를 말하거나, 표를 이용하는 경우에는 빈 칸을 채운다.
c. 상황과 텍스트에 따라서 번역 방법이 어떻게 달라지는지에 관해 토의하고 어역의 중요성에 대해서도 논의해본다.

연습 문제 예

영어	모국어	영어	모국어
Good morning.		How are you?	
Morning.		How's life?	
Hello.		How do you do?	
Hi!		How are we?	

과업 5 아, 카르멜라! (Ay, Carmela!)

목표

- 번역하면서 발생할 수 있는 문제 해결(예를 들어, 어역, 격식성, 관용어, 상호텍스트성, 문화적 표현, 독창적 언어 표현 등)
- 여러 언어로 쓰인 텍스트에서 번역문 독자의 기대치와 배경 지식 정도에 따라 번역사의 다양한 선택에 관해 고찰
- 비극적, 희극적 효과 전달
- 검색 능력 제고
- 더빙이나 자막 연습

수준

상급

그룹 구성

개별, 2인 1조

소요 시간

1시간씩 3회

진행 방법

1회차

a. 첫 번째 시청. 학생들은 영화의 해당 부분을 보고 스페인 내란에 관해 각자 아는 바를 이야기하는 한편, 대본의 어조와 관련하여 어떤 인상을 받았는지 논의한다. 이 단계에서는 자막을 가리고 본다.

b. 두 번째 시청. 교수는 대본을 프린트해서 나누어주고 학생들은 대본을 읽어가며 영화를 시청한다. 번역시 문제가 될 부분들에 밑줄

을 치며 본다.

c. 번역상 문제가 될 부분에 관해 반 전체 토론시간을 갖는다. 이 단계에서 학생들이 해결 방안을 생각해 낼 수 있나? 학생들의 제안사항을 칠판에 적어도 좋다.

2회차

a. 세 번째 시청. 이번에는 토론할 때 제기되었던 문제들을 확인하거나 검토하면서 영화를 본다.

b. 학생들은 검색 능력을 활용하여 번역 문제를 해결해본다.

기타 방법 1. 학생들이 텍스트를 자막으로 번역한다. 얼마나 전문적으로 번역할 수 있는지는 그동안의 훈련정도에 따라 다를 것이다.

기타 방법 2. 학생들은 아래의 연습 문제 종이를 받는다(아래 사례 참조). 연습 문제에 나온 항목들을 집중적으로 다루고 다른 관련어나 표현이 나오면 여기에 추가해도 좋다.

c. 학생들은 두 명씩 짝을 지어 상대방과 번역을 비교 검토한다.

3회차

a. 네 번째 시청. 학생들은 자신들이 번역한 자막을 영화의 원래 자막과 비교해 보고 어떤 점에서 같거나 다른지 토의해본다.

사례 (스페인어-영어 자막)

스페인어	영어
Paulino: Yo soy tenore, tenore lírico Lieutenant: ¿Cantante? Prego, prego. Sentiamo. P: O sole mio... L: O sole mio ... ¡Bravo, bravo! P: ¿Al señor teniente le gusta la poesía? P: Se le vio caminando entre fusiles, por una calle larga salir al campo frío aún con estrellas de la madrugada. Mataron a Federico cuando la luna asomaba. El pelotón de verdugos no osó mirarle la cara. Carmela: ¡Que no! ¡Que ese es del otro lado!	P. But I'ma tenor... a lyric tenor. L. A singer. Please, let's hear it. P: O sole mio... L. Beautiful. Congratulations P. Do you like poetry? P. "He was seen walking amongst rifles on the road which leads to cold fields the morning sky littered with stars. They killed Federico as the moon hid. His executioners would not look at him... C. Wrong side!
L. Muy bien. me presento. Teniente Amelio Giovanni di Rigamonte. En la vida civil, prestigioso director teatral. Si me dais vuestra palabra de artista de que tenéis lasmanos limpias de sangre, yo puedo favorecer vuestra libertad.	L. Lieutenant Amelio di Rigamonte. A famous theatre director in civilian life. If you give me your word as artists that your hands are clean, I may be able to free you.
C. Mire, como los chorros del oro, mi teniente.	C. White as the driven snow
L. Me explico. En mi condición de director teatral he sido encargado por el mando de organizar un grandioso concierto en honor de nuestros combatientes. ¿Puedo contar con vuestra colaboración?	L. *Let me explain.* Being a theatre director, I've been commissioned to organise a concert for our triumphant soldiers. May I count on you?
P. Mi teniente, para la compañía teatral "armela y Paulino, Varietés a lo fino" es un honor trabajar para vuestros, bueno, nuestros soldados, e un timbre de gloria hacerlo para alguien tan egregio hijo de Italia, cuna del arte. Ahí es nada: Miguel Ángel, Dante, Petrarca, Puccini, Rossini, Boccherini, Mussolini...	P. On behalf of "Carmela y Paulino Tip-Top Variety Show" it will be an honour to perform for your... our soldiers, especially with such an eminent son of Italy, cradle of art. You'e got Michelangelo, Dante, Petrarca, Puccini, Rossini, Mussolini...
C. Que sí, mi teniente, que yo también estoy contenta de, bueno, pues de eso...	C. Yes, sir. I' also very happy to... to help you.
C. Pero, ¿con qué ropa y con qué música? Explícaselo tú, Paulino. Dile que nos han robado la camioneta los muy hijos de puta.	C. What about the costumes, the music? Tell him those bastards stole our truck.

스페인어	영어
P. La señorita Carmela quiere decir que, en fin, que carecemos de vestuario y está tan apurada como un servidor por tener que dar una representación en tan tristes condiciones.	P. Signorina Carmela means we are sadly lacking in wardrobe. She is greatly distressed at having to perform under such conditions.
L. Camaradas, en la nueva España como en la Italia fascista no hay excusas. Creer, obedecer y combatir. ¡Viva il Duce!	L. Comrades, in the new Spain as in fascist Italy... no excuses. Believe, Obey, Fight. Long live Il Duce!

연습 문제 (위의 기타 방법 2)

번역상의 문제	원문	본인의 번역	전문가의 자막
언어 문제: 이태리사람이 구사하는 이태리어 대 스페인사람이 '구사하는' 이태리어	Paulino: Yo soy tenore, tenore lírico Lieutenant: ¿Cantante? P: Cantante. L: Prego, prego. Sentiamo.		
호칭의 문제 배경 지식	señor mi teniente / señorita ¡Que no! ¡Que ese es del otro lado!		
어역	C: Pero, ¿con qué ropa y con qué música? Explícaselo tú, Paulino. Dile que nos han robado la camioneta los muy hijos de puta. ********************** P: La señorita Carmela quiere decir que, en fin, que carecemos de vestuario y está tan apurada como un servidor por tener que dar una representación en tan tristes condiciones.		
문화적 표현	Miguel Ángel, Dante, Petrarca, Puccini, Rossini, Boccherini, Mussolini...		
언어적 창의성	"armela y Paulino, Varietés a lo fino"		
관용어구	Mire, como los chorros del oro		
상호텍스트성 (시)	Se le vio caminando entre fusiles, por una calle larga salir al campo frío aún con estrellas de la madrugada. Mataron a Federico cuando la luna asomaba. El pelotón de verdugos no osó mirarle la cara.		

♣ 번역학에서 기능주의 이론(라이스와 페르미어(Reiss & Vermeer), 1984/1996; 노르트(Nord), 1991, 1997c)이 주목을 받고 있다. 기능주의에서는 발화가 진정한 의미를 갖게 되어 그에 따라 해석이 이루어지는 실제 상황의 중요성을 강조한다. 또한 번역사가 의사 결정을 할 때 의뢰인이 어떤 영향을 미치는지도 중시한다. 기능주의에서는 의뢰인과 번역문이 번역 작업의 중심에 위치한다. 의뢰인이 저자보다, 심지어는 그전까지 신성하게 여겨왔던 원문보다도 더 중요해 진 것이다.

언어학 측면에서 번역과 연관성이 있는 이론은 소통 능력에 관한 이론으로, 이 이론에서는 의사 소통의 목적이 번역사의 선택에 영향을 미치는 핵심 요인이라고 생각한다(라이스와 페르미어의 스코포스, 1996; 노르트, 1991, 1997c). 더욱이 이들은 번역사를 단순히 부호를 해독하는 존재가 아니라 텍스트를 읽고 해석하고 생산해내는 사회적 존재로 인식한다. 또한 텍스트를 여러 요소들이 정적인 상태로 모여 있는 집합체로 보지 않고, 그 사용법과 사용자에 따라 의미를 표현하게 되는 생성물로 간주하며, 언어는 단순한 부호가 아니라 목적에 이르기 위한 유연한 수단으로 여긴다. 위에서 하팀과 메이슨(1990, p.52)이 언급한 것처럼 번역은 종종 '의사 소통의 역동적인 과정'으로 정의된다.

활동 14 『마비노기온』: 독자가 누구인가?

목표

- 독자 지향적 번역 연습
- 번역에서 기능의 중요성 인식
- 본인의 선택에 대한 이유를 제시하고 의사 결정
- 번역자 서문 작성
- 검색 능력 제고

수준

중급, 상급

그룹 구성

3-4인 1조

소요 시간

1회, 과제 부여

진행 방법

a. 학생들은 『마비노기온』(The Mabinogion, 웨일스의 중세 기사도 이야기 모음집: 옮긴이) 중에서 이야기 한 편을 읽는다.

b. 3-4명씩 그룹을 정한다. 각 그룹에서는 대상 독자를 누구로 생각하고 번역을 할 것인가 결정한다. 교수가 대상 독자층을 제안해주고 해야 할 일을 분담해 줄 수도 있다. 예를 들어, 어린이를 위한 번역, 라디오 극장에서 소개할 번역, 중세의 분위기를 간직한 번역, 당시 유행하던 중세 발라드로의 번역 등이 가능하다.

c. 학생들은 주어진 조건을 염두에 두고 텍스트를 번역한다. 또한 번역자 서문을 작성하여 본인들의 번역 방법과 그렇게 번역한 이유를 설명한다. 이를 위해 기존에 출판된 번역자 서문을 많이 찾아본다.

d. 마지막으로 급우들의 번역문을 복사하여 나누어보고 토론해본다. 번역문 전체를 모두 복사할 필요 없이 첫 번째 문단만 복사해서 다루어도 좋다.

사례

"루드와 리에펠리스(Lludd and Llefelys)": 대상 독자를 달리 하여 번역해 보기

영어 원문

To Beli the Great, son of Manogan, were three sons: Lludd and Caswallawn and Nyniaw; and according to the story a fourth son of his was Llefelys. And when Beli died and the kingdom of the Island of Britain fell into the hands of Lludd his eldest son and Lludd ruled it prosperously, he rebuilt the walls of London and girt it about with innumerable towers; and after that he bade the citizens build houses within it...

10-14세 소년/소녀를 위한 번역

중세 발라드로 번역

(참고: 필자의 학생들은 『마비노기온』의 기원과 웨일스어의 발음을 설명하기 위해 주석을 덧붙였다.)

♣ 위의 활동과 아래에 연이어 소개할 과업의 주요 목적은 모두 라스웰(Lasswell, 1948)의 그 유명한 질문, 즉 "누가, 무엇을, 어떤 방법으로, 누구에게, 어떤 효과를 거두기 위하여 말하는가?" 에 따라 번역하는 법을 배우는 것이다. 이 질문은 최근 진일보하여 라이스(1984, 노르트 재인용 1991, p.36)와 노르트(1991)는 여기에 "언제, 어디서, 왜, 어떻게?" 도 추가하였다. 다음에 소개할 과업에서는 동일한 의학 텍스트를 번역할 때, 스페인어판 잡지에서 전문가를 대상 독자로 하는 경우와, 신문의 건강

코너에 소개되는 경우 번역이 어떻게 달라지는지 비교해 본다.

과업 6 의학 텍스트를 신문 기사용으로 번역하기

목표

- 독자 지향적 번역 연습
- 공동 번역 연습 및 스타일과 용어를 통일하기 위한 협의 방법 습득
- 텍스트 유형에 따라 텍스트를 시각적으로 제시하는 기본적인 양식 파악
- 출판물의 유형에 따라 목적의 차이 고찰
- 검색 능력 함양

수준

상급

그룹 구성

개별, 4-5인 1조

소요 시간

2시간씩 8회

진행 방법

0회차

이번 과업을 수행하는 동안 학생들은 출발어와 도착어로 쓰인 여러 신문의 건강 코너를 참고로 읽어보아야 한다.

1회차

a. 학생들은 전문 학술지에 실린 의학 텍스트를 읽는다. 수업 중에 읽어도 좋고 과제로 해 와도 좋다(예를 들어, "오르리스타트(Orlistat)로 2년간 치료한 비만 환자의 체중 조절 및 위험 인자 감소현상" JAMA, 1999년 1월 20일자 등). 초록은 미리 삭제해 둔다.

b. 초록을 학생들이 작성해본다. 그리고 각자가 작성한 초록을 다른 급우들과 비교해보고 학술지에 실린 원래의 초록과도 비교해본다.

2회차

a. 4-5명씩 그룹을 지어 텍스트를 나누어 맡은 뒤, 각자가 맡은 부분을 출발어로 요약한다.

3회차

a. 이번에는 요약문을 도착어로 번역한다.

4회차

a. 각 부분을 모두 모아 "전문가" 독자용으로 문체와 용어를 통일하여 일관성 있는 텍스트를 만들어 본다.

5회차

a. 이어서 브레인스토밍 시간을 마련하여 과학 텍스트와 신문 기사가 문체면에서 어떻게 다른지 차이점을 생각해본다. 수업 시간 전에 관련 문헌을 읽어 와야 할 것이다.

6회차

a. 같은 그룹별로, 학생들은 본인들이 선택한 신문사에서 그 기사가 게재되는 것으로 가정하고 텍스트를 작성한다.

7회차

a. 교수나 다른 학생들이 그 텍스트가 신문 기사용으로 번역이 잘 되었다고 생각하면, 그 텍스트의 번역 및 번안 과정에 대해 이야기해 보고 신문기자들의 작업 과정에 대해서도 논의해본다.

사례

헤드라인

원문: *JAMA*, 1999.1.20	스페인어 번역문: *La Vanguardia*, 1999. 3.7
Weight Control and Risk Factor Reduction in Obese Subjects Treated for 2 Years With Orlistat	La llegada a España del orlistat abre una nueva era en medicamentos para la obesidad [The arrival in Spain of orlistat opens a new era in drugs against obesity]

1.2 번역과 문화학

♣ 20세기 후반에 번역 이론가들은 문학 이론, 철학 이론을 되돌아보고, 번역의 정치적인 차원을 강조하는 방향으로 나아간다. 예술적 표현이나 언어에서 성 역할, 계층이나 인종 측면의 문제를 제기한 마르크스주의, 정신분석학, 진화론과, 해체주의, 해석학, 탈식민주의로 인해 그동안 번역학에서 가정했던 내용들(충실성의 정도, 저자, 번역사의 역할, 텍스트 선정 기준 등에 관해)이 무너지기 시작했다(데리다(Derrida), 1979, 1985; 코스키넨)(Koskinen), 1994; 토도로프(Todorov), 1998). 바흐친(Bakhtin)의 대화 이론과 카니발 이론은 '진리, 근원, 중심'이란 존재하지 않으므로 모든 목소리는 서로 동등하다고 강조하고 여기에 정전(canon)은 전복될 수 있다는 신념이 더해져 이론이 더욱 보완되었다(오이티넨, 2000). 보르

헤스(Borges)는 헨리가 번역한 벡퍼드(Beckford)의 『바테크(Vathek)』를 읽고 "원문이 번역문에 충실하지 않다" 고 언급했는데 이 말은 번역과 번역사를 바라보는 완전히 새로운 시각을 상징한다. 이러한 새로운 사상으로 인해 번역을 호의적으로 조명하는 목소리가 나오게 되었다. 워싱턴 포스트지에 실린 다음과 같은 글이 그 한 예이다.

> 물론, 번역이 저자가 상상도 못한 방법으로 작품을 끌어올릴 때도 있다. 『백년간의 고독』의 저자 가브리엘 가르시아 마르께스는 그레고리 라바사의 영어 번역본 『백년간의 고독』을 본인의 스페인어 원본보다 더 좋아한다고 말한 적이 있다.(...) 한편 미국 작가 제임스 터버는 이런 식으로 비슷한 표시를 했다. 한 프랑스 독자가 그의 소설은 영어보다 프랑스어로 더 잘 읽힌다고 했더니 터버가 다음과 같이 응답했다. "맞습니다. 제가 원문에서는 뭔가 자꾸 놓치는 경향이 있습니다." (골드블라트(Goldblatt), 2002, p.10)

번역을 어떻게 받아들일 것인가 하는 문제는 이제 퀴어 이론, 카니발 번역 이론, 접경 이론(frontera), 젠더 연구와도 연관 지어 논의할 수 있다. 일례로, 롤랑 바르트가 『저자의 죽음』(1977, p.170)에서 썼던 글을 살펴보면 이전 시대에는 당연시했던 믿음이 이제는 완전히 뒤바뀌었음을 알 수 있다.

> 이제 우리는 텍스트가 단일한 '신학적' 의미('저자, 즉 신의 메시지' 등 저자의 신적 지위를 말하는 것이라는)를 풀어내는 일련의 단어들이 아니라, 그 어느 것도 원본은 아닌 다양한 작품들이 서로 융합하며 충돌하는 다차원적 공간이라는 것을 알게 되었다. 텍스트는 무수한 문화의 중심부에서 끌어온 인용문들의 덩어리인 것이다.

언어학에서 주된 연구 과제가 "어떻게" 라면, 문화학에서는 아마 "왜"

일 것이다. 그렇다고 해서 언어학에서는 사상에 관심이 없고 문화학에서는 언어를 분석하지 않는다는 의미가 아니다. 위에서 언급한 두 학문의 연구 과제는 각 이론의 출발점이자 주요 관심사로 해석해야 맞을 것이다. 사실, 논문이나 학회 발표에서 두 부문을 화합해보려는 시도가 줄곧 있었다. 역사적으로 언급된 두 이론의 기원이 유사하고 두 이론이 상호보완적 관계이기 때문이다. 그러나 여전히 두 학문 사이에는 거리가 존재한다(아로요와 체스터만, 2000; 바우커(Bowker) 외, 1998; 체스터만과 바그너(Wagner), 2002; 맘크자에르 외, 2000; 슈넬-혼비, 1992; 베누티, 1992).

문화학의 기저에는 권력 관계가 자리잡고 있다. 1970년대에 이븐 조하(Even-Zohar)는 규범에 얽매이지 않는 획기적인 이론을 주창하였다. 그가 소개한 폴리시스템 이론의 대표적인 연구자는 투리(G. Toury)이다(1978, 1980, 1995). 이 계통의 연구에서 또한 언급해야 할 중요한 것으로 1985년 헤르만스가 관련 주제의 논문을 모아 펴낸 『문학의 조작(The Manipulation of Literature)』이라는 저서가 있다. 폴리시스템 이론은 러시아 형식주의 학자들의 연구 성과와 그들이 생각하는 시스템 및 이국화의 개념에서 비롯되었으며 로만 야콥슨이 1959년에 번역의 유형을 구분한 것에서 발전하였다. 폴리시스템이 번역학 발전에 크게 기여한 것은 번역 규범이라는 개념을 소개한 것이다. 번역 규범이란 번역사들이 주어진 제약과 주관적인 개성 사이에서 의사결정을 할 때 번역에 반영하게 되는 도착어 문화권의 사회적, 역사적 경향이다. 폴리시스템 이론에 따르면 번역문은 규범을 따르는 경향이 있다. 그러나 중심부 텍스트(정전)와 주변부 텍스트(통속소설이나 번역서 등) 사이에는 중심부를 차지해서 시스템을 지배하려는 투쟁이 도사리고 있다. 이븐 조하(1990, p.46–48)는 주변부 텍스트인 번역서가 도착어 문학계에서 중심부로 진입할 수 있는 경우로 다음의 세 가지를 언급한다.

a. 사회가 아직 불안정하고 문학이 태동하는 단계여서 구 폴리시스

템에서 모델을 찾는 경우

b. 시스템에 본래 있어왔던 문학이 주변적 위치를 점하고 있거나, 현재 다른 문학이 점유하고 있는 중심부를 차지할 만큼 강하지 못한 경우

c. 문학에 새로운 아이디어가 필요하여 번역을 통해 이를 도입하고자 하는 경우

괴테와 슐라이어마허, 벤야민과 스타이너 이후, 우리는 번역할 때 번역사의 선택에 담긴 정치적 함의를 다루며 자민족 중심의 폭력성을 이야기한다(베누티, 1995). 이는 슐라이어마허(Schleiermacher, 1813/2000, p.232–288)와 괴테(Goethe, 1819/2000, p.308–312)가 생각하던 자국화/이국화 개념과 관련이 있고, 벤야민(1923/2000, p.338–362)이 두둔하던 텍스트의 "낯설음"과 번역사의 가시성을 설명하는 토대가 되었다. 이들 개념을 성찰의 출발점으로 삼아 20세기 후반 베누티(L. Venuti)와 같은 이론가는 "가시성", "자국화", "이국화"와 같은 개념을 번역학의 주류로 다시 들여왔다.

자국화 전략이란 번역사가 텍스트를 목표 독자에게 친숙하게 만들려고 할 때 사용하는 전략으로, 목표 독자에게 친근한 문화적 표현을 사용한다거나, 유창한 언어를 사용하여 번역사의 존재가 드러나지 않게 한다거나, 이데올로기 문제를 고려하여 의도적으로 원문을 재표현, 취사선택, 재해석하는 전략이다. 반면에 이국화 전략이란 번역사의 존재를 가시적으로 드러나게 하고 텍스트를 원문과 그 문화에 가깝게 만들어 "이상하고" 낯설게 만드는 전략이다. 번역은 번역으로 읽혀야지 도착어로 유창한 텍스트로 읽혀서는 안 된다는 입장이다.

이러한 입장에 엘리트주의라는 비난이 끊이지 않았다. 왜냐하면 "학문에 종사하는" 이론가나 학자들만이 해당 번역문을 읽으며 지금 무슨 일이 일어나고 있는지 이해할 수 있기 때문이다. 이것이 정녕 번역문을 읽는 독자들이 원하는 바일까? 이 질문에 대한 답으로 이국화 전략을

지지하는 연구자들은 독자들이 번역문의 낯선 언어를 통해 다른 문화에 대해 알게 될 것이라고 주장한다. 그런 주장으로 인해 이들은 그렇게 피하고자 했던 권력 관계의 함정에 스스로 빠지는 모순을 초래하게 된다. 그럼에도 불구하고 이들은 현대 번역학의 주요 쟁점인 제국주의, 번역사의 (불)가시성, 전문 직업으로서의 위상 등이 뿌리를 내리는데 중요한 역할을 담당하였다(하팀, 1999; 티모츠코, 2001 참조).

비슷한 맥락으로, 브라질의 학자들은 아롤도(Haroldo)와 아우구스토 데 캄포스(Augusto de Campos, 1978)를 중심으로 번역학에서의 유럽 중심주의를 비판하며 해체주의적 관점에서 번역을 침입의 과정으로 묘사한다. 비유럽 중심주의를 강조하기 위하여 이들은 "카니발리즘"과 같은 독자적인 용어를 사용하였다. "카니발리즘"은 원문을 갈기갈기 해체한다는 의미로 해석해서는 안 되고, 원문의 좋은 점을 존중하고 흡수하기 위하여 포착하고 동화한다는 의미로 이해해야 된다. 번역이란 발전적 전용과 변형이 이루어지는 즐거운 과정이라는 주장이다. 이러한 맥락에서 손실이라는 개념은 풍요라는 개념으로 대체된다.

과업 7 마인드맵: 차이점의 시각화, 발견, 해결

이번에는 문화적 표현을 번역할 때 사용하는 문화적 이식이나 이국화 전략에서부터 번역학의 숨은 쟁점을 고찰하는데 이르기까지, 기본적인 수준에서 다양한 방법을 적용해보는 활동을 해볼 것이다.

목표

- 각 문화의 스테레오타입이 상대적으로 어떻게 다른지 인식
- 외부인의 눈을 통해 자국의 문화를 관찰
- 보다 객관적인 시각에서 자국의 문화를 관찰할 수 있는 능력 함양
- 기초 통역 기술 연습

- 시각화 기술 연습
- 번역사의 주관성 탐구
- 자가 검토 연습
- 노트테이킹과 요약 기술 연습
- 분야별 개인 사전 만들기

수준

중급, 상급

그룹 구성

3-4인 1조

소요 시간

2시간씩 3회, 과제 부여

1회차. 시각화: 여행

이 과업은 다른 사람의 시각에서 관찰하는 능력을 향상시키는 것이 목표이다. 학생들은 다른 문화권에 속한 사람들이 '무엇'을 하고 '무엇'을 생각하는지 뿐만 아니라 '왜' 그런지도 추측해본다.

진행 방법

a. 학생들은 자신이 스페인의 코스타 브라바에 간 영국인 관광객이라면 어떨 것인지 상상(시각화)해본다. 학생들의 물리적 환경에 따라 비슷한 다른 상황을 상상해도 좋다.

b. 각자 표를 만들어 그 상황에서 받을 수 있는 "문화적 충격"을 적어본다. 길게 두 줄로 나누어 한 줄에는 스페인/카탈로니아의 관습을 적고 다른 줄에는 영국의 관습을 적는다. (예를 들어, 식당에 남은

자리가 없어서 스페인 사람과 영국 사람이 합석하게 된 경우에 몸짓으로 의사표현을 하는 방식, 식사 습관, 식사 시간, 바에서 음료를 요청할 때의 "정중한 정도" 등)

c. 세 명씩 한 그룹으로 앉아 '통역' 연습을 시작한다. 위에서 적은 목록을 활용하여 문화적 차이에 대해 대화를 나눈다. 학생 A는 영어만 할 수 있고, 학생 B는 스페인어/카탈로니아어만 할 수 있고, 학생 C는 그 둘의 통역사 역할을 맡는다. 가능하면 세 학생이 세 가지 역할을 모두 돌아가며 맡고, 논의해보고 싶은 사항은 메모해 둔다.

d. 영국인 관광객으로서 느낀 감상을 문화적 차이를 중심으로 적어본다. 앞서 "통역" 연습을 할 때 적어두었던 메모나, 검색을 통해 습득한 정보를 활용해도 좋다.

2회차 - 3회차. 마인드맵: 비교 및 대조

마인드맵에서는 단어와 표현들이 시각적으로 배치되어 있어 대주제와 그와 연관된 소주제간의 상관 관계를 잘 보여준다. 주요 개념을 페이지의 중앙에 놓고 개념과 연관된 여러 가지 특징이나 다른 개념들은 화살표로 연결한다. 이런 방식을 이용하면 새로운 단어나 개념이 떠올랐을 때 어느 시점에서든 자유롭게 추가할 수 있다. 특히 최종 맵을 보면 각 개념이 마인드맵을 그린 사람의 마음속에 어떤 식으로 자리 잡고 있는지, 본인의 경험을 어떤 방식으로 구성하고 있는지 파악할 수 있어 흥미롭다. 따라서 학생들의 마인드맵이 모여 한 문화권에서 세계를 바라보는 방식을 반영하는 "문화적 맵"이 될 수도 있다. 마인드맵을 활용하여 상이한 언어 문화적 표현 방식을 비교 대조해 보면 번역시 의사 결정을 하는데 도움이 된다. 스키마 이론(바트레뜨(Barlett), 1932; 쿡(Cook), 1994; 위더슨(Widdowson), 1984)에서 발전한 주제별 마인드맵은 시각화 연습, 문화적 인식의 공유 및 함양(특히 다양한 문화권 출신 학생들이 함께 듣는 수업에서)뿐 아니라 언어 지식 및 주제지식, 메타인지 능력(조직, 기획, 구체화, 참조, 검색 등)을 계발하는데 중추적인 역할을 할 수 있다. 학생들이 각자 문화권에서의 경험과 번역에 대한 경험을 토대로 분야별 개인 사전을 만들어 공유하면 학습 내용이 더욱 풍부해질 것이다. 거기에 담길 정보는 텍스트 중심, 문맥 중심이기 때문에 보통 사전에서는 찾아볼 수 없는 고유한 정보가 대부분일 것이다.

진행 방법

a. 마인드맵의 목표를 학생들에게 설명하고 토론시간을 갖는다.

b. 어떤 식으로 활동을 진행하고 싶은가에 따라 각자가, 혹은 두 세 명씩 한 그룹을 이뤄 큰 종이 한 장씩을 받는다.

c. 마인드맵을 그리기 시작한다. 자신의 생각을 정리하는데 시간이 오래 걸릴 수도 있다. 그러나 일단 본격적으로 시작하면 학생들은 마인드맵이 생각을 풍부하게 만들어주는 흥미로운 작업이라고 느낄 것이다.

d. 끝으로 학생들은 자신들이 준비한 마인드맵을 다른 학생들이 활용할 수 있는 활동을 준비한 후, 한데 모여 주어진 주제에 대한 각자의 시각을 서로 비교해본다.

예시 **학생의 마인드맵 예** (테레사 마욜, 1999)

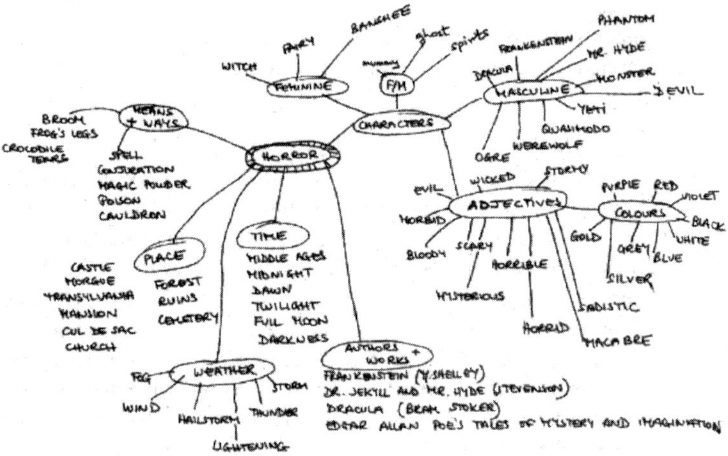

과업 8 누구의 음식과 음료인가?

이번 과업에서는 학생들이 실제 생활에서 쉽게 부딪칠 수 있는 상황으로 해결 전략이나 방법을 고찰할 필요가 있는 문제를 다룰 것이다. 번역할 때 가장 문제가 되는 문화적 표현의 예로 음식과 음료 관련 어휘가 있다. 1997년에 스페인의 어느 3성급 호텔에서 발견한 아래의 메뉴 번역을 한번 보자.

원문	오역
Sandwich vegetal	Vegetal sandwich
Coca de tomate	Tomato cook
Ensaladilla rusa	Kind of salad with mayonnaise sauce
Plato de la casa	Plate of the home

목표

- 사전의 부적절한 대응어에서 벗어나 양질의 번역이 필요하다는 인식 제고
- 병렬 텍스트의 중요성과 필요성에 대한 인식 제고
- 일상 관습에서의 문화적 차이를 인식하고 텍스트에서 문제가 될 부분을 발견
- 익숙한 언어 쌍을 대조해보아 언어외적 요소의 중요성을 인식하고 번역시 언어적 차원에서만 접근하지 않도록 주의
- 등가어 부재시 학생들이 연구하고 논의한 해결 전략 적용

수준

초급에서 중급

그룹 구성

개별, 3-4인 1조

소요 시간

2시간씩 2회

진행 방법

a. 학생들에게 메뉴, 조리법 등에서 음식이나 음료와 관련하여 잘못 번역된 사례를 보여준다. 각 사례에서 무엇이 잘못되었는지, 왜 그렇게 되었는지를 알아본다(위의 사례 참조).

b. 학생들이 대안을 생각해 본다. 처음에는 각자가, 나중에는 짝을 지어 생각해보고 각자의 전략과 해결 방안을 대조해 본다.

원문	오역	번역 대안
Sandwich vegetal	Vegetal sandwich	Egg & mayonnaise sandwich
Coca de tomate	Tomato cook	Bread with tomato, Catalan style
Ensaladilla rusa	Kind of salad with mayonnaise sauce	Potato and tuna salad / Russian Salad
Plato de la casa	Plate of the home	Chef's speciality

c. 위에서 제시한 제안 사항과 병렬 텍스트를 참고하여 더 적절한 해결 방안을 찾아서 대안을 논의해본다. 병렬 텍스트로 토레스(M. Torres, 1987)가 쓴 카탈로니아/스페인 요리책 등을 참고할 수 있을 것이다. 이 책에서는 요리의 이름을 영어, 스페인어, 카탈로니아어로 소개하고 요리법은 영어로 적어놓았다.

요리의 원래 이름	Torres (1987) 책에 나온 요리 이름
Escalivada	Assorted grilled vegetables, Catalan style
Ceballots	Baked young onions or leeks
Confit	de Cebollas Onion relish
Sangría	Red wine and fruit punch
Tortilla de berenjena	Aubergine omelette

d. 학생들 3-4명이 한 그룹을 이루어 전략이나 방법을 목록으로 정리해 본다. 몇 가지 예를 들면 다음과 같다.

- 가능할 때는 문자 그대로 번역하기
- 재료를 묘사하기
- 요리 과정을 묘사하기
- 대상 독자가 전혀 알지 못할 원어는 이탤릭체로 남겨두고 전략 2나 3을 따르기
- 대상 독자가 알만한 원어는 별도의 설명 없이 남겨두기(예를 들어, sangría의 번역 대안)

- 새로운 단어나 표현을 만들어내기
- 위의 방법을 사용하여 번역하고 끝에 --스타일이라고 붙이기
- 도착어에 있는 비슷한 요리를 선택하기
- 이름과 전혀 다른 의미를 지닌 요리일 경우에 번역에 유의하기(예를 들어, 스페인의 'pudin'은 영어의 'pudding'이 전혀 아님!)

e. 이어지는 브레인스토밍 시간에 모든 전략과 방법들을 칠판에 적는다. 각 그룹에서 제안한 전략들을 모아 온라인 목록으로 만들어 공유해도 좋다. 이렇게 하면 전략이 반복되는 것을 막고 학생들은 편리할 때 언제든지 목록을 활용할 수 있다.

f. 학생들에게 실제 생활에서 오역의 경우를 찾아오게 하고 그 다음 주에는 다양한 음식과 음료의 적절한 번역을 찾아오게 한다.

g. 학생들이 찾은 사례를 가지고 a부터 e까지의 단계를 반복하게 한다. 학생들이 전략, 방법, 해결 방안을 더 많이 찾으면 목록을 한층 더 보완할 수 있을 것이다.

과업 9 기타 문화적 표현의 전환 I

(곤잘레즈 데이비스와 스콧-테넨트, 2005 참고)

♣ 번역사들은 언어적 소통은 상대적으로 용이하나 문화적으로 몰입하는 데는 보다 긴 시간이 필요한 접경지대에 산다. 학부 학생들에게는 이러한 문제가 이중으로 다가온다. 첫 번째 문제는 텍스트에서 어떤 것이 문화적 표현인지 알아보지 못하는 것이고, 두 번째 문제는 알아본다 해도 어떻게 옮길지 잘 모른다는 것이다.

인식하는 방법을 통해 문화적 표현을 분명하게 드러내어 가르치면 학생들은 배경 지식과 씨름하기 전에 다시 한 번 생각해보게 될 것이다. 문화적 표현을 가르치고자 할 때는 다음의 두 가지 차원을 고려해

서 수업을 디자인해야 한다.

a. 교육적 차원: 교수자는 문화와 관련된 광범위한 사안들을 체계적, 순차적으로 다룬다.

b. 직업적 차원: 학생들이 번역의 주관성 문제와, 문화적 표현을 전환할 때 활용할 수 있는 다양한 번역 전략을 인식하게 한다. 언제나 도착어로 흐름이 자연스러운 일관성 있는 번역물을 만들어내어 번역문이 "어떤 장소, 어떤 시대에서도 찾아볼 수 없는 제3의 언어(더프, 1981, p.12)"가 되어서는 안 된다는 사실을 명심하게 한다.

이런 수업을 통하여 학생들은 문화적 표현을 알아보아야 할 필요성을 인식하여, 번역의 일관성과 완성도에 직접적인 영향을 미칠 전략적인 선택을 하게 된다. 더욱이 학생들이 신중히 의사 결정을 하여 문화적 인식이 예리해지면 문화적 표현을 번역할 때 타자성, 번역사의 주관성과 같은 문제들을 진지하게 성찰하게 된다. 필자는 이 책에서 문화적 표현을 명확히 가르치는 한편, 문화적 표현을 찾아내어 적절히 번역하는 기술을 제시하여 학생들이 텍스트에서 문화적 표현들에 유의하게 되기를 바란다.

예를 들어, 우리는 다음과 같은 문장을 어떻게 번역하면 좋을지 고민할 수 있다.

ⓐ "He's got the blues"

ⓑ "He caught the 5.33 train to Hicksville, NY, last Tuesday night"

ⓒ "Anything else, luv?"(at the market)

ⓓ "I think I'l go to 'Boots' for aspirins"

ⓔ "Shall I compare thee to a summer's day?"(Shakespeare. Sonnet 18).

학생들은 각 문장에서 문화적 맥락에 주의를 기울여야만 적절한 해결 방안을 찾을 수 있다는 것을 깨닫게 될 것이다.

ⓐ blues: 문화권에 따라 색깔은 다른 연상 작용을 불러일으킨다. 예를 들어, 애도함을 표시할 때 인도에서는 파란색, 중국과 일본에서는 하얀색, 서구에서는 검은색을 사용한다(슈발리에와 게르브란트의 『기호 사전(Diccionario de los símbolos)』(1986) 참조).

ⓑ 5.33: 하루의 시간을 구분하는 방식과 각 시간대에 사람들이 일반적으로 하는 일은 문화권에 따라 다양하다. 지중해 국가들의 경우에는 5.33은 밤이 아니라 오후이다. (영국의 식사 시간을 설명한 자료는 뉴마크, 1988, p.122 참조)

ⓒ luv: 호칭의 형태가 서로 달라 문화권에 따라 무례하게 여겨질 수 있다.

ⓓ summer: 영국의 여름은, 스페인이나 이태리의 여름에서 연상되는 느낌과는 다르다. 이 말은 독자가 사랑의 강도를 다르게 해석한다는 뜻인가?

여기에서 핵심 문제는 다음과 같을 것이다. 위의 표현들이 문화적 맥락이 필요한 용어라는 사실을 학생들이 포착할 수 있을까? 만약 그 용어들을 알아본다면 어떻게 번역하면 좋을지를 알고 있을까? 만약 모른다면 "적어도 안전하게" 부호 중심의 직역을 택하게 되지 않을까?

번역 수업에서 사회문화적, 사회맥락적 차원에서 문화적 표현을 알아보고 번역하도록 가르치는 것이 중요한데 학생들이 스스로 알아서 해결해야만 하는 경우가 많다. 문화적 맥락의 중요성을 막연히 일반화해서 알려주기 보다는, 보다 체계적이고 명료한 방법을 활용하여 학생들의 입장에서 문제를 잘 인식하고 자신감을 가지고 번역할 수 있도록 도와주어야 할 것이다. "번역사가 자신감을 갖게 되는 것은 자각을 통해서"(쿠스마울, 1995, p.32)이기 때문이다.

목표

- 문화적 표현에 관해 논의하고 적절한 정의 고찰
- 문화적 표현과 관련된 번역 문제를 해결하기 위해 다양한 전략 및 방법 제시
- 번역상의 손실 및 충실성의 정도 토의
- 검색 능력 함양

수준

중급, 상급

그룹 구성

개별, 4-5인 1조

소요 시간

2시간씩 3회

진행 방법

1회차 : 문화적 표현에 유의하기

a. 학생들은 수업 시간 중에 토론할 수 있게 문화적 표현들이 포함된 짧은 텍스트를 과제로 받는다.

b. 이번 경우에는 우디 알렌의 『깃털 없는(*Without Feathers*)』(1975)을 살펴보기로 한다. 교수는 학생들에게 번역할 때 문제가 될 수 있는 문화적 표현이 텍스트에 한 개 있다고 알려주되, 구체적으로 그 표현이 무엇인지는 알려주지 않는다. 학생들이 찾아내고 어떻게 번역해야 할지 생각해 내야 한다. 여기에서의 표현은 경주장과 연관이 있다(전체 텍스트는 뒤쪽의 텍스트 예 참조).

One man will see spirits. Another will hear voices. A third will wake up running in the Preakness.

c. 학생들은 그룹으로 앉아 '문화'라는 단어에서 연상되는 어휘나 표현을 최대한 많이 적어본다.
d. 이어서 브레인스토밍 시간을 가지고 위에서 적은 어휘와 표현들을 칠판에 적고 서로 논의해본다.
e. 학생들이 다시 모여 앉아 칠판에 적은 어휘와 표현들을 그룹으로 분류해본다.
f. 분류하는 것이 너무나 작위적으로 보일 수 있지만 분류를 해보면 학생들이 틀에 박힌 관점에서 벗어나 보다 개방되고 역동적인 시각에서 문제를 이해할 수 있게 된다. 교수가 다른 방식으로 분류하는 경우를 보여주고 그에 관해 학생들이 토론해도 좋다. 또는 학생들이 미리 검색해 와서 수업 시간에 발표할 수도 있다. 이 주제와 관련하여 토론의 출발점으로 삼아도 좋을 번역 이론으로 나이다(1964, p.55)의 문화적 표현 분류가 있다. 나이다는 문화적 표현을 다음의 다섯 그룹으로 구분한다.

① 물질적- 일상의 물체와 관련된 것
② 생태적- 장소, 기후, 동식물 등과 관련된 것
③ 사회적- 사회 조직과 그 조직이 예술, 문학, 역사 등에서 표출된 것
④ 종교적- 종교 의식, 사상 등으로 표출된 것
⑤ 언어적- 위의 유형들을 표현하기 위해 필요한 도구이자, 나이다에 따르면 사람들의 태도를 보여주고 대화의 신호가 되는 도구. 다시 말해 사람들이 자신의 생각을 표현하는 방식인 동시에 삶에 대한 태도를 보여주는 실제 담화. 하팀(1997)은 "텍스트를 사용하는 그룹마다 특징적으로 보여주는 사고방식과 발화방식"이라고 정의

g. 수업에서 학생들은 처음에는 각자가, 나중에는 짝을 지어, 연습 문제의 질문에 답을 해 본다. 연습 문제는 학생들의 검색 능력을 높이고 학생들이 사전에 나온 내용 그 이상을 생각해볼 수 있는 문제들로 구성되어 있다. 수업 중에 답하지 못한 질문들은 이후 1주일 동안 검색 능력을 발휘하여 답을 찾아본다.

연습 문제 예

a. oranges, lemons, an axe의 공통점은 무엇인가? (서구 꼬마들의 동요 중에서)

답: 이 세 개 모두 서구 꼬마들의 동요에 등장한다.
Oranges and lemons / Say the bells of St. Clement'
(Tommy Thumb' Pretty Song Book (c. 1744))

b. 다음의 거리들-Baker Street, Rue Morgue, streets paved with gold-이 유명한 이유는?

답: Baker St. 는 셜록 홈즈가 사는 거리이고, Rue Morgue는 에드거 앨런 포가 쓴 세계 최초의 추리소설 『모르그 가의 살인(*The Murders in the Rue Morgue*)』(1841)의 제목에 나오고, 'streets paved with gold'라는 표현은 조지 콜먼(1762-1836)의 희곡 『소송 중인 상속자(*Heir-at-Law*)』 중 다음의 부분에서 찾아볼 수 있다.
Oh, London is a fine town, / A very famous city, / Where all the streets are paved with gold, / And all the maidens pretty.

c. 백과사전 항목에서 스페인 무적함대(영어로는 The Spanish Armada, 스페인어로는 *La Armada Invencible*)를 영어와 스페인어로 동시대와 다른 시대에서 각기 어떻게 기술하였는지 찾아보고 토론해 보라.

2회차. 번역어를 결정하고 그 이유를 설명하기

a. 이번 수업은 과제로 주어진 텍스트에 관해 토의하는 것으로 시작한다. 학생들은 'in the Preakness'가 문화적 표현이라는 것을 파악하게 되면 다음과 같은 전문가의 번역과 본인들의 번역을 비교해본다.

1. "... un tercer es despertarà i es trobarà corrent per la Cinquena Avinguda"(1985). [문화적 표현의 역번역: Fifth Avenue.]
2. "... un tercero se despierta y aparece corriendo en el Madison Square Garden."(1997). [문화적 표현의 역번역: Madison Square Garden.]
3. "... un tercero se despierta y se encuentra corriendo en el hipódromo." (John Stone & Rosa Roig, 미출간된 번역). [문화적 표현의 역번역: horse-racing track.]

b. 학생들은 허비 외(1995)의 제1장을 읽고 문화적 표현을 번역하는 다른 방법에 대해서도 알아본다. (본 책의 2장 참조)

3회차

a. 이번 수업에서는 학생들이 번역의 다른 대안들을 논의하고 그 번역을 선택한 이유를 토론해본다.
b. 마지막으로, 학생들은 본인들의 최종 선택안을 보여주고 이유를 설명한다. 2002년에 필자가 가르친 학생들 가운데 86퍼센트가 검색을 해보거나 추천도서를 읽기 전에는 en el Preakness 라고 직역을 하였다. 학생들은 문화적 표현을 알아보지 못했기 때문에 직역을 했거나 번역문 독자가 그 번역을 읽고 경주장으로 알아볼지 자신이 없어 불편해 했다. 그러다가 토론을 하고 참고도서를 읽고 자료를 검색하고서 다음과 같은 해결 방안을 적용하게 되었다.

- 외연화: hipódromo de Preakness (총 학생의 77퍼센트)
- 이국화: Ascot (12퍼센트). 이 번역은 이국화 전략을 사용했지만 원문에 등장한 단어를 사용하지 않았다는 점에서 흥미롭다. 학생들은 이 표현이 미국과 영국의 문화적 표현이어서 번역문 독자에게 더 잘 알려져 있을 것으로 생각하고 선택하였다.

- 문화이식: 스페인의 많이 알려지지 않은 경주장인 Ascot (12퍼센트)
- 문화이식: 스페인의 많이 알려진 경주장인 La Zarzuela (3퍼센트)

텍스트 예

『깃털 없는(Without Feathers)』, 우디 알렌 지음

There is no question that there is an unseen world. The problem is, how far is it from midtown and how late is it open? Unexplainable events occur constantly. One man will see spirits. Another will hear voices. A third will wake up and find himself running in the Preakness. How many of us have not at one time or another felt an ice-cold hand on the back of our neck while we were at home alone? (Not me, thank God, but some have). What is behind those experiences? Or in front of them, for that matter? Is it true that some men can foresee the future or communicate with ghosts? And after death is it still possible to take showers?

Fortunately, these questions about psychic phenomena are answered in a soon to be published book, Boo!, by Dr. Osgoode Mulford Twelge, the noted parapsychologist and professor of ectoplasm at Columbia University.

과업 10 다양한 번역안을 살펴보기: 온라인 목록 공유

목표

- 출판 번역 방법을 명확히 파악
- 전문가의 번역 분석
- 다양한 번역안 검토
- 다양한 번역안을 목록으로 정리하고 주기적으로 다른 대안도 목록에 추가

- 의식적 학습과 무의식적 적용이 자리 잡도록 토대 구축
- 다양한 번역안에 대해 정보를 공유할 수 있도록 반 전체 학생들이 협력하여 온라인 목록 구축(선택사항)

수준

초급, 중급

소요 시간

2시간씩 3회, 수업 시간 외 한 학년 동안 지속적으로 시행

그룹 구성

개별, 2인 1조

진행 방법

a. 학생들은 짝을 지어, 문화치환과 관련하여 다양한 번역안을 살펴보고 싶은 자료를 찾아본다.

b. 자국화와 이국화 문제를 논의하고 나서 허비, 히긴스(Higgins)와 헤이우드(Haywood)의 번역 방법 표시선(1995)을 학생들에게 보여주면 학생들은 학년 내내, 과장하자면 일평생! 이에 대해 이야기할 것이다(아래 연습 문제 사례에서 문화적 전환만이 아닌 다른 번역 대안들 참조).

• 이국화: 출발어가 번역문에서 아무런 변화 없이 그대로 유지된다.

원문: 〈신경쇠약 직전의 여자(Mujeres al borde de un ataque de nervios)〉 대본 중에서. 페드로 알모드바(Pedro Almodóvar) 감독 (1988)	더빙 번역
¿Le gusta el mambo? Tengo de todo: heavy metal, rock, soul, cumbias, incluso sevillanas, salsa, tecno-pop, lo que quiera...	Do you mind the mambo? I've got everything: heavy metal, rock, soul, cumbias, even sevillanas, salsa, Techno-Pop, whatever you like...

• 문화적 차용: 출발어 단어나 표현이 도착어에서 변화 없이 번역된다(예를 들어, 스페인어로 크리넥스). 이런 단어와 표현들이 다른 뉘앙스를 가질 수 있다(예를 들어, 스페인어로 파티).
• 모사: 도착어가 출발어 어휘나 표현과 비슷하다.
• 음역: 문화적 표현이 도착어의 발음 양식을 따라 바뀐다(예를 들어, 스페인어로 bumerán (boomerang)).
• 의사 소통적 번역: 출발어의 문화적 표현에 대한 동일한 대응어가 도착어에 있다(예를 들어, 과업 1. 마인드맵: 격언 및 관용표현 참조).
• 문화적 이식: 문화적 표현을 도착 문화에 맞추어 완전히 바꾸거나, 도착 문화의 규범에 더 일치하는 표현으로 대체하거나, 이데올로기상의 이유로 바꾼다(예를 들어, 과업 9. 기타 문화적 표현의 전환 I에서 "in the Preakness"의 학생 번역 참조)I

원문: 『딱 윌리암(Just William)』. 리치멀 크롬프톤(Richmal Crompton) 지음(1977)	스페인어 번역문 (1981)	모국어 번역문
상황: 윌리암이 여자친구에게 말을 하고 있다. Has anyone ever told you that you've a bottled cherry? (Bottled cherry = Boticelli)	*¿Le ha dicho alguien que es usted un muro pequeño?* (Muro pequeño (low wall) = Murillo (Spanish painter) [Has anyone ever told you that you are like low wall?]	

c. 출판 번역물의 사례는 번역사가 문화적 표현을 전달하기 위해 적

용한 해결 방안에 초점을 맞추어 소개한다(위 참조). 물론, 각 사례를 다루다보면 번역사가 그런 방안을 선택한 이유와 연관 지어 번역 이론과 원칙을 심층 토론하게 될 수도 있다. 토론 내용에는 저자의 의도, 이데올로기 측면, 출판상 제약, 번역사의 이력 및 주관성 등이 거론될 수 있다.

d. 끝으로, 학교에서 컴퓨터를 쉽게 사용할 수 있으면 온라인 목록을 구축한다. 반 전체가 공유할 수 있도록 번역 방법을 모아 하나의 목록으로 정리한다. 모든 학생들이 각자 목록에 접속하여 자유롭게 정보를 추가할 수 있다. 이 작업은 현재 교육용 온라인 프로그램을 활용하여 손쉽게 할 수 있다. 학생들은 온라인 목록을 열어 번역 방법을 입력하고 거기에 수업 시간에 교수와 반 전체가 함께 정한 이름을 붙인다. 번역 방법이 다양하게 분류될 수 있기 때문에 편하게 사용할 수 있는 일반적인 용어로 정하는 것이 좋다. 중요한 것은 학생들이 각 해결 방안의 과정과 개념을 파악하는 것이다.

e. 각 학생마다 온라인 목록에 적어도 두 가지 번역안을 입력한다.

f. 교수는 각 항목에 교정, 메모 등을 할 수 있다.

g. 학생들은 약 2주일마다 정기적으로 검토하여 교수의 조언을 반영하여 내용을 수정한다.

h. 물론 온라인 목록을 언제든 프린트하여 연구 자료와 실무 자료로 활용할 수 있다. 온라인 목록의 예는 http://bscw.gmd.de/bscw/bscw.cgi/0/35199941을 참조한다.

사례

연습 문제 사례 (2.1.3 전이 능력: 언어와 문화를 전문가답게 연결하는 전략 참조).

- 교육적 주석: 문제가 되는 부분을 자세히 설명해준다.

원문: 『황폐한 집(*Bleak House*)』 찰스 디킨스 지음 (1852)	번역문
LONDON. Michaelmas term lately over, and the Lord Chancellor sitting in Lincoln's Inn Hall.	

- 주석: 번역사가 소곤소곤 해주는 말.

원문: 『면도날(*The Razor' Edge*) 서머싯 몸 지음 (1945)	번역문
My loving in-laws kicked me out of Chicago. Said I was gumming up their f – reputations.	

- 외연화: 정보가 텍스트에 추가되었다.

원문: 『에바 루나의 이야기(*Cuentos de Eva Luna*)』 이사벨 아옌데 지음 (1988)	번역문: *The Stories of Eva Luna*, 세이어스 펜든 옮김 (1991)
Tenía el nombre de Belisa Crepusculario, pero no por fe de bautismo o acierto de sumadre, sino porque ella misma lo buscó hasta encontrarlo y se vistió con él.	She went by the name of Belisa Crepusculario, not because she had been baptized with that name or given it by her mother, but because she herself found the poetry of "beauty"and "twilight"and cloaked herself in it.

- Neutralize ation: 중립화: 그 부분의 함축된 의미가 줄어들었다.

원문: 『신경쇠약 직전의 여자(*Mujeres al borde de un ataque de nervios*)』 영화 대본 중에서. 뻬드로 알모도바르 감독 (1988)	더빙 번역
Pero si lo sabe toda España. Lo han dicho en las noticias.	The whole country knows. It was on TV.

이제는 학생들이 문화적 표현의 번역 방법을 충분히 익혀서 유사한

번역상의 문제를 포함하고 있는 텍스트를 다룰 수 있어야 할 것이다. 이러한 텍스트의 예로 데이빗 로지(David Lodge)의 『훌륭한 솜씨 (Nice Work)』를 아래 부분에 소개한다.

과업 11 기타 문화적 표현의 전환 II

목표

- 문화적 표현의 다양한 번역 가능성 인식 (주로 자국화와 이국화 전략)
- 일관된 번역과 신중한 선택의 중요성 인식
- 문화적 표현에 함축된 의미를 이해하기 위한 문맥의 중요성 인식

수준

중급, 고급

그룹 구성

개별, 그룹별

소요 시간

2시간씩 3회

진행 방법

1회차. 오리엔테이션 활동

오리엔테이션 활동의 일례로 데이빗 로지의 『훌륭한 솜씨』를 미리 질문지와 활동을 통해 개괄적으로 살펴보면 학생들이 실제 텍스트를 다룰 때 큰 틀을 파악할 수 있을 것이다.

2회차

a. 학생들은 로지의 『훌륭한 솜씨』(1988, p.174–175)에서 발췌한 부분을 초벌 번역하고 문화적 표현과 직접 연관된 부분에 밑줄을 친다. 아래와 같은 번역 표를 나누어주어 학생들이 주요 사항에 집중할 수 있게 도와준다.[7]

3회차

c. 반 학생들 중 절반은 텍스트를 문화적 이식이나 자국화하여 번역하고(허비 외, 1995, p.23), 나머지 절반은 이국화해서 번역한다(허비 외, 1995, p.22) (과업 10. 다양한 번역안을 살펴보기: 온라인 목록 공유, 프로젝트 3. 웹에서 아동문학 번역하기 참조).

d. 끝으로 학생들은 본인들의 번역과 출판된 전문 번역본을 비교하여 토론해본다.

사례

텍스트 사례

Sunday lunch, or dinner as Vic called it in deference to his father, hardly varied through the year, also in deference to Mr. Wilcox: a joint of beef or lamb, with roast potatoes and sprouts or peas, followed by apple crumble or lemon meringue pie. Once Marjorie had experimented with coq au vin from a recipe in a magazine, and Mr. Wilcox had sighed unhappily as his plate was put before himand said afterwards that it was very nice but he had never been much of a one for foreign food and that there was nothing like the good old English roast. Marjorie had taken the hint.

After lunch they had sat in the lounge and Mr. Wilcox diverted himself and, he fondly supposed, the rest of the family, by reading aloud extracts from the AA Guide to Hotels and Restaurants, and inviting them to guess the 1958 rate for a week' half board at the best hotel in the isle of Wight or the price of bed and breakfast at a class A boarding house in Rhyl (...) Sandra and Gary squabbled over the TV, Sandra wanting to watch the Eastenders omnibus and Gary wanting to play a computer game.

번역 표 사례

문화적 표현	학생들 번역
lunch or dinner	
a joint of beef or lamb, with roast potatoes and sprouts or peas	
apple crumble or lemon meringue pie	
coq au vin	
good old English roast	
AA Guide to Hotels and Restaurants	
Isle of Wight	
Rhyl	
Eastenders	

번역 사례

문화적 표현	학생들 번역 사례 (문화적 이식)	역번역
lunch or dinner	*almuerzo o comida*	[Lunch or dinner]
a joint of beef or lamb, with roast potatoes and sprouts or peas	*potaje de garbanzos*	[Chickpea stew]
apple crumble or lemon meringue pie	*helado*	[Ice-cream]
coq au vin	*coq au vin pollo a l'st*	[Roast chicken]
good old English roast	*jamón*	[Ham]
AA Guide to Hotels and Restaurants	*La Guía del RAC*	[The RAC Guide]
Isle of Wight	*Mallorca*	[Majorca]
Rhyl	*Lloret/Benidorm*	[Lloret / Benidorm]
Eastenders	*Nissaga de poder*	[A popular Catalan soap opera]

과업 12 우리의 것? 그들의 것?

이상한 나라의 앨리스...루이스 캐롤 지음?

♣ 어느 한 국가의 문학이 아직 성숙하지 않았거나 주변부에 머물러 있을 때에는 자국의 고유한 문학 작품들이 자리를 잡기에 앞서 번역이 눈에 띄게 된다. 스페인어와 카탈로니아어, 두 언어를 모두 공용어로 사용하는 카탈로니아의 경우, 번역사가 어느 작품을 소수 언어인 카탈로니아어로 번역한다는 것은 그 자체가 정치적으로나 사상적으로 분명히 암시하는 바가 있다(곤잘레즈 데이비스, 2003c; 베누티, 1995; 비슷한 시기에 핀란드의 비슷한 현상을 논의한 오이티넨, 2000; 스페인의 파드리노(Padrino), 1992 참조).

루이스 캐롤의 『이상한 나라의 앨리스』는 에스페란토어, 라틴어, 심지어 속기에 이르기까지 전 세계 대부분의 언어로 번역이 되었다. 번역의 자국화와 이국화를 논하기 위하여 『이상한 나라의 앨리스』를 고른 이유는 이 책이 같은 언어로도 여러 가지 번역본이 나와 있기 때문이다(다양한 언어로 번역된 번역본을 보려면 http://www.lewiscarroll.org/carroll.html 참조). 이 책에서는 번역 스타일과 번역 목표가 다른 두 번역사가 각기 다른 시대에 카탈로니아어로 번역한 작품들을 살펴보겠지만, 아래에서 논의할 내용은 다른 언어로 번역된 번역본들에도 적용할 수 있을 것이다. 여기서 살펴볼 번역사는 조셉 카너(1927)와 살바도르 올리바(1996)로 이들의 번역은 카탈로니아 사회의 언어적, 사상적, 사회역사적 관습과 한 사회가 겪은 다양한 변화를 여실히 보여준다. 이는 리타 오티넨이 핀란드에서 있었던 비슷한 경우를 소개하며 "... 당시의 상황과 목적은 모든 번역의 본질적인 부분이다... 저자의 권위보다 더한 부분이다(2003, p.3)." 라고 언급한 내용을 뒷받침해 주는 사례이다. 이러한 맥락으로 볼 때 번역에서 중요한 것은 저자의 신성불가침한 지위가 아니라 그들의 작품이 어떻게 하면 목표 문화권에 동화되어 그 문화를 풍요롭게 하는데 기여할 수 있을 것인가 하는 점이다. 특히 소수 언어와 다수 언어가 공존하는 상황에서는 더욱 그러하다.

이 책에서 살펴볼 두 명의 번역사 중 첫 번째 번역사인 카너(1884–1970)는 누센티즘(Noucentisme)이라고 알려진 문학 운동의 대표적 인물이다. 누센티즘은 20세기 초반에 카탈로니아의 르네상스라고 불리는 문화 운동으로 민족주의적 정치 운동에 기반을 두었다. 독일 낭만주의의 영향을 받아 발전한 이 운동에서는 언어가 정체성의 주된 표상이었고 번역은 한 나라의 문학을 창조하는 최상의 수단으로 여겨졌다. 작가 몽톨류(Montoliu)의 말처럼 번역사는 "대중의 교육자"로, 번역은 당대 최고 작가들의 "신성한 의무"(1908/1998: 37)로 인식되었다. 번역은 소수 언어의 혁명을 명백히 보여준다는 점에서 전복을 꾀하는 선택이었다. 외국 텍스트를 번역하여 소개하는 방법으로 자국 문화를 치켜세우고 보편성을 보여주는 것이 목적이었다. 이런 텍스트들을 상황에 맞게 소개하고자 할 때 번역사에 따라 이국화나 자국화 전략이 채택되었다. 카너의 『Alícia en terra de meravelles(이상한 나라의 앨리스)』(1927)에서는 원문을 주로 자국화하여 즉, 원문을 번역문 독자에게 가깝게 끌어가 의도한 목표를 달성하였다. 시인이자 번역사인 프란세스크 파르세리사스(Francesc Parcerisas)는 그가 쓴 『번역에서 얻는 것(Lo que se gana en traducción)』에서, 대부분의 소수 언어나 주변부 문화에서는 번역에 대해 긍정적인 시각을 가지고 있다는 사실을 환기시킨 바 있다. 카탈로니아어로 자국화는 'anostrament' 로 '우리 것으로 만든다' 는 의미이다. 용어 자체만 보아도 함축된 메시지를 분명히 읽을 수 있다.

(...) 근대 카탈로니아 문학에서 번역은 자국 문학 시스템의 주변부적인 요소가 아니라 누구도 부인할 수 없는 강력한 요소로 (...) 연속성과 일관성이 없는 전통의 공백을 채워주었고 (...) 정치적 전환기나 가혹한

억압기에 (...) 60년대의 사상적·문화적 재건기에 (...) 새로운 장르와 학파, 다른 나라에서 벌어지는 문학운동을 소개하였다(1997, p.54–55)

이러한 상황에서 외국 텍스트를 소개하면 진정한 의미에서의 촉매 역할을 하게 된다. 따라서 당시에 카너가 자국화 전략을 사용하여 번역을 한 것은 이상한 일이 아니다. 반면에, 후대의 올리바는 소개하려는 이야기가 이미 도착 문화의 일부가 되어 버렸고, 도착어가 70년 전과 비교하여 훨씬 탄탄한 전통을 갖게 되었기 때문에 텍스트의 이국적인 요소를 부각하기로 결정하고 번역에서 이국화 전략을 많이 사용하였다(데이비스, 2001b).[8]

목표

- 번역 정책 이면에 생각해 볼 논제 고찰
- 동일한 텍스트의 다양한 번역본을 검토하고 각 번역본의 역사적, 정치적 맥락 파악
- 번역사의 목표 고찰
- 자국화, 이국화 전략을 활용하여 번역
- 문화적 표현 분류

수준

상급

소요 시간

2시간씩 3회

그룹 구성

개별, 3인 1조

진행 방법

0회차

a. 학생들은 과제로 루이스 캐롤의 『이상한 나라의 앨리스』의 다양한 번역본을 찾아 수업 시간에 가지고 온다. 또한 이와 관련된 세 차례의 수업이 시작되기 전에, 아니면 수업이 진행되는 동안에 자국화, 이국화 번역 전략에 관해 반드시 참고 자료를 읽어본다.

1회차

a. 아래 사례(2회차 참조)나 다른 사례(과업 8. 누구의 음식과 음료인가? 또는, 과업 9와 과업 11. 기타 문화적 표현의 전환 I과 II 참조)에서 다양한 문화적 표현들을 소리 내어 읽어본다.

b. 학생들은 나이다의 분류 기준에 따라 물질, 생태, 사회, 종교, 언어 분야로 칸을 구분하여 해당 용어들을 적어본다(과업 9. 기타 문화적 표현의 전환 I 항목 b 참조).

c. 교수는 학생들이 다섯 가지 유형 간의 차이를 이해했는지 확인한 후, 학생들 본인이 원하는 방식으로 그 용어들을 번역하게 한다.

2회차

a. 1회차 수업에서 학생들이 했던 번역에서 더 나아가 이번에는 학생들에게 도착어로 출판된 번역본을 보여준다. '자국화/동화'와 '이국화/이화'의 용어를 설명하고 학생들이 읽을 참고 자료를 언급한다. 아래의 사례에서 첫 번째 번역은 카너(1927)가, 두 번째 번역은 올리바(1996)가 한 것이다. 괄호안의 숫자는 각 번역서의 페이지를 가리킨다.

① 물질 관련 용어

– 고유명사

Pat (6)	Patrici (40)	Pat (39)
Duck, Dodo, Lory, Eaglet (44)	Ànec, Ocell Babau, Lloro de les Bermudes, Aguiló (25)	Ànec, Ocell Babau, Lloro de les Bermudes, Aguiló (25)

역번역

Pat	Patrick	Pat
Duck, Dodo, Lory, Eaglet	Duck, Dodo, Bermuda Parrot, Eaglet	Duck, Dodo, Bermuda Parrot, Eaglet

– 음식과 음료

cake (33)	coca (14)	pastís (16)
brandy (62)	aiguardent (42)	conyac (40)

역번역

cake	bread cake	cake
brandy	liquor	cognac

– 동물

Cheshire cat (83)	gat castellà (63)	gat de Cheshire (63)

역번역

Cheshire cat	Castilian cat	Cheshire cat

- 게임 (역번역 없음. 활동 15. Questioning Images 의 삽화 참조)

poker cards (ch. 8)	Spanish cards (ch. 8)	poker cards (ch. 8)

② 사회관련 용어

– 문학

'How doth the little...'(38)	'Què li donarem a la pastoreta...?'(18)	'Què fa el petit..?'(20)
'You are old, Father William...'(69) (parody of a poem by Southey)	...versos de Mossèn Cinto (50)	'Sou vell, Pare Guillem...(47)

역번역

'How doth the little...'	'What shall we give the little shepherdesss...? (a Catalan nursery song)	'What does the little...?
'You are old, Father William...'	...Father Cinto' verses... (reference to the Catalan poet Mossén Jacint Verdaguer)	You are old, Father William...'

– 역사

William the Conqueror (41)	Napoleó (23)	Guillem el Conqueridor (23)

역번역

William the Conqueror	Napoleon	William the Conqueror

③ 언어관련 용어

...she quite forgot how to speak good English (35)	...s'blidà de parlar català fí (15)	...no es va adonar que li fallava la gramàtica (17)

역번역

...she quite forgot how to speak good English	...she forgot to speak good Catalan	...she didn't realise that her grammar was incorrect

b. 학생들은 자국화 혹은 이국화 된 번역과, 번역서가 출판된 당시의 역사적, 정치적 상황에 관해 토의해본다.

3회차

a. 세 명씩 그룹을 정해 원문을 적어도 한 페이지 이상 분석한다. 처음에는 영어로 쓰인 원문을 분석하고 다음에는 번역본 가운데 두 개의 텍스트를 분석한다. 본인이 관찰한 텍스트의 주요 특징들을 메모한 후에 반 전체가 이에 관해 토의해본다. 이전의 그룹에서 두 명씩 함께 움직여 6-7명이 새로운 그룹을 정하고서 텍스트의 특징을 토의해보아도 좋다.

b. 마지막에, 학생들은 두 번역본을 제출하는데 하나는 자국화 전략을, 다른 하나는 이국화 전략을 사용한 번역문이다. 학생들은 각각의 역자 서문에서 본인들의 번역 전략을 설명하고 그 전략이 타당한 이유도 함께 설명해야 한다. 이 활동은 개별적으로 할 수도 있고, 처음 세 명이 이루었던 그룹별로 해도 좋다.

활동 15 삽화에 대한 고찰

♣ 텍스트의 비언어적 요소는 어떻게 처리해야 할까? 비언어적 요소도 "번역이 되어야" 할까? 카너가 번역한 『이상한 나라의 앨리스』에서는 비언어적 요소가 분명히 번역이 되었다. 원문의 테니엘(Tenniel)의 삽화 대신 앙글라다(L. Anglada, 1892–1984)가 그린 그림을 넣어 독자들을 카탈로니아와 지중해의 분위기로 이끌었고 결과적으로 텍스트를 자국화하려는 경향을 의식적으로 강조하였다. 반면에 올리바의 번역본에서는 테니엘의 삽화를 그대로 유지하여 이국화 전략을 보여주었다.

목표

- 삽화가 번역사나 출판사의 의도를 어떻게 부각할 수 있는지 탐구
- 삽화의 역할과 삽화의 번역 여부 고찰

수준

모든 단계

그룹 구성

개별, 4-5인 1조, 반 전체

소요 시간

60분

진행 방법

a. 텍스트는 동일하나 삽화는 다른 다양한 번역본을 학생들이 찾아 온다. 원문의 다른 삽화들에 관해서도 토의해 볼 수 있다.

b. 4-5명이 그룹을 이루어 서로 찾아온 번역본들을 한데 모은 뒤, 반 전체 학생들에게 삽화를 보여주고 본인들의 생각을 이야기한다.

사례

카너와 올리바의 번역본에서 삽화가 독자에게 주는 다른 느낌은 다음과 같다.

사례 1. 캐롤 작품의 기저에 깔린 악몽같고 얼토당토 않은 분위기는 테니엘이 그린 '정신 나간 모자 장수'에서 분명히 느낄 수 있다. 기괴하고 어릿광대 같은 모자 장수가 앙글라다의 그림에서는 19세기 카탈로니아의 저명한 신사로 탈바꿈했다. 티 파티에 등장하는 다른 인물들도 한결 부드럽게 바뀌었고 영국의 시골집이 지중해의 침엽수, 과실수로 둘러싸인 카탈로니아의 masia(시골집)으로 바뀌었다. 한편 티 파티는 pati de masia(시골집의 정원)에서 즐기는 berenar(오후의 간식) 시간으로 대체되었다. 카너는 번역문에서는 l'ora del te(티 타임)라고 썼지만 삽화에서는 차 주전자가 카탈로니아에서 훨씬 흔히 마시는 커피 주전자로 바뀌어서 텍스트와 삽화가 서로 일치하지 않게 되었다.

사례 2. 게임과 관련해서는 스페인의 트럼프 카드로 바꾸어 자국화 의도를 분명히 보여주었다. 그러나 카드의 네 가지 무늬를 가지고 각각 직업과 연관 지어 이름 붙인 캐롤의 말장난은 두 번역사 모두가 살리지 못하였다.

과업 13 치카나: 국경을 넘어

♣ 접경(*frontera*) 이론에서는 번역을 둘 이상의 문화를 연결하여 새로운 것을 알게 해주는 현상으로 분석한다. 치카나(멕시코계 미국여성: 옮긴이) 작가인 산드라 시스네로스(Sandra Cisneros)는 스페인어의 통사 구조와 어휘를 영어 텍스트에 결합하거나, 영어의 통사 구조와 어휘를 스페인어 텍스트에 결합하였다. 그렇게 함으로써 사람들이 두 문화권에 모두 속할 때 느끼게 되는, 상반된 동시에 보완적인 묘한 느낌을 불러일으킨다. 이들 작품을 번역한 캐롤 마이어(Carol Maier)나 릴리아나 발렌수엘라(Liliana Valenzuela)와 같은 번역사들도 텍스트가 주는 그런 느낌을 공유한다. 접경 이론은 상반되고 대조적인 상황이 공존하는 곳이라면 그 어디에라도 적용될 수 있다. 두 문화권에 속해 있는 것, 이중 언어 구사자로 산다는 것, 남성 위주의 세계에서 여성으로 산다는 것 등이 그 좋은 예일 것이다(고다욜, 2000, 2003; 레빈(Levine), 1991 참조).

목표

- 두 언어 간의 교차점 고찰
- 다중언어 맥락에서 언어 내 번역 고찰
- 문화적 간극을 메우는 방법과 차이점을 없애는 것이 아니라 부각하는 방법 고찰
- 의사 결정 연습

- 이러한 맥락에서 번역하는 방법 모색: 문제 발견 및 해결, 번역사의 주관성, 창의력, 감정이입, 취사선택, 양식통일 등

수준

상급

소요 시간

2시간씩 4회

진행 방법

1회차

a. 짝을 지어 학생들은 부호전환 능력을 활성화하기 위해 이중 언어로 읽기를 진행한다(활동 56. 이중 언어가 뒤섞인 텍스트 참조). 다 읽고 나서 읽은 내용을 모국어로 적는다.

b. 적은 내용을 다른 그룹에 전달한다. 각 학생들은 다른 그룹에서 받은 내용을 제2 외국어로 번역한다.

c. 두 그룹이 모여 앉아 구조, 어휘, 스타일 등에서 달라진 점을 논의한다.

d. 학생들은 다음 수업 시간까지 치카나 작가들이 쓴 글과 관련 문헌을 찾아온다.

2회차

a. 학생들은 수업 자료로 치카나 작가가 쓴 텍스트를 받는다. 이번 수업에서는 산드라 시스네로스의 작품을 다룬다. 학생들이 직접 찾아온 텍스트를 가지고 짝과 함께 활동을 해도 좋다.

b. 교수와 학생들은 배경지식 관련자료, 참고도서, 찾아온 번역본들을 공유한다(고다욜, 1996; 마이어, 1994, 1996; 로빈슨, 1995; 발렌수엘

라, 1996 참조).

c. 텍스트를 읽고 두 언어 간에 교차하는 접점들, 예를 들어 구조적·어휘적 전환, 모사 등의 사례를 찾아본다.

d. 위의 접점들을 처음에는 집에서 각자가, 나중에는 수업 중에 두세 명이 함께 번역해본다.

3회차

a. 학생들은 본인들의 번역을 전문 번역사의 번역과 비교해 보고 활자, 배치 등에서 어떻게 다른지 살펴본다. 학생들이 전문가의 번역본을 미리 받아 살펴올 수도 있다(아래 번역 사례 참조).

b. 전체 토론을 시작한다.

c. 각자가, 또는 짝과 함께, 학생들이 한 가지 언어로 글을 써서 텍스트를 작성하되 모국어와 제2 외국어의 특징을 섞어서 써본다.

4회차

a. 학생들은 본인이 쓴 텍스트를 다른 학생이나 다른 그룹이 번역하도록 전달한다.

b. "저자"와 "번역사"가 함께 앉아 논의한다.

c. 마지막에 각 학생들은 작업한 모든 텍스트와, 번역 과정과 결과물에 관해 고찰한 보고서를 함께 제출한다. 과정과 결과물에 관해서는 3-4명씩 그룹을 지어 주요사항 중심으로 논의한 뒤에 전체 토론을 해보아도 좋다. 이러한 방식을 활용하면 모든 학생들에게 적어도 한 번씩은 자기 의견을 밝힐 기회가 주어져, 전체 토론시간이 더욱 효과적으로 진행될 수 있다.

예시 **원문 예**

참고. 학생들이 이탤릭체를 사용한 부분이나 모사한 표현 등에 주의하도록 한다.

Woman Hollering Creek and Other Stories by Sandra Cisneros (1992)

Los Acknowledgments

Mi Querido Público,

Some of the early stories in this collection were written /while I was living in the guest bedroom of my brother and hermana-in-law' house, Alfred Cisneros, Jr. and Julie Parrales-Cisneros. /For the open-door policy, /for the luxury of that room when I needed to be a writer, thank you.

Gracias to my mother, la smart cookie, my S&L financial bailout more times than I' like to admit.

To the National Endowment for the Arts/ for twice /saving me in one lifetime.

Thank you. Always, thank you. My life, my writing, have never been the same since.

Riubén, late or early, una vez o siempre –gracias.

번역 예

El arroyo de la Llorona by Liliana Valenzuela (1996)

Mi querido público,

Algunos de los primeros cuentos de esta antología los escribí mientras vivía en el cuarto de huéspedes de la casa de mi hermano y mi cuñada, Alfred Cisneros, Jr., y Julie Parrales-Cisneros. Por el libre acceso, por el lujo de ese cuarto cuando necesitaba ser una escritora, gracias.

Gracias a mi madre, la smart cookie, mi S&L financial bailment más veces de las que me gustaría admitir.

Al National Endowment of the Arts por salvarme dos veces en esta vida. Thank you. Siempre, gracias.Mi vida, mi escritura, nunca han sido lo mismo a partir de entonces.

Rubén, late or early, una vez o siempre –gracias.

활동 16 누가 누구?: 남성을 위한 문학인가? 여성을 위한 문학인가?

♣ 젠더 연구에서는 '부정한 미녀들(les belles infidèles)' 에서와 같이 원문과 번역물을 남성적/여성적, 남편/아내, 지배적/피지배적으로 암시하는 남성중심의 은유에 분연히 반대한다. 지배적인 이미지는 탈식민시대의 작품에서 드러나는 이미지와 유사하고 데리다(1979, 1985)가 주장한 원문의 권위를 전복한다는 개념에서 그 기원을 찾을 수 있다. 원문의 권위가 전복되니 어떤 것에 충실할 필요가 있는지에 대한 의문이 제기되었고 충실성 대신에 저자와 번역사 간의 동등한 관계가 강조되었다. 이러한 변화가 실질적인 영향을 미쳐 번역사의 지위가 점차 향상되었고, 번역사 스스로가 본인의 작업을 이차적이거나 부차적이라고 여기지 않게 되었다.

목표

- 스릴러 소설과 로맨스 소설의 특징 고찰
- 대중 소설의 전형적인 특성 파악
- 번역본에 나타난 다른 관점 고찰
- 대중 소설의 주된 특성을 분석한 후 번역 연습

- 급우 간에 교정 연습
- 검색 능력 함양, 특히 병렬 텍스트 활용

수준

중급, 상급

그룹 구성

개별, 2인 1조

소요 시간

2시간씩 2회

진행 방법

1회차

a. 본 주제를 다루기 일주일 전에 학생들은 스릴러 소설(주로 남성 독자용)과 로맨스 소설(주로 여성 독자용)의 원서과 번역서를 각각 찾아 놓는다.

b. 두 명씩 짝을 지어 학생들은 본인들이 찾아온 두 가지 책의 제목, 첫 번째 페이지, 마지막 페이지를 읽고 글의 문체와 내용을 논의한다. 그 두 권 사이에 차이점이 있는가? 다음의 설명과 사례를 출발점으로 삼아 소그룹 또는 반 전체 토론을 진행해도 좋을 것이다(라코프(Lakoff), 2000; 라코프와 쉐르(Scherr), 1975; 밀스(Mills), 1997; 내쉬(Nash), 1990; 태넌(Tannen), 1990 참조).

♣ 스릴러 소설에서는 주인공이 아주 복잡하게 꼬인 문제들을 해결해 낼 수 있는 과학 방면의 "전문가"가 된다. 더욱이 주인공 '혼자'서 이 일을 해낸다. 문체는 기사체이고, 사건은 독특한 방식으로 묘사되어 독자

들은 마치 이야기의 "내부자" 가 된 듯한 느낌을 받는다. 주인공이 풀어야 할 문제가 어마어마한데, 그 상황과 해결 방법이 낱낱이 기술되어 있다. 마치 물품 재고 목록를 보는 듯하다.

사례

Red Alert by Alastair MacNeill (1991) (첫 문단임)

Neo-Chem Industries Italian plant was situated near the A24 motorway, halfway between Rome and Tivoli. The complex, hidden from the road by a pine grove planted in the 1950s when the land belonged to the army, was surrounded by a 15-foot perimeter fence and patrolled by armed guards, most of whom were ex-policemen lured away from the Carabinieri by the company' lucrative wage prospects.

♣ 여성 로맨스 소설의 핵심은 등장 인물이 느끼는 감정과 각 인물들 간에 설정된 관계이다. 이를 전달하기 위하여 기본적으로 다음의 요소들이 묘사된다. '외모' 묘사(드레스, 거울, 특히 얼굴 생김새), '배경' 묘사(풍경, 저택, 정원, 소품), '행동' 묘사(걸음, 바라봄, 반응함), '감정'과 '감각' 묘사(정신적, 육체적) 등이 여기에 해당한다.

사례

Tilly Trotter Widowed (첫 문단임) by Catherine Cookson (1982)

Mrs. Matilda Sopwith stood against the ship' rail and watched the waters darken as the sun slipped behind the rim of the horizon (...) She swung her mind away from her husband and sent it spinning fast into the future that would begin on the morrow when the boat docked. She' be met by her brother-in-law, John Sopwith, and his wife, Anna, both young, little more than a boy and a girl, at least to her mind; and there was no doubt that they would shower her with affection because she knew they were truly fond of her, for hadn' she been the means of bringing them together; two people who felt themselves scarred with defects over which they had no control, for what control had a young girl over hideous birthmarks? Perhaps in the man' case there was some measure for control for his cross was merely a bad stammer.

c. 학생들은 본인들 나라의 같은 장르 작품에서 위의 사항들이 어떻게 같거나 다른지 논의해본다.

2회차

a. 학생들은 아래와 같은 종류의 연습 문제를 받아 각 질문에 답한다.

b. 기타 방법 1. 스릴러 소설과 로맨스 소설의 첫 번째 장을 각각 번역한 뒤, 번역문을 짝과 바꾸어 교정해본다.

사례

연습 문제 사례

1. 다음의 문장들은 스릴러물와 로맨스물 중 어디에서 나올까? 그렇게 생각하는 이유를 설명한 후에 이데올로기, 어휘, 문체를 염두에 두고 번역해보시오.
   a. "I'll be back"
   b. Last night I dreamt I went to Manderley again. It seemed to me I stood by the iron gate leading to the drive, and for a while I could not enter, for the way was barred to me.
   c. "My dear,"said Axel tome in a voice of ice. "I have asked you twice to leave the room. I trust I do not have to ask you a third time."
   d. In a broad Moscow street not two hundred yards from the Leningrad station, on the upper floor of an ornate and hideous hotel built by Stalin in the style known to the Moscovites as Empire During the

Plague, the British Council' first ever audio fair for the teaching of the English language and the spread of British culture was grinding to its excruciating end.

e. Emma Woodhouse, handsome, clever, and rich, with a comfortable home and a happy disposition, seemed to unite some of the best blessings of existence; and had lived nearly twenty-one years in the world with very little to distress or vex her.

f. There were four of us –George, and William Samuel Harris, and myself, and Montmorency. We were sitting in my room, smoking, and talking about how bad we were –bad from a medical point of view, of course.

정답: a. 제임스 카메론의 『터미네이터』에서 아놀드 슈왈츠제네거의 대사
b. 『레베카』 대프니 듀 모리에 지음
c. 『수의에 싸인 벽』 수잔 호왓치 지음
d. 『러시아 하우스』 존 르 카레 지음
e. 『엠마』 제인 오스틴 지음
f. 『보트 위의 세 남자』 제롬 K. 제롬 지음

2. 스릴러 소설에서 한 편, 로맨스 소설에서 한 편, 총 두 편을 골라 내용 중 일부를 발췌하여 영어로 다시 써보거나, '서로 반대편 관점'에서 번역해본다.

3. 피터 토마스(Peter Thomas)가 쓴 Romance in Cartlandia(『카틀란디아의 로맨스』)를 읽고 번역해본다. 본인이 활용해보고 싶은 번역 방법이 있으면 교수님과 상의해 보아도 좋다.

Romance in Cartlandia by Peter Thomas (발췌문)

THERE'S a theory that romantic fiction provides escapism from the grimness of real life. Forget it. Look into the novels of Barbara Cartland and you know romance means imprisonment.
In Cartlandia "escape"is always into the clutch of a patronising male. This has nothing to do with Love. Her heroines are fragile, vulnerable dimwits, and her heroes are dominant, square-shouldered and strong. And a woman needs a protecting man.
It's not just in plot and character that the fiction is steeped in cliché. Gender permeates the language, too. In Cartlandian narrative even the prepositions reinforce the stereotypes. The girl is always looking up into the guy' eyes and he is always looking down into hers. His arms are always around her and her hands are upon his chest or reaching up to his neck. When it comes to passionate encounters of the labial kind, his lips are always on hers. What pretends to be romance is really the uniting of male

superiority with female inferiority: the prepositions reflect the propositions...
In Cartlandia, worry ends once a man takes charge, dispelling anxiety with a telling gesture: "e reached out his hand and, cupping it beneath her little chin, tipped back her head so that he could look into her eyes."
Women are infantilised in persisitent gestures such as wiping tears from her face, holding her sobbing frame, gripping her hand reassuringly. When he murmurs "My foolish little thing" it is meant as an endearment. A happy ending is signalled by: "I shall teach you not to be afraid of love or afraid of me."
There's a mercenary edge to all this. The amorous and the economic combine in a trade of maidenly coyness for the security of a wealthy patron. The novels (over 300) may be called Love Forbidden or The Dream Within, but all are the same –and the title is "Thick Little Tart Gets Rich Thick Jerk."

과업 14 정치적으로 올바른 번역

♣ 번역은 정치적 저항의 표시로, 또는 통제가 필요하거나 통제 수단으로 활용될 수 있는 위험하고 공격적인 활동으로 여겨져 왔다. 라틴어 텍스트를 자국어로 옮기면 고문이나 화형을 당할 수도 있었던 중세 시대부터, 현대사회에서도 살만 루시디의 『악마의 시』를 번역한 번역사들은 위협을 당하고 심지어 살해당하기도 했다. 번역문과 원문에서 생략되거나 달라진 부분을 검열하는 것은 번역학에서 새로이 연구되는 또 하나의 분야이다. 일례로 1940년대에 리치멀 크롬프턴(Richmal Crompton)이 쓴 Just William(『딱 윌리암』) 시리즈의 스페인어 번역서에서는 윌리암이 가지고 있던 로마황제에 관한 책이 "idas de santos(성인들의 삶)"에 관한 책으로 바뀌었고, 검열자의 "... 무례하다. 주인공 성격이 스페인에서 보기에는 불손하다"는 비평도 실렸다(크레이그, 1998, p.159). 아동 및 청소년 문학은 늘 주변 문학으로 취급되어 왔으나 역설적으로 이들 문학이야말로 선량하거나 비판적인 시민을 키워내는데 가장 중요한 역할을 담당해 왔다. 최근 빠르게 번지고 있는 정치적 올바름(political correctness)도 그 고귀한 목적에도 불구하고 이러한 검열

의 덫에, 아니면 적어도 엘리트주의의 덫에 걸릴 수가 있다. 즉, 누구의 이데올로기를 대변하는가? 이것이 모두에게 해당할 여지가 있는가? 포세트(P. Fawcett)가 쓴 다음의 글을 읽어보자 (1998, p.110):

> 고전주의의 보편성이 낭만주의 시대의 개인주의로 바뀐 것처럼, 개인주의는 다시 집단주의에 그 자리를 내어줄지도 모른다. 집단주의에서는 각 집단마다 자신들 고유의 번역을 원할 것이며 그 번역에서 원문의 단어들은 (...) 해체주의, 여성위주, 윤리주의, 동성애자 양산 등의 포스트모던한 번역으로 바뀌던가, 그렇지 않으면 상호 불쾌감을 유발하지 말아야 한다는 필요성을 받아들이게 될 것이다.

목표

- 정치적으로 올바른 텍스트와 최근 경향 인지
- 출발어 사회와 도착어 사회의 정치적 올바름 운동 양상 비교
- 두 사회에서 정치적으로 올바른 언어 파악
- 정치적으로 올바른 텍스트나 풍자물 번역: 문제점 발견 및 해결 방안 탐구
- 검색 능력을 함양하고 병렬 텍스트 활용

수준

중급, 상급

소요 시간

2시간씩 3회

그룹 구성

개별, 3-4인 1조

진행 방법

0회차

a. 학생들은 정치적 올바름에 대해 배경 지식을 익힐 수 있는 참고 자료를 읽어온다. 정치적으로 올바른 언어와 관련해서 발생한 사건들에 관해 알아보고, 수업 시간에 서로 정보를 교환할 수 있도록 찾은 내용을 적어온다.

1회차

a. 사용하는 언어의 변화가 사고방식의 변화를 보여주는 분야에는 어떤 분야가 있는지 이야기해본다.

b. 학생들은 정치적으로 올바른 단어와 표현 목록을 받은 뒤 각각의 의미를 유추해본다. 도착어로 적절한 대응어를 찾아보거나, 찾지 못하면 번역을 해본다. 정치적 올바름을 보여줄 수 있는 동화를 "번역"해 보아도 좋다. 다음의 예를 살펴보자.

사례 1

housewife	domestic artist / domestic incarceration survivor (!)
unemployed	involuntarily leisured
false teeth	alternative dentition
addiction	pharmacological preference
boring	charm-free
late	temporally challenged
shoplifter	non-traditional shopper
bald	folicularly challenged / hair disadvantaged

사례 2

http://www.btinternet.com/~knutty.knights/bears.html

Yellow-pigmented Follicles and the Three Ursus

A Politically Corrected Fairy Story

Once upon a chronological displacement 1, there lived in a forest, three nonhuman animals of the ursus genus 2. There was a patriarchal 3 ursus of substance 4, his significant other 5 and their vertically inconvenienced 6 and experientially challenged 7 consequence of the social reproduction of the labour force 8.

KEY: 1. 시간; 2. 곰들; 3. 아버지; 4. 큰; 5. 아내; 6. 키가 작은; 7. 어린; 8. 아기 (또는 새끼)

c. 학생들은 세 명씩 그룹을 정해 비슷한 목록을 준비한다.
d. 자기 그룹의 목록을 다른 그룹에 주고 목록을 받은 그룹의 학생들은 위의 b단계를 다시 한 번 수행한다.
e. 목록을 다 작성하면 두 그룹이 함께 앉아 흥미로운 부분들을 토론한다.
f. 반 전체 브레인스토밍 시간에 가장 까다롭거나, 이해 안 되거나, 재미있는 단어와 표현들을 칠판에 적는다. 한 학기동안 반 학생들이 온라인상에서 목록을 공유하고 계속 추가할 수도 있다(과업 10. 다양한 번역안을 살펴보기: 온라인 목록 공유 참조).

2회차. 1분 동화 번역

a. 이번 수업에서는 잘 알려진 동화를 활용하여 활동을 진행한다. 어떤 동화를 선택해도 좋다.
b. 학생들에게 수업 시간에 다룰 특정 동화의 내용을 기억하는지 물어본다. 이어지는 브레인스토밍 시간에 학생들은 이야기에서 벌어지는 사건을 순서대로 나열해본다. 이야기에 나오는 어휘를 칠판에 적는데 이 단계에서는 수업에서 사용하는 한 가지 언어로만 적는다.
c. 학생들은 두 세 명씩 그룹으로 앉아 서로에게 동화의 내용을 들려

주기 시작한다. 각 학생이 1분씩 교대로 이야기한다. 브레인스토밍 시간에 사용했던 언어 말고 '다른' 언어로 내용을 설명한다.

d. 다 마치면 문제가 되는 단어나 표현들을 적고 이에 대해 반 전체가 토론하는 시간을 갖는다.

e. 다음 시간까지 학생들은 제임스 가너(James Garner)의 『자기 전에 읽는 정치적으로 올바른 이야기』(1994) 등의 책에서 동화를 한 편 골라 읽어온다.

3회차

a. 세 명씩 그룹을 지어 각자가 찾아온 동화를 번역하고 2회차 수업에서 다루었던 보다 전통적인 동화와 비교해본다.

b. 이번에는 세 명씩 새로운 그룹을 정하여 각자의 번역을 비교하고 토론해본다.

c. 가능하면 본인들의 번역을 출판된 전문가의 번역과 비교해본다.

d. 끝으로, 위에서 소개한 피터 포세트의 글에 대해 처음에는 그룹별로, 나중에는 반 전체가 토론시간을 갖는다.

♣ 학생들에게 최근의 상황을 잘 이해시키기 위한 한 가지 방법으로 홈즈(J. Holmes)가 작성한 최초의 번역학 지도(1972/1988)를 살펴볼 수 있다. 비록 투리(1995)나 우르타도(1999) 같은 학자가 후에 조금씩 수정을 하기는 했지만 여전히 홈즈의 지도는 이 분야의 영원한 고전이기 때문에, 원래의 형태 그대로 살펴볼 가치가 있다(이 지도에 관한 논의는 베이커, 1998, p.277–279 참조).

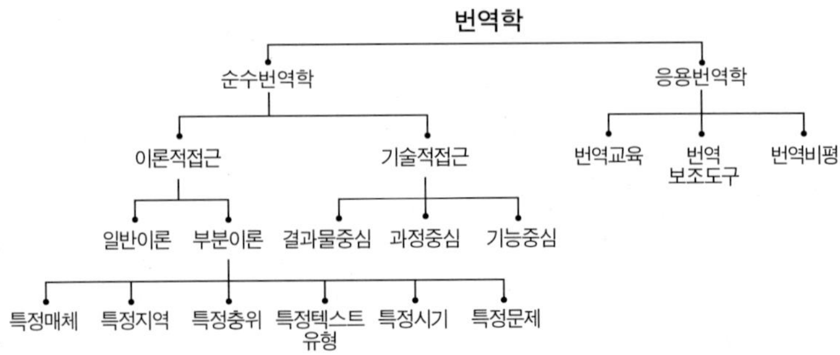

1.3 충실성의 정도: 얼마나 충실해 질 수 있을까?

♣ 얼마나 불가능해야 불가능하다고 할까? 그 악명 높은 "번역자는 반역자(traduttore, tradittore)"라는 비판에도 불구하고 번역은 늘 이루어지고 있다. 그리고 별 문제가 없다. 오늘날 번역학이 대학 차원에서 활발히 연구되면서 번역 작업의 기저에 깔린 번역 과정에 관심이 모아지고 있다. 번역 작업은 유머, 시, 문화적 표현과 같은 '번역이 불가능한 것'들로 인해 흥미진진하면서도 한층 까다로워진다.

기본적으로, 다음의 두 개의 연속선이 번역사가 겪는 딜레마를 보여준다.

1. 불가능 ―――――――――――――――――――――――――― 가능

2. 직역 ―――――――――――――――――――――――――― 의역

학생들에게 번역할 때 선택의 폭을 넓혀주기 위하여 오늘날에는 의역에서 한 걸음 더 나아가는 "해방적 번역"이 있다는 사실을 환기시켜 주어도 좋을 것이다. 이 번역의 기본 개념은 발화자는 의식적으로 규범을 깰 수 있고 각자 언어를 사용하는 방법에 책임을 질 수 있다는 것이

다(체스터만, 2000).

활동 17 우리가 같은 그림을 말하고 있나요?

목표

- 같은 사물을 설명하는 다양한 방법을 인식
- 그림을 해석할 때 충실성의 정도를 논의
- 주관성이 번역에 미치는 영향을 토론

수준

모든 학생

그룹 구성

개별, 반 전체

소요 시간

30분

진행 방법

a. 교수가 칠판에 간단한 설명(로알드 달의 책을 토대로 만든 영화 "마틸다" 등)이 곁들여진 간단한 그림(존이라는 이름의 웃는 얼굴 등)을 그린다.

b. 학생들은 그림의 웃는 얼굴이 무슨 생각을 하는 것 같은지 각자의 생각을 적는다.

c. 서로의 해석을 비교한 후에 번역사의 주관성, 해석의 다양한 차원, 개인적·문화적 해석 등에 관해 토의한다. 어느 한 가지 해석 말고 나머지 해석은 틀리다고 할 수 있는 정확한 한 가지의 해석이 있을까? 그런 한 가지 해석이 있다면 다른 해석과의 그러한 차이를 만드는 것은 무엇인가? 언어적 관점에서도 그와 같은 방식으로 표현되어야 할까?

사례 〉 **학생들 해석 사례**

- 존은 월요일에 영화 〈마틸다〉를 보고 싶다.
- 존은 월요일에 영화관에 갔다.
- 존은 월요일에 〈마틸다〉를 보고 싶다고 생각했다.
- 월요일에, 존은 〈마틸다〉를 보러 가고 싶다.
- 존은 마틸다를 보고 싶다. (한 학생은 이들이 영화의 두 주인공이라고 해석했다)

♣ 같은 것을 설명하는데 서로 다른 문장들을 사용하는 경우가 흔히 있다. 참여자들이 모두 객관적으로 비슷한 경험을 겪었다면 어떻게 그 문장들이 달라질 수 있을까? 이는 빙산의 일각에 불과하긴 하지만 정신 활동이란 것이 얼마나 복잡한지와, 정확한 번역을 찾는다는 것이 얼마나 헛된 노력인지를 여실히 보여준다. 무엇이 정확한 것인가? 무엇이 충실한 것인가? 분명히 위의 모든 문장들은 정확하고 충실하게 그림을 옮겼다. 여기에서 알 수 있는 사실은 이상적인 번역이나 일대일 대응 번역을 찾다보면 결국 막다른 골목에 이르게 되지만, 유연성과 창의력을 발휘하면 의사 소통이 용이해지고 텍스트의 메시지가 제대로 전달되며 원문의 '효과'(희극적, 극적 등)가 비슷하게 유지된다는 것이다.

그렇다면 번역은 정확한 등가어를 찾는 작업이 아닌 '의사 소통' 과정으로 이해해야 할 것이다. 물론 두 언어와 문화가 본질적으로 연관되어 있기 때문에 번역상의 손실이 불가피하게 발생하는 경우도 있겠지만, 의사 소통에 도움이 되지 않는 세세한 사항을 두고 논쟁할 필요는 없어 보인다. 그러나 희극을 자국화해서 번역하는 경우와 같이 특정 상황에서는 번안을 번역 방법으로 의식적으로 선택할 수 있다. 이를 두고 번역상의 손실로 오인해서는 안 될 것이다. 앞에서 언급했듯이 번역문은 원문과의 차이가 가능한 적어야 하고 일관성이 있어야 한다. 요즘 많은 사람들이 번역에 대한 비판을 심심풀이 놀이처럼 즐기는 것을 볼 수 있다. 비판을 하기 전에 대부분의 번역 작업이 매우 촉박한 시한 내에 이루어진다는 사실을 반드시 기억해야 한다. 물론 상황이 그렇다고 해서 모든 오역과 어이없는 실수들을 합리화할 수는 없지만, 실무자들의 번역 환경이 지금보다 나아져야 한다는 점은 분명히 말할 수 있다.

다시 본론으로 돌아가, 다양한 번역 방법을 하나의 연속선으로 보여주면 학생들이 번역을 할 때 충실성의 정도와 관련하여 출발점을 제대로 설정할 수 있을 것이다. 다음의 예를 살펴보자.

부호 중심 번역 ——————————————— 의미 중심 번역

뢰르셔(1992)가 제안한 이 연속선을 보여주는 이유는 간단하다. 뢰르셔는 외국어를 전공한 학생들의 번역 특징을 관찰한 몇 안 되는 학자들 중의 한 사람으로, 대상 학생들은 통역번역대학의 1-2학년 학생들이나 제2 외국어 수업을 듣는 학생들이었다. 이 시점에서는 언론매체의 번역에서나 학생들 본인의 번역, 또는 출판된 번역문 등에서 오역들을 찾아서 보여주면, 텍스트의 언어적 측면만 고려하면 어떤 함정에 빠질

수 있는지를 구체적으로 알려줄 수 있다. 충실성의 정도와 연관된 첫 번째 활동은 다음과 같다.

활동 18 다양한 오역

목표

- 직역의 위험성 고찰
- 번역에서 단어 뿐 아니라 텍스트와 맥락의 중요성 인지
- 다양한 번역 대안 모색
- 오역이 발생한 과정을 고찰하고 번역문 교정
- 부호 번역이나 문자 번역 같은 번역상의 쟁점들을 토론하고 선호하는 번역 방법의 이유 제시
- 검색 능력 함양
- 번역상 문제가 될 부분을 발견하고 해결
- 간섭 현상 해결
- 간접 번역 및 재번역 연습

수준

모든 학생

그룹 구성

2인 1조

소요 시간

60분

진행 방법

a. 교수와 학생들은 언론매체, 비문학/문학 출판 번역물, 표지, 안내판(사례 참조)등에서 발견한 오역들을 모아 코퍼스를 만든다. 오역 목록을 슬라이드나 종이에 적어 벽에 걸어놓아도 좋다.

b. 사례가 12-15개 정도 모이면 슬라이드로 보여주거나 복사해서 두 명 씩 짝을 지은 학생들에게 프린트물로 나누어준다.

c. 두 명이 짝을 이뤄 다음 활동을 해 본다.

- 오역의 의미를 탈언어화하여 해석해 본다(비교해 볼 수 있는 원문이 항상 준비되어 있는 것은 아니므로 논리적으로 생각해서 추측해야 함을 기억하자).
- 역번역을 해본 뒤, 원래 메시지였을 내용과 오역의 원인(통사, 어휘, 문화적 원인, 사전의 부적절한 사용, 잘못 짝지어진 대응어쌍에서 부호에 집착한 경우 등)에 관해 반 전체가 논의해본다.
- 정확하게 다시 쓴다.

사례 (아래 오역은 모두 실제 사례임)

오역	원문으로 추정되는 텍스트	문제	번역 대안
a. Plates hots (공항 식당)	Comida caliente	어순 / 수 일치 / 원문의 영향	Hot meals
b. Combinated dishes (바닷가 휴양지 레스토랑)	Platos combinados	어휘적 모사 / 문화적 대응어 부재	Snacks
c. "Los ingleses celebran la noche del 31 generalmente en casa o en restaurantes. En las casas se suele ofrecer para cenar el "herry trifle" compuesto de jamón, frambuesas y jerez." (뱅가드 신문 1996) [The English generally celebrate the night of the 31st. at home or at a restaurant. At home, they usually offer "sherry trifle" made of [ham], raspberries and sherry.]	텍스트의 다른 부분은 문제가 없는데 셰리 트라이플(백포도주를 뿌린 스펀지 케이크에 잼, 과일 등을 넣어 만든 디저트: 옮긴이) 만드는 법에 나온"jam"을 오역하여 jamón" [ham]을 삽입	어휘 차원에서 대응어 부재. 유사한 발음.	mermelada

오역	원문으로 추정되는 텍스트	문제	번역 대안
d. "Me ha tomado años llegar a hacer el sillón confortable" (뱅가드 신문 1994)	It has taken me years to make the armchair comfortable	어휘적, 통사적 차원, 모사	Me ha costado años de esfuerzo que el sillón sea cómodo.
e. "He ido a San Mauricio para ver a Ester" (더빙: TV 시리즈 러브조이) [Gone to St. Maurice to see Esther]	벽난로 위에 놓인 메모지에 다음과 같은 글이 적혀 있다. "Gone to St. Maurice for Easter"	텍스트를 잘못 이해 유사한 발음	Easter= Semana Santa
f. "Tira de la ropa" (험프리 보가트 〈아프리카의 여왕〉) [Pull the clothes]	Pull the rope	어휘적 모사	Tira de la cuerda
g. "Els arbres semblaven centpeus enlairats" (윌리엄 골딩의 『파리 대왕』 학생 번역) [The trees looked like standing centipedes]	"The trees were 100 feet up in the air"	어휘와 의미 차원	Els arbres estaven a cent peus de terra
h. "Una vez me perdíen una guardería" (더빙 TV5: 불멸의 사람들 1994.8.23) [I once got lost in a (children's) nursery]	"I once got lost in a nursery"	어휘와 맥락 차원, 다의어	invernadero
i. No puedo esperar por otro pedido de medicinas" (TV1 닥터 퀸 1994.9.5)	"I can't wait for another medical dispatch"	어휘적, 통사적 모사	for = a (que llegue)
j. "En el año 17–cogími bolígrafo..."(로버트 루이스 스티븐슨의 『보물섬』 학생 번역) [In the year 17 –I picked up my ballpen. . .]	In the Lord's year 17–I take up my pen	문화-시대적 불일치	pluma
m. "Todo iba bien hasta que llegóel bendito fotógrafo" (광고)	All was well until the blessed photographer arrived	어휘적 모사, 오역된 단어 "blessed"의 반대 뉘앙스	Maldito
n. ¿Podrías hacer que él fuera como yo? Sólo un poquito... (하이디가 할아버지가 자기를 좋아하면 얼마나 좋을까 혼잣말을 하고 있음) TV5. 2000.7.30 [Could you make him be like me? Just a little bit. . .]	Could you make him like me?	다의어	¿Podrías hacer que me quisiera?

오역	원문으로 추정되는 텍스트	문제	번역 대안
o. 뉴욕타임즈 기자가 나타샤 리차드슨이 다음을 가지고 있다고 묘사함 "una seductora voz de husky" (개). 뱅가드 신문, 2001.8.5	A husky voice	사전에 충실한 번역-직역. 이중의미: husky - 개 종류, 목소리 묘사	Voz sensual, profunda.

이런 종류의 활동을 하면 학생들이 원문을 추측하는 연습을 해 볼 수 있어서 좋다. 이런 번역은 흔히 도착어로 -특히 영어를 모르는 독자에게- 의미가 거의 통하지 않거나 전혀 무의미한 단어 대 단어의 직역이다. 이런 번역을 접하게 되면 학생들은 다양한 간섭 현상(잘못 짝지어진 대응어쌍, 통사적 모사 등)을 인식하게 되어 유사한 함정에 빠지지 않도록 스스로 조심하게 된다. 교수자 입장에서 보자면 미리 주의를 주어 학생들을 무장시키는 셈이다.

학생들은 토론 끝에 두 가지 놀랄 만한 결론을 이끌어내곤 하는데 그 두 가지는 다음과 같다. 첫째, 흔히 도착어로 보다 자연스럽게 읽히는 번역은 '직역' 측면에서 가장 '충실하게 한' 번역이 아니라는 점이다. 둘째, "번역자는 반역자"라는 그 악명 높은 어구가 사실은 긍정적일 수도 있다는 점이다. 완성도 높은 문학 작품이란 다양한 차원에서 읽기가 가능한 작품이다. 그렇다면 하나의 작품이 여러 방식으로 해석될 수 있다는데 이견이 없을 것이다. 결과적으로 "반역"이 더 많이 행해질수록 작품의 질은 더 높아질 수도 있다.

위에서 논의한 내용 이외에 번역을 구분하는 다른 방법에는 번역과 이데올로기를 다룰 때 활용할 수 있는 내재적/외현적 번역, 언어 유희나 유머를 번역할 때의 가능한/불가능한 번역 등이 있다.

♣ 역사적으로 번역에 대한 접근 방법은 다음의 두 가지 패러다임을 고려하여 각자의 입장을 선택한 데서 비롯되었다. 첫 번째는 앞서 언급한 것처럼 번역이 가능한가, 불가능한가이고, 두 번째는 번역할 때 지향점

이 출발어 원문과 원문 저자인가, 도착어 문화와 번역문 독자인가이다. 이 두 가지 패러다임은 직역부터 의역까지 충실성의 정도와 직접 연관이 있다(베이커, 1998; 바스넷, 1981; 바스넷과 르페브레, 1998; 갈렌(Gallèn) 외, 2000; 겐츨러, 1993 참조).

스타이너가 "경험주의 시대"(1975/1992)라고 칭한 시기에, 키케로(Cicero, 106–43 BC)는 이미 번역을 할 때 non verbum de verbo, sed sensum exprimere de sensu (단어 대 단어가 아니라 의미 대 의미)로 번역할 필요가 있다고 적은 바 있다. 키케로의 주장은 로마 의학전문 번역사들이 그 뜻을 계승하고 후에 보이티우스(Boethius, AD 480–524)가 그 가르침을 소개했음에도 불구하고, 중세 시대에는 키케로의 주장과는 정반대되는 철두철미한 직역주의가 널리 퍼졌다. 당시 번역은 더 이상 시인이 해야 할 일이 아니고 철학가나 신학자가 해야 할 일이었다.

그러다가 번역과 번역의 위상에 엄청난 변화를 가져오는 두 가지 사건이 일어났다. 첫 번째는 라틴어 번역본에 자국어 주해를 포함한 결과로 10세기부터 자국어 문학의 부흥이 시작된 것이고, 두 번째는 15세기에 인쇄술이 발명된 것이다. 또한 무역과 예술 분야에서 교류가 활발해지면서 당시 공용어인 라틴어를 사용하지 않는 경우 번역이 더욱 중요하게 부각되었다. 민족국가의 성장을 상징하는 자국어가 정치에 미치는 영향이 점점 커지면서 저울의 눈금이 번역 쪽에 유리하게 기울었다. 16세기에는 보다 처방적이고 이론적으로 번역에 접근하였다. 번역 작업의 문제점에 관해 루터(Luther, 1483–1546)도 1530년에 언급하긴 했지만, 최초의 번역 이론가로 여겨지는 사람은 돌레(Dolet, 1509–1546)이다. 그는「하나의 언어를 또 하나의 언어로 잘 번역하는 방법(*La manière de bien traduire d'ne langue en aultre*)」이라는 논문에서 다음의 다섯 가지 번역 원칙을 밝혔다(1540) .

a. 번역사는 원문의 내용과 저자의 의도를 이해해야 하고 독자를 위해 의심스

러운 부분은 명확히 할 수 있다.

b. 번역사는 출발어와 도착어 양 언어에 모두 능숙해야 한다.
c. 번역사는 단어 대 단어 번역을 하지 않아야 한다.
d. 번역사는 '자연스러운' 언어를 사용해야 한다.
e. 번역사는 적절한 어투를 사용해야 한다.

한편, 현대 번역 이론에 가장 큰 영향력을 미친 사람은 드라이든(J. Dryden)으로 그는 「오비디우스 서한집 서문(*Preface to Ovid's Epistles*)」에서 충실성의 정도에 따라 번역을 다음의 세 가지 유형으로 구분하였다.

a. 옮겨쓰기: 단어 대 단어 번역
b. 바꿔쓰기: 의미 대 의미 번역
c. 모작: 번역사의 기준을 바탕으로 한 의역

그는 두 번째 유형을 가장 바람직한 모델로 제시하였다. 이러한 그의 아이디어는 스타이너(1975/1992)가 '철학적·시학적' 이라고 칭한 시대에 본격적으로 발전하였다. 이 시기의 선구적 이론가는 티틀러(Tytler), 슐라이어마허, 훔볼트(Humboldt)와 슐레겔(Schlegel)이었고 후에 가셋(O. y Gasset)과 리차드(I. A. Richards)가 연구를 이어갔다. 한편 이 시기의 연구 결과로 해석학의 토대가 마련되었는데, 해석학이란 텍스트를 이해하고, 텍스트 이면에 자리 잡은 정신에 도달하고, 그 정신에 의미를 부여하려는 시도라고 정의할 수 있다. 해석학자들에 따르면 텍스트에는 포착 가능한 정신이 담겨 있으므로, 원문이 원문독자에게 미치는 효과를 번역문도 번역문 독자에게 똑같이 전달해야 한다는 것이다. 그러다가 독일 낭만주의가 등장하며 번역을 바라보는 시각이 또 한 차례 크게 바뀌었다. 특히 괴테(1749–1832), 헤르더(Herder, 1744–1803)와 횔더린(Hölderlin, 1770–1843)은 텍스트에 정신이 존재한다는 주장을 토대로 번역의 가능성 자체에 의문을 제기하였다. 즉, 번역사가 텍스트의 정신을 유지하고 싶다면 직역이 유일한 해결책인데 그렇게 하면 도착어가 피해를 볼 것이고, 반대로 번역사가 번역문 독자를 고려하여 도착어로 자연스럽게 쓴다면 원문의 정신은 존중되지 않아 그저 또 하나의 버전을 만들어내는 것뿐이라는 주장이다. 좀처럼 해결이 나지 않는 이 문제에서 다음의 두 가지 중요한 문제를 생각해볼 수 있다.

1. 서로 반대되는 두 가지 번역 방법에 관한 문제이다. 한 가지 번역 방법은 텍스트의 이국화, 즉 새로운 종류의 도착어를 만들어내어 번역문 독자에게는 낯설지만 텍스트가 원래 외국 작품임을 환기시키며 원문의 정신을 유지하는 것이고, 또 한 가지 방법은 널리 각광받는 자국화 번역, 번역문이 자연스러워서 번역한 것처럼 읽히지 않아 좋긴 하나 원래의 정신은 손실되고 무엇보다도 번역사의 존재가 눈에 띄지 않는 방법이다.
2. 독일의 번역사 슐레겔(1767-1845)이 제기한 문제로 번역을 기계적인 노력과 창의적 노력 중 어느 것으로 볼 것인가 하는 문제이다. 즉, 기능이라고는 지식 전달이 전부인 순종적인 번역사가, 번역사는 개성, 창의력, 상상력, 시적 감수성을 지닌 도착어와 문학을 풍요롭게 하는 천재라고 예찬하는 상황에 직면하게 된 것이다.

번역 불가능론은 훔볼트(1767–1835)가 한층 더 발전시켰다. 그는 언어를 외부 현실과 의식의 내부구조 사이에 위치한 "제3의 우주"라고 생각했다. 즉, 그는 언어가 다르면 현실을 구분하는 방식도 다르기 때문에 전이가 불가능하다고 믿었다.

19세기는 영국의 의고주의 경향이 그 특징이라고 말할 수 있다. 당시 영국에서는 고대 영어를 모방한 언어를 사용해서 멀리 떨어진 시간과 공간을 전달하려고 했다. 이 즈음에는 제국주의적 시각, 자국화하거나 식민화하려는 시각으로 인해 이국화가 불가능했고 이러한 경향은 프랑스와 독일에서도 이어졌다. 또한 번역사의 지위가 격하된 시대여서 번역사는 원문과 번역문 간의 중개자에 불과하다고 생각하였다. 롱펠로우(Longfellow, 1807–1882)는 "저자가 말한 바를 단순히 보고만 하고 저자가 의미하는 바를 설명해서는 안 된다. 설명은 비평가가 할 일이다."라고 번역사의 역할을 제시한 바 있다(바스넷, 1991, p.72). 원문을 신성시하여 번역사의 개인적인 번역스타일은 뒷전으로 밀려났다.

20세기 들어 번역에 관한 이전의 연구들이 이 시대의 철학적, 문학적, 사회적, 경제적 변화에 맞추어 재조명되고 수정되었다. 스타이너(1975/1992)가 소위 "과학적"이고 전문적이라고 칭한 이 시기에, 논리와 언어적 전이를 중시하는 형식주의 운동(1장 참조)이 전개되어 기계 번역으로 나아가는 토대가 마련되었다.

1970년대와 1980년대에는 번역이 대부분 국가의 대학에서 학사과정으로 개설되면서, 그간 상반되거나 중복되는 이론을 제시했던 학자들이 참여하며 마침내 번역학이 통합되었다.

끝으로, 1990년대는 여전히 이전 시대의 이론을 재조명했지만, 번역 분야의 전문화 경향과 번역사를 가시화하려는 적극적인 노력이 두드러지는 시기라고 말할 수 있다. 문학 번역과 비문학 번역을 구분하여 번역 분야의 전문화가 이루어지고 번역학이 학문적으로 급속히 발전했다는 것은 번역의 세계가 보다 복잡하고 모순적이면서도 매력적인 분야라는 것을 의미한다. 20세기 전환기를 맞아 준비 작업이 끝나면 이러한 번역의 세계가 현실로 다가올 것이다.

1980년대 이래로 번역학 분야에서는 많은 일들이 벌어지고 있다. 번역은 두 언어 간의 단어 대 단어 치환이라고 간주하던 시대에서 출발하여 기나긴 시간에 걸쳐 발전을 거듭해 온 셈이다. 사실, 이러한 시각은 주로 문법 번역 추종자들이 가지고 있었고 번역 실무자나 연구자들은 그렇게 생각하지 않았다. 하팀과 메이슨의 말에 따르면 번역은 이제 주로 "의사 소통의 역동적 과정"으로 여겨진다. 여기에서 '의사 소통'이 핵심어이다. 번역사라면 누구나, 커뮤니케이션을 원활하게 하기 위해 모국어 메시지를 제2 외국어로 충실하게 전달하려면 유연성을 발휘해야만 한다는 것을 잘 알고 있다. 일례로 "Wet Paint!(칠 주의!: 옮긴이)"는 스페인어로 Pintura mojada(wet paint를 단어 대 단어 치환한 것)가 아니라 Recién pintado(직역하면 "최근에 칠한")이다.

텍스트의 목적과 독자가 누구냐에 따라 텍스트에 어느 정도 충실해야 할지가 달라진다. 전문 잡지에 실릴 기술 텍스트를 번역할 때는 농담, 시, 광고를 번역할 때와는 전혀 다른 번역 방법이 필요하다. 전자의 경우에는 허비(1995)가 말한 소위 '균형 잡힌 번역(아래 참조)'방법을 활용하여 번역문이 원문을 매우 가깝게 따라갈 것이고, 후자의 경우에는 독자의 반응이나 효과가 실제 사용된 어휘나 통사 구조보다 더 중요하여 번역사는 아마도 관용어적 번역이나 의역 쪽을 선택하게 될 것이다. 이러한 점을 보여주기 위하여 다음의 텍스트에 어떤 일이 벌어졌는지 살펴보자. 텍스트는 스페인 바르셀로나에서 올림픽이 개최되는 1992년에 바르셀로나에 사업을 유치하기 위하여 작성된 것이다.

원문: El País (1991.10.6)	번역문: The European (1991.10.6)
Barcelona se escribe con "de Beneficio (직역하자면, "Barcelona is written with a 'B' for Benefit")	Barcelona: it's spelt with 'B' for Business

전달해야 할 메시지에는 조금도 변화가 없다. 즉 '무엇을 말해야 했나'와 '누구에게 말해야 했나'라는 점에서는 변화가 없으나, 어휘적, 화용적 이유로 '어떻게 옮겨졌는가'에서는 달라졌다. 이 번역은 원문에 '불충실' 한가? 아니면 반대로 번역사가 원문의 어휘와 구조에서 벗어남으로서 오히려 더 충실한가? 이런 종류의 텍스트를 번역하려면 관용어를 활용하거나 의역(아래 참조)을 해야 하므로, 이런 종류의 활동을 통해서 학생들은 창의적 능력을 최대한 발휘할 수 있을 것이다.

허비(1995, p.13-14)가 제안한 다음의 연속선을 보자. 번역 수업 초기 단계에서 이 그림을 보여주면 번역에 대한 학생들의 생각을 정리해 줄 수 있고 학생들이 늘상 던지는 보편적인 질문에 답을 제시하는 데도 도움이 된다. 그 질문이란 바로 "원문에 얼마나 가깝게 번역해야 하죠?"이다. 이 질문에 대한 답은 아래 그림에서 보듯이 하나로 정해져 있지 않다.

	출발어 지향			도착어 지향	
행별 번역	직역	충실한 번역	균형적 번역	관용어적 번역	의역

행별 번역은 언어가 통사적 측면에서 어떤 구조를 띠는지 등을 이해하는데는 유용하지만 자연스럽게 읽히는 텍스트를 만들어내지는 못한다. A horse of a different colour를 이 방식으로 번역하면 Un caballo de un distinto color(distinto는 영어로 different: 옮긴이)이다.

직역은 도착어 쪽으로 한걸음 더 나아가 통사적으로는 '정확'한 번역이지만 모사를 만들어낼 수 있다.A horse of a different colour를 이 방식으로 번역하면 Un caballo de otro color(otro는 영어로 another: 옮긴이)이다.

충실한 번역은 보다 자연스러운 번역이지만 중립적인 입장에서 여전히 원문의 의미를 가깝게 따라간다. A horse of a different colour를 번역하면 Esto es diferente [이것은 다르다]이다.

균형적 번역은 번역문 독자에게 원문과 비슷한 효과를 전달하고자 한다. A horse of a different colour를 번역하면 Este es otro tema [이것은 다른 무엇이다]이다.

관용어적 번역은 번역문 독자에게 원문과 비슷한 효과를 전달하고 원문의 단어나 구조를 바꿀 수도 있다. A horse of a different colour를 번역하면 Harina de otro costal [다른 주머니에서 나온 밀가루] 이다.

의역은 메시지를 바꾸지 않으면서 같은 효과를 거두는 것을 강조한다. 문화적 표현이나 언어 유희 등은 바꿀 수 있다. 자비에 브루 데 살라(Xavier Bru de Sala)가 길버트와 설리반(Gilbert and Sullivan)의 희곡「펜잰스의 해적(The Pirates of Penzance)」을 번안한 번역이 바로 여기에 해당하는 예이다. 그는 공연 팜플렛에서 그렇게 번역한 이유를 밝혔다. 원문을 번역문 문화에 가깝게 하려고 그가 바꾼 사례는 다음과 같다.

원문	카탈로니아어 번역 (1997)
Penzance (England)	Costa Brava (Girona)
Victorian ladies	Catalan ladies who have studied at the exclusive school “Dames Negres”
Bobbies	“Els Quatre i el Cabo”(a colloquial expression for “Civil Guards”
Gilbert and Sullivan’s music	Occasionally, notes of a “sardana” have been added to the original music

이러한 방법이야말로 원문을 재창조해내는 참으로 창의적인 번역 방법이라고 말할 수 있다.

활동 19 역번역: 얼마나 충실할 수 있나?

목표

- 간섭 현상 인식
- 번역의 충실성과 다양한 번역 대안 고찰
- 번역 과정에서의 주관성과 제약 사항 인식
- 선택에 대한 이유를 제시하고 최종적으로 결정하는 방법 학습
- 간접 번역 연습

수준

모든 학생

그룹 구성

개별, 2인 1조

소요 시간

60분

진행 방법

a. 교수(또는 학생들)가 다양한 차원에서 문제를 보이는 번역문을 두세 개 찾아서 가지고 온다. 충실성의 정도에서 (위의 연속선 참조) 연속선상 어느 지점에 위치한 번역문이라도 좋다. 학생들이 역번역을 시작하기 전에 교수는 그 번역문의 충실성이 어느 정도인지 학생들에게 알려준다.

b. 두세 명씩 그룹을 정한다. 두 명이면 학생 A와 학생 B로 구분하고 세 명이면 학생 C까지 정한다. 각 학생은 번역문 중 하나를 골라 역번역한다. 역번역이란 번역문을 보고 원문의 언어로 다시 옮기는 것이다. 이 단계에서는 충실성의 정도에 관하여 질문이 나올 것이다.

c. 교수는 학생 A가 역번역한 텍스트를 학생 B에게 주고, 학생 B의 텍스트는 학생 C에게, 학생 C의 텍스트는 학생 A에게 준다. 한 그룹이 두 명인 조는 두 명이 서로 교환한다.

d. 각 그룹의 학생 A가 한데 모여 앉는다. 학생 수가 너무 많으면 한 그룹에 네 명씩 배정한다.

e. 그룹별로 모든 학생 A, 모든 학생 B, 모든 학생 C는 원본을 보지 않은 상태에서 서로 역번역한 것을 비교해본다.

g. 충실성의 정도와 연관 지어 다음과 같은 질문을 바탕으로 토론시간을 갖는다. 역번역이 번역을 평가하는 최상의 방법인가? 원문에 충실할수록 실제로 번역이 더 잘 되었나? 대부분의 번역에서 가장

많이 바꾼 것은 무엇인가? 원문을 보는 것이 번역의 가독성을 평가하는데 도움이 되나? 원문의 질은 언제나 신뢰할 수 있을까? 동일한 단어나 통사 구조에 대해 얼마나 많은 해석이 가능한가? 역번역은 얼마나 유용한가?

사례 번역 연습

원문[9]

You have certain activities that you do in carrying out your life. Sometimes you do all of these activities. Other times, because of your state of health, you don' do these activities in the usual way: you may cut some out; you may do some for shorter lengths of time; you may do some in different ways.

활동 20 광고의 언어 유희

목표

- 언어 유희를 고찰
- 문제 발견 및 해결 연습
- 대응어가 없을 때 활용할 수 있는 전략 및 방법 인지

수준

상급

그룹 구성

3-4인 1조

소요 시간

60분

진행 방법

a. 학생들은 언어 유희가 포함된 광고문안 세 가지를 수업 시간에 가져온다. 세 명씩 그룹을 지어 그룹별로 광고를 한데 모아 총 아홉 개의 언어 유희 가운데 세 개를 고른다.

b. 학생들은 세 개 언어 유희의 구조를 각각 분석한 후, 출발어로 광고를 다시 써본다. 그런데 이번에는 언어 유희를 사용하지 않거나 다른 언어 유희를 만들어내어 다시 써본다.

c. 각 그룹에서 한 명씩 다른 그룹으로 가서 새로운 그룹을 이룬 뒤, 아이디어를 모아 위의 작업을 같이 한다.

d. 출발어로 쓰인 원문(사례 참조)의 언어 유희를 모국어로 번역하고(수업 첫 부분에서 고르지 않았던 언어 유희들을 활용해도 좋음) 가장 잘된 번역을 고른다.

e. 끝으로 학생들은 언어 유희를 번역할 때 활용할 수 있는 번역 전략들을 토론해본다(과업 1. 마인드맵: 격언 및 관용표현과업 참조).

사례 스페인어-영어

원문	번역문
En un lugar de La Mancha de cuyo nombre no puedo acordarme... (광고용으로 쎄르반테스의 『돈키호테』에서 번안한 텍스트, 1998년 5월)	In a village in La Mancha, whose name I have NOT forgotten... (한 학생이 찰스 자비스의 1742년 번역본에서 발췌하여 번안)

과업 15 보물섬: 원문을 찾아서

목표

- 어역에 유의
- 언어에서 문화적 요소, 문학적 가치, 문학적 요소 인식
- 모국어로 번역된 텍스트에서 차이, 간섭 현상, 주관성의 영향 인식
- 문제 발견 및 해결 능력 함양
- 검색 능력 제고
- 역번역, 간접 번역, 재번역 연습

수준

중급, 상급

그룹 구성

개별, 3-4인 1조

소요 시간

2시간씩 4회, 검색 과제 부여

진행 방법

0회차

a. 각 그룹에 배정된 원문 다시 쓰기를 해보기 전에(아래 참조), 학생들은 배경 지식을 파악하기 위하여 저자, 작품, 문체, 시대, 장르, 어역 등에 관해 검색을 해온다. 학생들이 검색을 할 때 원문의 해당 부분을 찾아보고 싶은 유혹에 빠지지 않도록 수업 시간에 다룰 텍스트를 미리 나누어주지 않는다.

1회차

a. 각 그룹의 학생들은 동일한 발췌문을 번역한 번역문을 적어도 두 편 찾아야 한다.

b. 각 그룹은 다른 그룹에게 두 번역본을 복사해서 나누어 준다(원문은 주지 않음). 학생들은 두 번역본을 보고서 원문이 무엇일지 추측해서 적는다.

c. 그룹별로 두 번역에서의 차이점, 유사점, 어역 등을 분석한다.

2회차

a. 이제 학생들은 원문이 어떠할지 본인들이 생각하는 원문을 적는다.

b. 자신들의 버전을 그룹에 보여주고 그룹의 다른 학생들은 역번역한 그 버전에 대해 비평해준다.

3회차

a. 그룹별로 다른 학생들이 적어준 비평을 참고하여 최종 버전을 작성한다. 이 버전은 교수가 교정해 주어도 좋다.

b. 학생들은 원문을 받아 자신들이 한 역번역본과 비교해본다. 물론 학생들이 원문 저자와 똑같이 쓰기란 거의 불가능하다. 교정할 때는 언어상으로나 의미상으로 오역이 심각한 부분에만 집중한다.

4회차

a. 마지막으로, 반 전체 토론 시간을 갖고 번역 가능성, 다양한 번역 대안, 충실성과 불충실성, 원문에 대한 환상 등에 관해 의견을 나눈다(저자가 위와 같은 활동을 했다면 그 때에도 원문을 같은 방식으로 썼을까? 저자가 자신이 쓴 글을 직접 번역한다면 어떤 일이 벌어질까?).

기타 방법

이 활동을 변형해서 활용할 수도 있다. 학생들에게 모국어로 쓰인 텍스트를 주고 두 명이 짝을 지어 번역하게 한다. 한 그룹이 번역한 텍스트를 다른 그룹에게 주고 모국어로 다시 역번역 해보도록 한다. 이 경우에는 적어도 서로 다른 텍스트 두 개를 골라야 학생들이 동일한 텍스트를 번역하고 또 다시 역번역하는 일이 발생하지 않을 것이다.

사례 > 번역문

A. Recordo, com si fos avui, el dia que arribà, amb el seu caminar feixuc, a la nostra porta, portant darrera seu, dins una carreta, un bagul de mariner. Era un homenàs, alt, fornit, pesant, de color de nou; la cua enquitranada li queia per l'spatlla sobre la casaca blava, plena de taques; tenia les mans dures, cobertes de cicatrius, i les ungles negres, mal tallades; una de les seves galtes era marcada per una ferida d'n to lívid, blanc, però brut.

(Joan Arús의 번역 1926)

B. Como si fuese ayer, recuerdo perfectamente la llegada de aquel hombre, que se presentó en la hostería renqueando y seguido de una carretilla en la que transportaba un pesado cofremarinero. Era alto, ancho de hombros, vigoroso, y sus facciones tenían color de cáscara de nuez. La embreada coleta caíale sobre la espalda, rozando su vieja casaca azul llena de manchas. Lo que primero llamaba la atención hacia su persona, era el costurón, lívido, de sucia blancura, que cruzaba su mejilla derecha.

(Heliodoro Lillo Lutteroth의 번역 1967)

원문

I remember him as if it were yesterday, as he came plodding to the inn door, his sea-chest following behind him in a hand-barrow; a tall, strong, heavy, nut-brown man; his tarry pigtail falling over the shoulders of his soiled blue coat; his hands ragged and scarred, with black, broken nails; and the sabre cut across one cheek, a dirty, livid white.

(Robert L. Stevenson 1883)

2장

고찰, 소통, 실습을 통한학습

2.1 목표를 정하기: 활동

♣ 번역 능력을 보여줄 수 있는 지도는 아직 어디에도 없다. 연구가 진행 중이기는 하지만 여전히 우리는 두 언어를 연결할 때나 문제를 해결할 때, 창의력을 발휘할 때, 검색을 할 때, 번역사의 머릿속에 무슨 일이 일어나는지 알지 못한다. 번역 작업을 할 때 어떤 두뇌 활동과 배경 지식이 필요한 것일까? 이 질문은 번역 수업 첫 시간에 토론해 보면 좋을 흥미진진한 주제이다. 다음에 소개할 활동들을 통해서 학생들은 앞으로 해야 할 작업에 관해 생각해보거나, 같이 공부할 급우들과 서로의 생각을 비교 대조해볼 수 있을 것이다.

활동 21 어휘의 별들: 번역을 하기 위한 준비 단계

목표

학생들이 번역에 대해 가지고 있던 생각들을 고찰하고 기대하는 바를 도출

수준
초급

그룹 구성
개별, 2-3인 1조, 전체 토론

소요 시간
30–60분

진행 방법
a. 교수는 칠판에 번역과 연관된 일련의 어휘들을 아래 그림과 같이 적는다.

b. 학생들은 칠판에 적힌 각각의 어휘에서 연상되는 어휘나 표현이나 생각들을 세 개에서 다섯 개 정도 적는다(명사, 형용사, 동사, 관용구 모두 가능).

c. 다 적고나면 각자가 적은 내용을 다른 학생들과 비교해보고 서로 비슷하거나 다른 점을 토론한다.

d. 끝으로 브레인스토밍 시간에 교수는 연상되는 다른 단어들을 칠판에 적고 학생들이 번역에 대해 평소 가지고 있던 생각과 기대하는 바에 대해 함께 이야기해본다. 번역에 대한 학생들의 배경 지식이 어느 정도인지 가늠하기 위하여, 번역학에서 논쟁이 끊이지 않는 충실성 정도, 번역 전략, 이론적 접근 등에 관해 간단히 소개해도 좋을 것이다.

활동 22 번역 안에 무엇이 있나?

목표
- 번역에 대한 생각 고찰
- 번역 능력에 포함될 수 있는 항목 나열
- 번역 작업을 바라보는 각자의 자세를 비교하고 토론
- 앞으로 할 과업에 대한 인식 제고

수준
초급(학생들의 생각과 기대치가 처음과 비교하여 어떻게 달라졌는지 살펴보기 위하여 상급 단계에서도 시행해볼 수 있음)

그룹 구성
개별, 3인 1조

소요 시간
60분

진행 방법
a. 학생들은 번역사가 번역 작업을 적절히 수행하기 위하여 알 필요가 있다고 생각하는 사항을 5-6개 적는다.
b. 각자가 적은 목록을 그룹의 다른 학생들과 비교해보고 각자의 선택에 관해 이유를 설명하고 토론해본다. 교수는 학생들이 일반적으로 어떻게 생각하는지 알아보기 위해 교실 안을 돌아다니며 학생들이 궁금해 하는 것이 있으면 알려준다.
c. 모든 학생들이 토론에 참여한 후 브레인스토밍 시간을 갖는다. 교수는 칠판에 타원을 세 개 그리고 그 안에 언어, 배경 지식, 전이

능력이라고 각각 제목을 써넣는다.

d. 학생들이 각자의 목록에 적힌 개념들을 소리 내어 말하면 교수는 세 개의 타원 가운데 해당하는 곳에 연결시킨다. 여러 항목이 서로 중복될 수 있는데 이런 것들이야말로 토론할 때 더 흥미로운 주제가 될 수 있을 것이다. 애매모호한 항목들을 어느 쪽에 포함시킬지 의견이 모아지지 않으면, 적절하다고 생각되는 두 부분의 중간에 적어놓는다.

d. 이제 아래 그림과 같이 타원들을 작은 삼각형들이 연결된 상위의 큰 삼각형들로 시각화하여 표시할 수 있다.

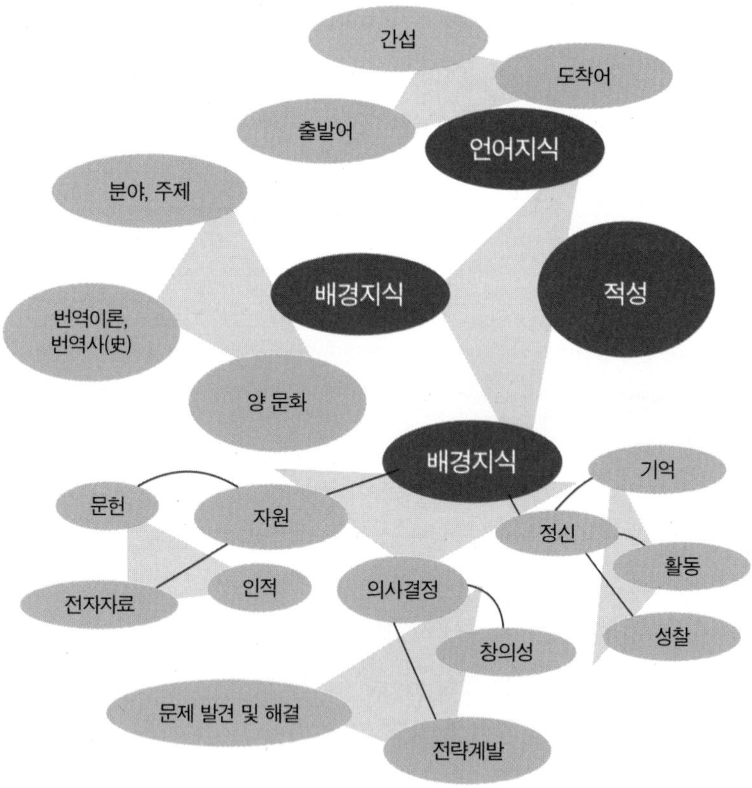

♣ 언어 지식이란 언어 능력과 실무 수행 능력의 수준을 가리킨다. 이는 학생들의 능력(재능과 마음가짐)에 따라 차이가 날 수 있다. 번역할 때 사용하는 두 언어의 구사력이 뛰어나면 뛰어날수록 좋을 것이다. 그러나 두 언어 가운데 출발어(흔히 학생들의 제2 외국어)도 중요하지만, 정확한 도착어(흔히 학생들의 모국어)의 표현법과 간섭 현상과 소극적 전이(이전의 학습이 다음의 학습을 방해하거나 억제: 옮긴이)에 대해 파악하는 것이 더 중요할 수도 있다는 사실을 강조하고 싶다.

언어 지식 다음에 두 번째로 고려해야 할 사항은 배경 지식이다. 아직까지 결론을 내릴 만한 실험 연구가 이루어진 것은 아니지만 언어 지식보다 배경 지식이 번역의 전반적인 완성도에 영향을 더 미칠 수도 있다는데 의견이 모아지고 있다. 다시 말해서, 단어들 뒤에 숨어있는 의미를 잘 알수록 의도, 기능, 효과, 문체와 같은 요소들을 더 잘 파악할 수 있다는 것이다. 텍스트에서 다루고 있는 주제 및 번역의 역사/원칙/이론을 잘 아는 것이 중요하다는 사실을 인식하며, 상호텍스트적 요소뿐만 아니라 텍스트 곳곳에 자리 잡은 문화적 표현을 알아보는 것도 백과사전식 배경 지식에 포함된다.

마지막으로 번역 능력의 바탕이 되는 전이 능력이나 정신 활동은 언어 능력과 배경 지식간의 상관 관계를 효과적으로 활용하고, 번역문 대상독자를 고려하여 원문을 적절히 옮기는데 필요하다. 사실, 이중 언어 구사자와 번역사의 머릿속은 작동방식이 다를 수 있다. 이중 언어 구사자도 뛰어난 언어 능력에다 필요한 배경 지식을 갖추고 있을 수는 있겠지만, 두 언어와 문화를 이어주기 위하여 번역사에게 필요한 전이 능력은 갖추기 어려울 수 있다. 전이 능력에는 의사 결정, 검색 능력, 번역사로 발전해 나가기에 적합한 정신적 특성 등이 포함된다. 정신적 특성에는 블룸(Bloom)이 구분한 인지 과정의 기억력, 이해력, 적용능력, 분석력, 통합능력, 평가 등이 포함된다(코비와 바어(Koby & Baer), 2003, p.217).

수업을 진행하면서 번역 능력의 하위 요소들도 강의계획안에 넣고 각각의 하위 요소를 연습할 수 있는 활동과 과업을 진행하면 좋을 것이다. 수업 시간 주제와 관련된 참고 자료도 한 학기동안 계속해서 앞서 소개한 그림의 삼각형에 추가한다. 학습의 첫 단계에서 삼각형이나 연속선을 사용하여 번역 이론을 소개하는 교육적인 이유는 기본 개념들을 시각적으로 제시하여 잘 파악하게 하기 위해서이다. 또한 추상적인 개념들을 종합적으로 명확하게 보여줌으로써 학생들이 향후 관련 문헌을 읽을 때 더 복잡한 내용도 잘 이해할 수 있게 된다. 이외에 주요 쟁점들을 논의할 때 사례와 함께 설명하는 것이 매우 중요하다. 학생들에게 그 쟁점에 관해 고찰해볼 수 있는 텍스트를 다루게 하고, 토론을 적극 유발하면 나중에 학생들이 전문 번역사가 되었을 때 의사결정에 참고할 수 있는 이론적 틀이 정립될 것이다.

2.1.1 언어적 능력

출발어, 도착어, 간섭 현상을 고찰

활동 23 광고: 백화점이름을 알파벳 순으로

목표

- 다양한 번역 대안 인지
- 번역할 때 여러 가지 제약 사항에 대처
- 창의력과 결정능력 제고
- 독자 지향적 번역 연습

수준

초급

그룹 구성
2인 1조

소요 시간
90분

진행 방법
a. 브레인스토밍 시간에 흔히 백화점이나 광고와 관련된 어휘들을 생각해 낸다.
b. 두 명씩 짝을 지어 백화점 홍보 광고에서 흔히 볼 수 있는 백화점 이름, 단어, 표현들을 모아 목록으로 정리한다. 알파벳 각 철자로 시작하는 단어나 표현을 한 개씩만 적는다.
c. 한 그룹에서 만든 목록을 다른 그룹에 전달한다.
d. 학생들은 각자 받은 목록의 단어나 표현을 알파벳 순서대로 일반적인 백화점에서 볼 수 있는 대응어로 번역해본다. 이 활동의 목표에서 벗어나지 않는 한 상품이나 알파벳 순서를 바꾸어도 좋다.
e. 본인이 할 수 있는 만큼 많이 번역을 한 후에 두 그룹이 함께 앉아 같이 광고를 완성해본다.
f. 교수는 교실을 돌아다니며 학생들이 도움을 요청할 때 도와준다.
g. 학생들은 슬라이드로 자신의 번역과 최종 번역을 비교해서 보여주고, 이후에 전체 토론시간을 갖는다. 또는 학생들이 광고 대행업자라고 가정하고 반의 다른 학생들에게 자신들의 아이디어를 판매하려는 활동을 진행해보아도 좋다.

사례

THE BEST...	Travel Agency	Book Shop	Credit Cards
Delivery Service	Electrical Appliances	Fashion	Guarantee
Hairdresser's	Interpreters	Jewellery	Car Park
Leisure Time	Music	Children	One-hour Photograph Service
Press	Quality	Restaurant	Souvenirs
Toys	Unique	Variety	Welcome
TaX Free	MoneY Exchange	Zest!	...IN TOWN

기타 방법: 활동 30, TV 광고 참조

활동 24 연어(連語): '소극적 전이' 해결하기

목표

- 두 언어의 연어 비교
- 언어 간의 간섭 현상 인식
- 적절한 대응어 선택

수준

중급

그룹 구성

개별, 2인 1조

소요 시간

30분

진행 방법

a. 교수는 언어 간섭현상 때문에 학생들이 번역할 때 문제가 될 수 있

는 동사들을 고른다.

b. "말풍선" 중앙에 동사들을 써넣은 뒤, 주위에는 그 동사와 연어를 이루는 단어들을 적는다. 잘못된 연어도 하나씩 추가한다. 일부 공간은 빈 칸으로 남겨놓는다(아래 사례 참조).

c. 학생들은 잘못된 연어를 찾고 빈 칸은 채운다. 그리고 맥락에 따라 달라질 수 있는 다양한 번역을 적는다.

사례

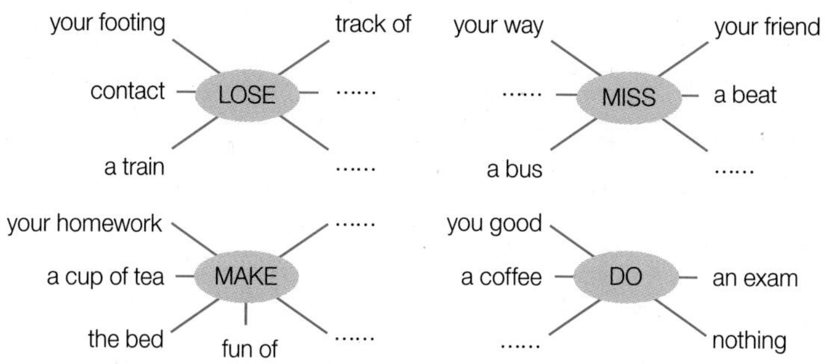

활동 25 잘못 짝지어진 대응어쌍: 3목 두기

목표

- 언어의 거짓 짝인 "잘못 짝지어진 대응어쌍(false friends)" 유의
- 간섭 현상의 정도 인지

수준

초급

그룹 구성

2인 1조

소요 시간

60분

진행 방법

a. 교수는 잘못 짝지어진 대응어쌍 사례를 가능한 많이 찾아놓는다. 그리고 학생들을 아홉 그룹으로 나눈다. 무작위로 나누거나, 학생들 수준에 따라, 혹은 그날 다룰 주제에 따라 나눈다. 잘못 짝지어진 대응어쌍을 학생들 스스로 찾아와도 좋다. 다양한 텍스트에서 잘못 짝지어진 대응어쌍이 등장하면 모아서 목록으로 정리한다.

b. 교수는 두 명씩 짝을 지은 학생들에게 빈 칸으로 이루어진 표를 나누어주고 채우게 한다.

c. 두 학생 중 학생 A는 본인들 텍스트에서 잘못 짝지어진 대응어쌍을 찾아 칸을 채운 뒤 학생 B에게 넘겨준다.

d. 학생 B는 3목 두기 게임을 한다. 즉, 각 학생이 네모칸 안에 있는 잘못 짝지어진 대응어쌍을 제대로 번역하면 O나 X로 표시할 수 있다.

e. 3개의 O나 X를 한 줄로 먼저 그린 사람이 이긴다.

f. 학생 A와 학생 B는 서로 답을 검토하고 교정해준다.

사례 1 학생의 표 (영어/스페인어)

tramp	conference	career
dramatically	to forge	library
demonstration	physician	eventually

답. 잘못 짝지어진 대응어쌍 (틀린 번역)

trampa	*conferencia*	*carrera*
dramáticamente	*forjar*	*librería*
demostración	*físico*	*eventualmente*

답. 맞는 번역

vagabundo	congreso	vida profesional
drásticamente	falsificar	biblioteca
manifestación	médico	finalmente

사례 2 학생의 표 (불어/스페인어)

entendre	petits enfants	voleur
partir	draps	personne
embarrasse	succès	verdure

답. 잘못 짝지어진 대응어쌍 (틀린 번역)

entender	*niños pequeños*	*volador*
partir = dividir	*trapos*	*persona*
embarazo	*suceso*	*verdura*

답. 맞는 번역

oir	nietos	ladrón
irse, marcharse	sábanas	nadie
desconcierto	éxito	lechuga

사례 2 학생의 표 (독어/스페인어)

Konferenz	Karriere	Aula
studieren	Demonstration	Rente
Konkurrenz	relevant	Bonbon

답: 잘못 짝지어진 대응어쌍 (틀린 번역)

conferencia	*carrera*	*aula*
estudiar	*demostración*	*renta*
concurrencia	*relevante*	*bombón*

답. 맞는 번역

reunión/junta	futuro profesional	Aula Magna
cursar estudios universitarios	manifestación	pensión de jubilación
competencia (profesional)	pertinente	caramelo

활동 26 적절한 어휘 고르기

목표

- 특정 어휘 탐색
- 출발어에서 가장 적합한 단어나 표현을 고르고 타당한 이유 설명
- 도착어에서 가장 적합한 단어나 표현을 고르고 타당한 이유 설명
- 사전 활용법 연습

수준

모든 학생

소요 시간

60분

그룹 구성

개별

진행 방법

a. 교수가 제2 외국어로 쓰인 텍스트 가운데서 이미 다뤄보았거나 아니면 완전히 새로운 텍스트를 골라 일부만 발췌한다. 학생들이 두 명씩 짝을 지어 직접 골라도 좋다.

b. 텍스트에 단어나 표현들을 빈 칸으로 비우고 다양한 활동을 준비한다(아래 연습 문제 사례 참조).

c. 동의어 사전을 활용해서 아래에 소개한 것과 유사한 연습 문제를 준비한다.

d. 짝끼리 연습 문제를 교환하고 빈 칸을 채운다. 왜 그 단어로 결정했는지 이유를 설명해야 하기 때문에 학생들은 사전에서 단어와

표현들을 찾아볼 필요가 있을 것이다.

기타 방법 1. 학생들이 비슷한 연습 문제를 준비하여 번역을 해볼 수도 있다. 그렇게 하면 도착어로도 찾아보게 될 것이다.

기타 방법 2. 학생 각자가 이 활동을 하고나서 소그룹으로 토론을 해보아도 좋다.

사례

Beauty and The Beast (Gary Tousdale and Kirk Wise, 1991)

아래 활동을 하기 위해서는 이 동화의 스페인어 버전을 참고해야 한다.

1. 적절한 어휘나 표현으로 빈 칸을 채우시오(동화라는 사실을 잊지 말기!).

________ a faraway land, a young prince lived in a ________ castle. Although he had everything his heart desired, the prince was ________ , selfish, and ________ . But then, one winter's night, an old ________ woman came to the castle and offered him a single rose in return for ________ from the ________ cold. Repulsed by her ________ appearance, the Prince .... at the gift and turned the old woman away. But she ________ him not to be deceived by appearances, for Beauty is found within.

Haggard, sneer, spoiled, Once upon a time, warn, bitter, beggar, shelter, shining, unkind.

****

2. 가장 적절한 어휘나 표현을 고르시오.

And when he (a)________ her again, the old woman's ugliness (b)________ to reveal a beautiful (c)________ . The Prince tried to apologise but it was too late, for she had seen that there was no love in his heart. And as punishment, she (d) ________ him into a (e)________ beast and placed a powerful spell on the castle and on all who lived there.

A. Avoid / dismiss
B. Leave / melt away
C. Enchantress / witch
D. Make / transform
E. Nasty / hideous

****

3. 빈 칸을 채우시오.

(a) _________ of his monstrous form, the beast (b) _________ himself inside his castle with a magic mirror as his only window to the outside world. The rose she had offered was truly an enchanted rose which would (c) _________until his twenty-first year. If he could learn to love another and (d) _________ her love in return by the time the last petal fell, then, the spell would be broken. If not, he would be (e) _________ to remain a beast for all time.

****

4. 마지막 줄을 번역하시오(아래의 4번 참조).

____

____

____

****

5. 영화의 영어 버전을 시청하고 나서 본인의 텍스트를 읽어보시오.

활동 27 빨리 생각하기: 그만!

목표

- 특정 의미장 고찰
- 의미 중심 번역 대 소통 중심 번역을 고찰하고 적용
- 잘못 짝지어진 대응어쌍 유의
- 순발력 연습

수준

모든 학생

그룹 구성

2인 1조

소요 시간

30분

교재

없음

진행 방법

a. 학생들은 각자 노트에 교수가 제안했거나 학생들이 미리 논의했던 의미장의 표를 그린다(아래 사례 참조).

b. 교수가 철자를 하나 부르면 학생들이 그 철자로 시작하는 단어를 표의 각 칸에 채워 넣는다.

기타 방법 1. 두 언어에서 같은 철자로 시작하는 단어 쌍을 생각해낸다. 단어목록을 먼저 채우는 학생이 이 게임의 승자가 된다.

기타 방법 2. 두 명이 짝을 지어 한 명씩 교대로 두 언어 중의 한 언어로 목록을 작성한다. 주어진 철자에 대응하는 단어로 목록을 완성할 때마다 짝과 바꾸어 상대방의 목록을 번역한다. 등가어에는 1점, 등가어가 아니면서 잘 해결한 경우에는 2점을 부여한다(예를 들어, Currigan / la Cosa).

사례

교육	음식과 음료	공포	과학
Class	cucumber	Currigan	crystal

EDUCACIÓN	COMER Y BEBER	TERROR	CIENCIA
clase	calamar	(La) Cosa	cristal

답:

class / clase: 1점

crystal / cristal: 1점

cucumber / calamar: 2점

Currigan / la Cosa: 2점

활동 28 동의어와 맥락

목표

- 특정 어휘, 동의어, 함축의 차이 파악
- 어휘를 파악할 때 맥락의 중요성 인식
- 단어에서 문화적 요소 발견
- 번역어 결정의 근거를 제시하고 최종 선택하는 기술 계발

수준

중급

그룹 구성

개별, 2인 1조

소요 시간

60분

진행 방법

a. 교수는 수업 시간에 다룰 텍스트에서 번역하기 까다로운 단어들을 많이 골라 칠판에 적는다. 학생들은 그 단어들을 각자 노트에 적는다.

b. 교수가 각 단어의 동의어를 소리 내어 말해주는데 칠판에 적힌 단어 순서대로 말하지 않도록 한다.
c. 학생들은 각 단어 옆에 대응하는 동의어를 적는다.
d. 학생들은 전체 텍스트를 고려하여, 즉 단어를 문맥 속에서 파악하여 짝과 서로 동의어를 고쳐준다. 문제가 되는 사항들은 반 전체가 함께 토론해본다(예를 들어, 맥락에 따라 단어의 의미가 어떻게 달라지는지 등).
e. 마지막으로 모국어로 그 단어들의 대응어를 찾아보고 흥미로운 점이 발견되면 이야기해본다.
f. 후속 활동으로는 다른 단어와 그 단어의 동의어들을 많이 찾아(사전을 참고해도 되고 안 해도 됨) 목록을 만든 뒤 다른 학생에게 전달한다. 목록을 받은 학생은 거기에다 더 추가하고 목록이 완성되면 두 학생이 함께 교정해본다.

사례

"A Rose by Any Other Name" by Umberto Eco (영국 가디언지, 1994년 1월호)

Sometimes the author can only trust in Divine Providence. I will never be able to collaborate fully on a Japanese translation of my work (though I have tried). It is hard for me to understand the thought processes of my "target". For that matter I always wonder what I am really reading when I look at the translation of a Japanese poem, and I presume Japanese readers have the same experience when reading me. And yet I know that, when I read the translation of a Japanese poem, I grasp something of that thought process that is different from mine. If I read a haiku after having read some Zen Buddhist koans, I can perhaps understand why the simple mention of the moon high over the lake should give me emotions analogous to and yet different from those that an 영어 romantic poet conveys to me. (...) Often the indifference conceals two prejudices, equally despicable: Either the author considers himself an inimitable genius and so suffers translation as a painful political process to be borne until the whole world has learned his language, or else the author harbors an "ethnic" bias and considers it a waste of time to care about how readers from other cultures might feel about his work.

원래 어휘	동의어	가능한 번역
presume	suppose	presumir, imaginar, sospechar
grasp	understand	coger, agarrar, entender
harbor	shelter	proteger, guarecer, puerto, adolecer de, tener

활동 29 동의어와 정확성

목표

- 언어 내 번역과 언어 간 번역 연습
- 다의어와 동의어 고찰
- 번역사의 선택에 관하여 토론

수준

초급

그룹 구성

개별, 2인 1조

소요 시간

60분

진행 방법

a. 교수는 칠판에다 영화에 나오는 핵심 어휘와 표현들의 동의어를 적는다. 이 때 원문의 어역을 변화시키는 동의어를 적는다(예를 들어, good morning, madam 대신 hi!). 학생들은 각자 노트에 표를 그대로 옮겨 적는다.

b. 첫 번째 시청. 학생들은 영화를 보며 칠판이나 노트에 적혀 있는 단어들의 본래 단어나 표현은 무엇이었을지 찾아본다.

c. 두 번째 시청. 학생들은 표에 적어놓은 동의어들 바로 옆에 원래의 단어와 표현들을 적어 넣는다.

d. 두 명씩 짝을 지어 서로의 표를 검토하고 교수와도 검토해본다.

e. 표의 세로 두 줄을 모두 번역해 본다. 즉 영화에 나오는 어휘, 표현들과 수업 첫 부분에 교수가 알려준 동의어를 모두 번역한다. 모든 단어와 표현에 대응어가 있는가? 도착어에 변화가 생겼는가? 그렇게 바꾼 데는 그럴만한 이유가 있는가?

활동 30 TV 광고

목표

- 광고 기술에서 언어적 창의력 인식(언어 유희, 상호텍스트성, 기발한 문구 등)
- 대상 독자가 다를 때 원문과 동일한 메시지와 효과를 유지할 방법 고찰
- 번역사의 다양한 대안과 선택에 관해 토론

수준

중급, 상급

그룹 구성

2-3인 1조

소요 시간

60분씩 2회

진행 방법

a. 첫 번째 시청. 광고언어와 광고기술(언어 유희, 기발한 문구, 명령어, 약속어, 사이비과학 이미지와 언어, 최상급 언어, 유행어 사용 등)에 대한 수업을 한 뒤 교수는 학생들에게 텔레비전 광고를 5-6편 보여준다. 학생들이 이전에 번역한 것에서 이러한 종류의 언어를 다루어본 적이 있다면 광고번역의 문제를 잘 해결할 수 있을 것이다.

b. 두 번째 시청. 학생들은 아래 사례와 같은 표를 채워본다.

c. 각자 적은 답을 다른 학생과 검토해보고 교수와도 검토해본다. 필요하면 광고를 더 볼 수도 있다.

d. 학생들이 광고주로부터 상품 중 한 가지 광고를 번역해 달라는 요청을 받았다고 가정하자. 학생들은 도착어 시청자들이 기대하는 바를 반드시 염두에 두고 이들의 기대는 출발어 시청자들과는 다를 수 있다는 사실을 명심해야 한다. 영상은 동일한 영상을 사용해야 하지만 언어는 필요에 따라 바꿀 수 있는 상황이다. 번역할 때 문제가 될 수 있는 다른 부분에도 유의한다. 예를 들어 브랜드명은 바꾸지 말고 그대로 써야 하고, 출발어에서는 문제가 없으나 도착어로 바꾸면 문제가 될 수 있는 표현 등에 주의한다.

e. 두세 명씩 그룹을 이뤄 학생들은 광고 두 편을 골라 번역을 해본

다. 최종 번역문은 슬라이드에 적는다.

f. 그룹별로 본인들이 최종 번역문을 만들어내기까지의 과정을 전체 학생들 앞에서 설명한다. 원래의 광고문과 도착어로 번역한 광고문이 달라진 이유에 대해 다 같이 토론해본다.

사례

	상품	언어적 특징	영상	광고 기법
광고 1				
광고 1				

활동 31 연결어

목표

- 문맥을 고려한 연결어의 중요성 인식
- 간섭 현상에 유의
- 의미 중심 번역 대 소통 중심 번역에 관해 토의

수준

초급

그룹 구성

2인 1조

소요 시간

30분

진행 방법

a. 학생들은 다양한 연결어를 번역하는 연습 문제를 받는다(아래 사

례 참조).

b. 연습 문제를 모두 마치고 나면 학생들은 각자, 또는 짝과 함께 다른 연습 문제를 준비한다. 다른 수업 시간에 번역하거나 메모해두었던 것에서 문제를 낸다.

c. 서로 연습 문제를 바꾸어본다.

d. 학생들 각자, 또는 짝과 함께 답을 고쳐보고 교수는 교실 안을 돌아다니며 살펴본다.

사례 여기에서는 AND 만이 사용되었으나 문장 목록에 다른 연결어를 포함해도 좋다.

a. How many translations can you think of for the following?
and, nor, or, besides, yet, but, so, since, for, then

b. Look at the sentences and translate the connectors according to the context:
a/ I love bread AND butter AND jam for breakfast.
b/ Well, why don't you try AND understand?
c/ Joan got weaker AND weaker as the days went by.

활동 32 동사 시제 대조하기

목표

- 동사시제 사용법 비교
- 간섭현상과 모사현상 인식
- 직청 직해(reverse dictation) 연습

수준

초급

그룹 구성

개별, 2인 1조, 4인 1조

소요 시간

60분

진행 방법

a. 교수는 동사시제로 인해 번역상 문제가 될 수 있는 문장 약 다섯 개씩 네 묶음을 준비한다. 학생들 수준에 따라 그와 같은 동사가 한 개 있거나, 또는 여러 개 섞여 있는 문장들을 고른다. 문제가 될 수 있는 동사들의 예로는 가정법, 조건절에 사용되는 동사, 조동사, 인과관계의 "have"("have something done by someone")처럼 특정 구문구조에서의 동사 등이 있다. 어떤 동사를 다루어 볼 것인지는 언어 쌍에 따라 다를 것이다.

b. 각자, 또는 짝과 함께 주어진 문장들을 번역해본다.

c. 학생들은 네 명의 학생들과 새로운 그룹을 정한다.

d. 교수는 앞서 준비한 동사들 네 묶음의 각 문장에 대한 번역문을 그룹마다 한 명씩에게만 준다(즉, 그룹 A에 속한 학생 1명이 문장 A를 번역한 번역문을 받는다).

e. 학생들은 앞서 함께 준비한 문장들을 교대로 직청 직해(활동 54. 직청 직해 참조) 해본다. 교수가 제안한 번역문 이외에 다른 대안도 있을 수 있으므로 번역문을 받은 학생은 활동을 시작하기 전에 내용을 검토하고 고쳐주는 모니터/안내자 역할을 한다.

f. 학생들이 교대로 직청 직해를 하고 교정해 본다.

g. 최종적으로 반 전체가 교정을 할 때는 교수가 모니터한다.

h. 시청각 자료를 활용하여 후속 활동을 진행해 보아도 좋다(활동 34. 미스터 빈의 자동차 검사: 동명사, 부정사, 전치사 참조).

사례 영어 / 스페인어

그룹 A

a. ¿Te importaría ayudarme a poner la mesa?	Would you mind helping me to lay the table?
b. ¿Quieres que venga?	Do you want him to come over?
c. Suele levantarse temprano.	She usually gets up early.

그룹 B

a. No le digas nada hasta que le hayas visto.	Don't tell him anything until you've seen him.
b. No vale la pena enfadarse por eso.	It's not worth getting upset about it.
c. John sabía que Charles se lo diría a su hermana en cuanto la viera.	John knew Charles would tell his sister as soon as he saw her.

활동 33 관사

목표

- 관사의 사용법 고찰
- 간섭현상과 모사현상 인지
- 두 언어의 대조 연구
- 관사의 (비)사용이 함축하는 의미 탐구

수준

초급

그룹 구성

개별

소요 시간

60분

진행 방법

a. 교수가 제2 외국어에서 정관사가 사용되는 경우를 설명하고 모국어에서 사용될 때와 대조 분석한 연구 결과를 보여준다.

b. 학생들은 메모를 하며 듣는다. 메모한 노트를 보고 명확하지 않은 부분은 질문을 해도 좋다.

c. 직청 직해를 해본다(활동 54. 직청 직해 참조). 교수가 두 언어에서 정관사의 사용법이 다른 문장들을 골라, 모국어로 쓰인 문장들을 소리 내어 읽어준다. 학생들은 그 문장들을 듣고 제2 외국어로 받아 적는다.

d. 끝으로 문장들을 교정하고 뒤이어 교수가 논평을 해 준다.

사례

스페인어	영어
El príncipe Carlos inauguróun hospital.	Prince Charles opened a hospital.
La Duquesa de Lugo se casó.	The Duchess of Lugo married.
Algunos niños temen a la oscuridad.	Some children fear darkness.
Los perros ladran.	Dogs bark.
Los gatos de mi calle acaban con las ratas.	The cats in my street finish off the rats.
Ponte los calcetines.	Put your socks on.
Sabe tocar el piano.	She can play the piano.
Llegaráhacia las 7.	He'll arrive at about 7 / 7-ish.
Tómate el desayuno.	Have breakfast.
Estáen la universidad (de visita / recado).	She's at the university.
Va a la universidad (es estudiante).	She's at university.
Ven a mirar la televisión.	Come and watch TV.

Sacóla mano del bolsillo para abrir la puerta.	He took his hand out of his pocket to open the door.
La historia le dio la razón.	History proved him / her right.
Siempre estáhablando de la felicidad.	S/he's always talking about happiness.
Los famosos no siempre son felices.	The famous are not always happy.
La gente famosa no siempre es feliz.	Famous people are not always happy.
스페인어	불어
Hay cosas que decir.	Il y a des choses àdire.
Las ratas comen queso.	Les rates mangent du fromage.
Centenares de manifestantes lanzaron	Des centaines de manifestants ont
piedras contra la policía.	jetédes pierres contra la police.

활동 34 미스터 빈의 자동차 검사: 동명사, 부정사, 전치사

목표

- 두 언어에서 동명사, 부정사, 전치사의 용법 비교
- 간섭현상과 모사현상 인식
- 제한된 시간 내에 정확하게 묘사
- 묘사한 내용에 따라 시각화

수준

중급

그룹 구성

2인 1조

소요 시간

60분

진행 방법

a. 꼬리에 꼬리를 물고 묘사하기. 학생들은 두 명씩 짝을 지어 학생 A와 학생 B를 정한다. 학생 A는 화면을 향해 앉고 학생 B는 학생 A와 등을 지고 앉는다.

b. 학생 A는 "미스터 빈의 자동차 검사(Mr. Bean's examination)" 라는 영상을 보고 바로바로 학생 B에게 무슨 일이 벌어지는지를 묘사해준다(학생 B는 등을 지고 앉아 화면을 볼 수 없다).

c. 중간 정도까지 보았을 때 학생들은 서로 자리를 바꿔 이번에는 학생 B가 남은 절반을 보면서 학생 A에게 묘사해준다.

d. 학생 A와 학생 B는 전체영상을 함께 보고서, 좀전에 짝이 묘사해준 내용을 들으며 시각적으로 그려본 것과 실제로 화면에서 보이는 것에 어떤 차이가 있는지 토론한다.

e. 학생들은 여기저기 빈 칸이 있는 텍스트(이 경우에는 "미스터 빈의 자동차 검사")를 받아 빈 칸을 채운다.

f. 답을 고쳐보고 함께 토론시간을 갖는다.

g. 학생들은 동명사/부정사, 전치사 용법, 출발어와 도착어 간의 차이점에 유의하여 텍스트를 번역해 본다.

h. 끝으로 교정을 한 뒤 전체 토론을 한다.

사례 The Best Bits of Mr. Bean 중에서 (1997)[10]

Mr Bean arrives ... the examination (to drive/driving) his battered Mini. He forces the three-wheeled car (to leave/leaving) the road and manages (to park/parking), although not without (to knock/knocking) a sign. He gets ... of the car and puts a padlock on the front door (to make/making) sure that nobody tries (to steal/stealing) it..., but unfortunately he forgets (to close/closing) the back window...

활동 35 빈 칸 번역: 이상적인 모델에서 벗어나기

목표

- 다의어, 번역사의 주관성, 최종선택 등에 관해 토론
- 맥락, 어역, 문체 등의 중요성 인식
- 번역사의 선택에 대해 이유를 제시하는 훈련

수준

모든 학생

그룹 구성

2인 1조

소요 시간

텍스트에 따라 30–60분

진행 방법

a. 학생들은 두 명씩 짝을 지어 앉는다. 각 학생이 번역할 텍스트를 받는다. 하나의 텍스트를 두 부분으로 나눌 수도 있다(활동 70. 조각 번역 참조).

b. 학생들은 각자 본인이 받은 텍스트를 번역한다.

c. 텍스트를 모두 번역하고 나면 본인의 번역문에서 일정한 수만큼 어휘, 관용구, 구문을 지우고 그 자리를 빈 칸으로 만든다.

d. 학생들은 서로 번역문을 교환한 뒤, 번역문에 있는 빈 칸에 적절한 단어나 구문을 써 넣는다.

e. 짝과 함께 본인들이 한 번역에 대해 토론하고 왜 그렇게 번역했는지 이유를 설명한다.

f. 이어서 반 전체 토론시간에 학생들의 번역문에 대해 이야기해 보고, 번역사가 합리적인 이유를 제시할 수만 있다면 다르게 한 번역도 수용할 수 있을지에 관해 토론해본다.

활동 36 볼륨을 낮춰라

목표

- 소통 중심의 번역과 충실성의 정도에 관해 토론
- 자막 번역 소개
- 역번역 연습

수준

모든 학생

그룹 구성

개별, 2인 1조

소요 시간

60분

진행 방법

a. 첫 번째 시청. 교수가 비디오나 영화의 일부를 보여주는데 음소거 상태로 보여준다. 자막은 볼 수 있다.
b. 두 번째 시청. 학생들은 영화에 나오는 원래 대화가 무엇이었을지 추측해서 적는다.
c. 각자 적은 것을 다른 학생과 비교해보고 서로 의견을 나눈다.
d. 세 번째 시청. 학생들은 본인이 적은 것을 원문과 비교해본 뒤, 본

인이 그렇게 번역한 이유를 합리적으로 설명해본다.

사례

Remember The Time (마이클 잭슨 뮤직 비디오 중에서, 1991)	
원문 자막	번역문 자막
- I'm bored. I want to be entertained. Can my Pharaoh find some way to entertain his Queen?	
- Behold! My Pharaoh Ramses! I bring you the Stick-man!	
- Throw him to the lions!	
- That's cool!	
- And what is it you're going to do?	

활동 37 발화자 알아내기

목표

- 언어적/비언어적 표현에서 실질적, 문화적 차이를 고찰하고 번역
- 번역 대안 논의
- 학생들의 번역을 전문 번역사의 번역과 비교

수준

모든 학생

그룹 구성

개별, 2인 1조

소요 시간

60분

진행 방법

a. 교수가 대화 내용을 번역하여 적은 종이(혹은 더빙이나 자막을 전사한 뒤)를 각 대화별로 길게 잘라 섞는다. 등장인물 중 누구의 대화인지 알려주지 않는다(두 명씩 그룹을 정했을 때 각 그룹마다 대화가 적힌 조각을 하나씩 받을 수 있도록 준비).
b. 학생들은 번역된 대화내용을 받은 뒤에, 뒤섞인 조각을 순서에 맞게 연결해 본다.
c. 교수가 칠판에 등장인물의 이름은 적어준다.
d. 첫 번째 시청. 학생들은 음을 소거한 상태에서 영화를 시청하고 누가 무슨 말을 했을지 추측한다.
e. 서로 추측한 내용을 비교해본다.
f. 두 번째 시청. 이번에는 볼륨을 높여서 영화를 다시 보고 등장인물과 대화내용의 알맞은 짝을 찾고, 번역된 내용을 담고 있는 조각과 원문의 알맞은 짝을 찾는다.
g. 학생들은 번역된 텍스트와 두 번째 시청한 내용을 토대로 원래의 대화내용을 추측해서 적는다.
h. 세 번째 시청. 학생들은 자신들이 한 번역을 영화의 원문과 비교하고 유사점과 차이점을 토론해본다.

사례 1 초급

원문	더빙 버전
Willy: Aren't you going to introduce us?	
Lao Che: This is Willy Spott. This is Indiana Jones, the famous archeologist.	
Willy: I thought archeologists were always funny men searching for their mammies.	
Indiana Jones: Mummies. (스페인어에서 Momias[11]로 번역)	

사례 2 상급

Bladerunner (Ridley Scott 감독, 1982)

원문	더빙 번역
Brian: Hi ya, Deck. Brian: Hola, Deck.	
BR: Brian BR: Brian.	
Brian: You wouldn't've come if I just asked you to. Sit down pal. Don't be an asshole, Decker. I've got 4 skinjobs walking the street.	
BR: "Skinjobs", that's what Brian called replicants. In History books he's the kind of cop used to call black men "niggers".	
Brian: They jumped a shuttle Off-World, killed the crew and passengers. They found the shuttle drifting off the coast so we know they're around.	
BR: Embarrassing.	
Brian: Not embarrassing – 'cause no one's ever gonna find out they're down here – 'cause you're gonna spot them and air 'em out.	
BR: I don't work here any more. Give it to Holden – he's good.	
Brian: I did. He can breathe ok as long as nobody unplugs him. He's not good enough – not as good as you. I need you, Deck. This is a bad one, the worst yet. I need the old Blade Runner. I need your magic.	
BR: I was quit when I came in here Brian. I'm twice as quit now.	
Brian: Stop right where you are. You know the score, pal. If you're not a cop, you're little people.	
BR: No choice, huh?	
Brian: No choice, pal.	

2.1.2 백과사전식 지식: 사전의 한계

과업 16 백내장이란 무엇인가?

목표

- 백내장 질환과 관련된 배경 지식 소개
- 전문 용어 소개
- 검색 능력 연습
- 병렬 텍스트 활용
- 협력하여 공동 번역문 완성
- 급우 간 교정 연습

수준

상급

그룹 구성

개별, 2인 1조

소요 시간

2시간씩 5회

참고: 이 활동은 주제는 의학이나 비전문가용 텍스트를 가지고 진행하면 특히 효과가 좋다. 동일한 주제를 다룬 비디오를 활용해도 좋다.

진행 방법

다음은 실제로 학생들이 수업 시간에 다루었던 연습 문제이다. 각 활동은 여러 차례의 수업에 걸쳐 진행되었다.

1회차

a. 사전 작업. 어떤 자료를 활용해서든(책자, 인터넷, 전문가 등) 백내장에 관해 모국어로 된 정보를 찾는다. 핵심 용어를 노트에 적거나 자료에 밑줄 쳐 표시한다. 과도하게 많이 찾지 말고, 용어 목록에 필요하다고 생각되는 것만 수업에 가지고 온다.

2회차

a. 백내장 수술 장면을 담은 비디오를 보는데 음은 소거한 상태로 본다. 텍스트에서 읽은 내용과 비디오에서 본 내용을 어떻게 연관 지을 수 있을까? 세 네 명씩 그룹을 이뤄 그룹별로 텍스트를 모은 뒤, 개념(비디오로 보고 자료로 읽은 것)과 어휘(개념을 정확하고 적절하게 표현하는 방법)에 관해 모국어로 논의해본다.

3회차

a. 백내장에 관해 제2 외국어로 쓰인 다음의 텍스트를 읽고 그룹별로 텍스트의 절반 정도를 구술로 번역한다. 번역하기 까다로운 용어나 구문 구조는 밑줄 쳐서 표시하고, 의학용어들을 목록으로 정리한다.

4회차

a. 이번에는 다른 그룹과 함께 서로의 문제를 해결해본다. 본인의 번역에 대해 논평하고 왜 그렇게 번역했는지 이유를 설명한 뒤, 상대방이 제시한 대안 중에서 적절하다고 생각되는 것이 있으면 참고하여 수정한다.

5회차

a. 비디오를 다시 보고나서 개념(무엇)과 개념을 표현하기 위한(어떻

게) 언어들을 연결시켜 본다. 용어 목록을 완성하다.

기타 방법

선택활동. '수업 중에 다루지 않았던' 텍스트를 번역하여 교수에게 제출한다. 다른 학생들도 이 활동을 하기를 원하면 다음 시간에 학생들간에 서로의 번역을 교정해주는 시간을 갖는다. 전문 번역사가 되면 실제 하게 될 교정 작업을 미리 연습해보는 것이다.

사례

출처 http://www.meei.harvard.edu/shared/ophtho/cat.html

MASSACHUSETTS EYE & EAR INFIRMARY

Q&A on Cataracts (학생 A)

What is a cataract?

A cataract is a progressive malady of the natural crystalline lens inside the eye.

What kinds of cataracts are there?

There are several types of cataracts:

The most common form of cataract is associated with normal aging, which can cause a lens to harden and turn cloudy. These are called "senile cataracts."

They generally affect people 50 years or older.

Traumatic cataracts may result from injuries: a sharp blow, an electrical or chemical burn, or a very high dose of radiation.

Certain medications or eye diseases like diabetes can also cause the lens to cloud and form secondary cataracts.

In rare cases, children can be born with cataracts either due to heredity or because the mother had a disease such as 독어 measles during pregnancy.
A person who develops a cataract in one eye will usually develop a cataract in the other eye as well, although the second cataract may not develop for several years.

What are the signs and symptoms of cataracts?
Depending on the size and location of the cloudy areas in the lens, a person may not realize a cataract is developing. Signs include:
Objects beginning to appear blurry, hazy, or washed out.
A reduction in night vision.
A sensitivity to light and glare.
A need for frequent changes in eyeglass prescription.
Double vision.
A visible lightening of the pupil.

How do doctors treat cataracts?
It is not usually necessary to treat cataracts unless they interfere with daily life. The most common forms of cataracts can take up to 15 to 20 years to reach a stage where they seriously impair vision. As a first step, an ophthalmologist (a doctor who specializes in the medical and surgical treatment of the eye) conducts a thorough examination to detect cataracts. Then, the patient and the ophthalmologist decide together whether removal is necessary. Cataract removal involves surgery to remove the clouded lens. The doctor prescribes medicine along with performing the surgery, but no pill, eyedrop, or ointment alone can

prevent or cure cataracts. Similarly, lasers cannot remove cataracts, although doctors sometimes perform laser therapy if the membrane that holds the lens becomes cloudy in the weeks following surgery.

What's involved in cataract surgery?

Surgery for cataracts is a brief and relatively simple procedure. It usually takes 45 분 to an hour to complete. In the past, most cataract surgery patients remained in the hospital following the operation. But with improvements in techniques and equipment, doctors can perform most cataract procedures as ambulatory surgery, and the patient can return home the same day. Today, more than 95 percent of cataract surgeries are successful. It is one of the safest forms of surgery.

Just before the operation begins, patients receive eye drops. Most patients also receive a sedative and an injection of local anesthetic. Sometimes, the ophthalmologist recommends general anesthesia to put the patient to sleep.

Although using local anesthetic is far more common, both approaches are acceptable. During surgery, the surgeon makes a small incision on the surface of the eye. This incision becomes a passageway through which the surgeon removes the lens.

In most patients, the surgeon leaves a portion of the lens capsule (the thin membrane that holds the lens in place) in the eye. This technique is called an "extracapsular procedure." Occasionally, the surgeon removes the lens capsule along with the lens.

This technique is an "intracapsular procedure." Both procedures are safe and both improve vision.

MASSACHUSETTS EYE & EAR INFIRMARY

Q&A on Cataracts (학생 B)

What is a cataract?

A cataract is a progressive malady of the natural crystalline lens inside the eye.

What replaces my lens?

Most cataract surgery patients receive an "intraocular lens implant" to replace the natural lens. This plastic implant resembles a small contact lens. The doctor inserts it in the front part of the eye during surgery. The implanted lens is a permanent replacement for the natural lens; except in rare cases, it will never be taken out.

Some patients (such as those suffering from certain types of eye disease in addition to cataracts) should not receive an implanted lens. Options for these patients include special
cataract glasses or contact lenses.

What can I expect after surgery?

In the days immediately following surgery, get plenty of rest and avoid heavy lifting or other types of strenuous activity. For several days following surgery, you may experience some discomfort in or around the eye. Your doctor will usually remove your bandage within a day or two after the operation, but your eye will take several weeks to heal completely.

To protect the eye and encourage healing, you should follow all instructions for using eye drops and other prescribed medications. If you wear glasses, you may resume wearing them as a protective measure. The prescription may no longer be correct, but this will not harm your eye and your vision should still be acceptable. In fact, all patients should wear some form of eye protection (such as sunglasses) during the days following surgery. Your doctor will also give you an eye protector to wear at night for two to three weeks.

How will cataract surgery improve my vision?

Patients who have received an intraocular lens implant may notice some improvement as soon as the doctor removes the eye bandage. At some point after the operation, usually six to eight weeks, patients will receive a new eyeglass prescription that should also improve vision significantly. As the eye heals and adjusts to the lens implant, more changes in prescription may be needed.

Patients who do not receive a lens implant usually do not experience significant improvements in vision until they begin wearing contact lenses or cataract glasses, about six to twelve weeks following surgery. Improvement in vision and individual lifestyle determine how quickly patients can resume normal activities. For example, if you have good vision in your untreated eye and do not engage in many activities that require acute vision or excessive straining, you might resume many normal activities within a few days of the operation.

Are there after-effects I should know about?

A common occurrence following extracapsular cataract surgery is a clouding of the thin membrane that holds the lens in place. A doctor can readily treat this problem with laser surgery. During laser treatment, the ophthalmologist makes tiny holes in the clouded membrane to allow light to pass. This painless procedure takes only a few 분 and has a very high rate of success.

What's involved in cataract surgery?

Surgery for cataracts is a brief and relatively simple procedure. It usually takes 45 minutes to an hour to complete. In the past, most cataract surgery patients remained in the hospital following the operation. But with improvements in techniques and equipment, doctors can perform most cataract procedures as ambulatory surgery, and the patient can return home the same day. Today, more than 95 percent of cataract surgeries are successful. It is one of the safest forms of surgery.

Just before the operation begins, patients receive eye drops. Most patients also receive a sedative and an injection of local anesthetic. Sometimes, the ophthalmologist recommends general anesthesia to put the patient to sleep.

Although using local anesthetic is far more common, both approaches are acceptable.

During surgery, the surgeon makes a small incision on the surface of the eye. This incision becomes a passageway through which the surgeon removes the lens.

In most patients, the surgeon leaves a portion of the lens capsule (the thin membrane that holds the lens in place) in the eye. This technique is called an "extracapsular procedure."

Occasionally, the surgeon removes the lens capsule along with the lens. This technique is an "intracapsular procedure." Both procedures are safe and both improve vision.

활동 38 특정 주제를 이용한 십자말풀이

목표

- 특정 의미장 파악
- 순발력 함양
- 적절한 대응어 탐색

수준

모든 학생

그룹 구성

2인 1조

소요 시간

20분

진행 방법

a. 교수나 학생들은 해당주제와 관련된 단어들로 십자말풀이를 준비한다(주제로는 교육, 음식과 음료, 법률, 의학, 비즈니스, 동화 등). 학생들 각자가 준비해도 좋고 두 명씩 짝을 지어 준비해도 좋다(수업 중에나 집에서 과제로). 여기에서 십자말풀이를 하는 방법은 가로 세로 풀이를 보고 해당하는 어휘를 '다른' 언어로 적어 넣는 것이다(예를 들어 풀이가 불어로 적혀 있으면 네모 칸 안에 들어갈 단어는 영어로 적음).

b. 학생들은 각자가 만든 십자말풀이를 서로 다른 학생들과 교환하여 푼다.

c. 끝으로 십자말풀이를 푼 학생과 만든 학생이 나란히 앉아 검토하고, 토론할 내용이 있으면 같이 이야기해본다.

사례 의학용어의 접두사와 접미사 (스페인어/영어)

힌트. 영어로 주어진 힌트를 읽고 모국어로 적으시오.

가로줄: a. head / b. abnormal / e. low

세로줄: a. harmful, upside down / d. glandular / e. dissolved dissolution / f. growth

	a	*b*	*c*	*d*	*e*	*f*
a						
b						
c						
d						
e						

활동 39 구술 번역 I: 의학

목표

- 특정 어휘, 구어 표현 연습
- 기초 통역 기술 연습
- 특정 어휘 및 표현 번역
- 문화적 전이 인식

수준

모든 학생

그룹 구성

3-4인 1조

소요 시간

60분

진행 방법

a. 교수나 학생들은 해당 주제("의학" 에 대한 아래 사례 참조)와 연관된 역할 놀이를 준비한다. 역할 놀이에서 학생들은 새로운 성격의 인물 역할을 맡아 그 특성에 맞게 연기를 한다. 학생들이 어떤 역을 맡아서 해야 하는지 명확히 알려주기 위하여 역할이 적힌 카드를 나누어준다.

b. 학생들은 세 네 명씩 그룹을 정해 그룹별로 모여 앉는다. 역할 놀이를 준비한 교수나 학생들은 어떤 상황인지를 설명해주고 그룹의 학생들에게 각각의 역할이 적힌 카드를 나누어준다.

c. 학생들은 각자 받은 카드를 읽고 '활동 51. 탐사'를 참고하여 그런 방식으로 대화를 시작한다. 각 학생들이 출발어만 아는 사람, 도착어만 아는 사람, 통역해 주는 사람, 이렇게 세 가지 역할을 다 해보는 것이 좋다.

d. 번역하기 어려운 것이 있으면 칠판에 적고 마지막에 논의해본다. 오역으로 의사 소통이 불가능한 경우를 제외하고는, 역할 놀이가 끊기지 않게 중간에 끼어들어 잘못된 부분을 고쳐주지 않는다.

사례

역할 놀이

a. 영어가 모국어인 당신은 휴가 때 스페인의 코스타 브라바로 관광을 갔습니다. 그런데 갑자기 몸이 안 좋아서 병원에 가서 진료를 받아야 합니다. 어떤 병으로 할 것인지 정하고 그 병의 증상을 생각해 두거나 적어 둡니다. 이 역할 놀이에서 당신은 의사가 아니므로 본인이 어떤 병인지 말할 수 없다는 것을 기억하십시오.
b. 당신은 코스타 브라바의 동네 의사입니다. 당신은 모국어 외에 다른 언어는 모릅니다. 그래서 여름 휴가철에는 보통 통역해 줄 사람을 고용합니다. 환자의 병을 진단하려면 환자에게 어떤 질문들을 해야 할 것인지 생각해 두십시오.
c. 당신은 통역사입니다. 여름철이면 병원을 찾는 관광객들을 위해 의사들이 당신을 고용합니다. 통역할 때 필요할 것 같은 단어들(질병과 증상)을 두 언어로 정리하여 목록을 만드시오.

진단 예: 팔 골절, 발진, 홍역, 식중독, 소화불량, 이하선염, 다리 골절, 맹장염, 치통, 요통, 두통, 독감 등

활동 40 구술 번역 II: 게임

목표

-모국어와 제2 외국어로 배열하고 연결하는 연습
-모국어와 제2 외국어로 특정 어휘 파악
-검색 능력 함양
-간섭 현상과 문화적 전이 인지
-번역된 내용의 즉각적인 시각화: 자가 평가, 급우 간 평가

수준

초급

그룹 구성

3인 1조

소요 시간

30–60분

진행 방법

a. 학생들은 세 명씩 그룹을 지어 앉는다. 학생 A는 제2 외국어로 쓰인 게임 설명서를 소리 내어 읽는다. 학생 B는 들은 내용을 가능한 한 빨리 번역한다. 학생 C는 번역된 내용을 따라서 게임을 해본다. 제2 외국어로 읽는 것이 학생 C에게 들리지 않도록 학생 A와 학생 C는 너무 가까이 앉지 않는다.

b. 교수는 교실 안을 돌아다니며 번역상의 문제가 있으면 조언을 해준다.

c. 대부분의 학생들이 어려워하는 문제들은 칠판에 적고 반전체가 토론해본다.

참고: 학생들이 트럼프 카드나 보드 게임을 수업에 가져와서 활용해도 좋고, 게임 한 두 개의 설명서를 복사해 가지고 와서 해도 좋다.

활동 41 듣고 추측하기

목표

- 문어체와 구어체 표현 연습

- 특정 어휘 파악
- 용어 목록 작성
- 기초 통역 기술 연습: 청취 능력, 논리적 추측
- 공동 번역 연습: 문체, 용어, 어역, 결속성/응결성 등의 중요성 인식

수준

모든 학생

그룹 구성

3-4인 1조, 반 전체

소요 시간

2회 (준비와 발표)

진행 방법

a. 학생들은 반 전체 앞에서 발표할 주제(각자의 전공이나 번역 문제와 연관된)를 정한다. 세 네 명씩 그룹을 정해 그룹별로 함께 준비한다. 발표시간은 10-15분이고 제2 외국어로 발표해야 한다.

b. 준비하는 데 1-2주 정도 필요할 것이다. 학생들은 이 기간 동안 검색 능력, 협동정신, 언어 능력, 번역 기술을 발휘해야 한다. 학생들이 발표할 최종 텍스트는 문체, 용어, 어역, 결속성, 응결성 측면에서 일관되어야 한다. 전문 용어를 모국어와 제2 외국어로 찾아 용어 목록도 준비한다.

c. 발표를 시작하기 전에 학생들은 전문 용어를 모국어로 칠판에 적는다. 교실의 다른 학생들은 각 단어의 뜻과 각 단어를 어떻게 번역하면 좋을지를 추측해 본다.

d. 발표할 그룹의 학생들은 제2 외국어로 발표를 하고, 나머지 학생

들은 발표를 들으면서 발표를 듣기 전에는 몰랐었던 용어들을 번역해 본다.

e. 끝으로 용어 목록을 완성한 후에 발표 내용에 관해 전체 토론 시간을 갖는다.

활동 42 무엇을 요리하나요?

목표

- 대응어가 없는 문화적 표현 번역 연습: 음식과 음료
- 문제를 발견하고 해결하는 기술 적용
- 문화적 차이를 인식하고 문화를 연결해 줄 필요성과 방법 인지

수준

모든 학생

그룹 구성

2인 1조

소요 시간

45분

진행 방법

a. 학생들은 A언어나 B 언어로 단어가 적혀 있으며 군데군데 빈 칸이 있는 아래와 같은 표를 받는다. 적혀 있는 단어들은 요리 관련 어휘로 문화권에 따라 차이가 있는 어휘여야 한다.

b. 표의 빈 칸을 적절한 대응어로 채운다. 학생들은 정확한 등가어를 찾는 것이 불가능하다는 것을 깨달을 것이다. 사전, 메모장, 각 언

어로 쓰인 요리책, 요리 전문가의 조언과 같은 병렬 텍스트를 활용하여 빈 칸을 채운다.

c. 서로의 해결 방안을 비교해 보고 문제를 해결하기 위해 사용한 전략이나 방법에 관해 이야기해 본다. 본인의 해결 방안이 만족스러운가? 만족스럽거나, 만족스럽지 않다면 그 이유는?

사례 1 영어/스페인어/카탈로니아어

다음의 표를 완성하시오.

영어	스페인어	모국어
mashed		
	nata	
	natillas	
jam		
marmalade		

답

영어	스페인어	모국어
mashed	*puré*	
cream	nata	
custard/crême brûlé	natillas	
jam	*mermelada (dulce)*	
marmalade	*mermelada (con cítricos)*	

사례 2 불어 /스페인어 /카탈로니아어

다음의 표를 완성하시오.

불어	스페인어	카탈로니아어
crème caramel	flan	flam
chantilly	nata	nata
bonbon	caramelo	caramel
frites	patatas fritas	patates fregides
chips	patatas fritas (bolsa)	patates (bossa)

사례 3 독어 /스페인어/카탈로니아어

독어	스페인어	카탈로니아어
Püree	puré	purè
Sahne	nata	nata
Vanillepudding	natillas	crema catalana
Marmelade	mermelada (dulce)	melmelada (dolça)
(Orange) Marmelade	mermelada (con cítricos)	melmelada (amb cítrics)

활동 43 게임: 한 언어에서 다른 언어로

목표

- 특정 어휘 고찰
- 소통 중심 번역 대 의미 중심 번역에 관하여 토론하고 번역에 적용
- 문화적 표현의 번역에서 간섭 현상 인지

수준

초급

그룹 구성

개별

소요 시간

60분

진행 방법

a. 학생들에게 제2 외국어 학습자를 위한 연습 문제를 제시한다.

b. 학생들은 아래 사례와 같은 연습 문제를 풀되 제2 외국어 학습에다 한 가지 요소를 더 추가해야 한다. 그것은 바로 번역을 하는

것이다.

사례 학생들 연습 문제

1. 카드. 아래의 어휘를 정의, 번역어와 짝지으시오.

a/ shuffle	1/ do something one after the other	FICHA
b/ deck	2/ small flat piece of plastic	CARTA
c/dice/die	3/move cards to change their position	BARAJAR
d/ counter	4/ distribution of playing cards	BARAJA
e/ card	5/ (US) pack of playing cards	EN EL SENTIDO DE LAS AGUJAS DEL RELOJ
f/ turn	6/ move in the direction of the hands of a clock	DAR / REPARTIR
g/ clockwise	7/ cube of wood used in games	TOCA
i/ deal	8/ stiff paper or cardboard used in games	DADO

답: a, 3 (barajar) / b, 5 (baraja) / c, 7 (dado) / d, 2 (ficha) / e, 8 (carta) / f, 1 (turno) / g, 6 (en el sentido de las agujas del reloj) / i, 4 (dar / repartir).

2. 놀이. 다음의 표현을 번역하시오.

a. hacer una jugarreta

b. hacer novillos

답: a. - to play up / b. - to play truant

3. 게임. 다음을 번역하거나 다음과 유사한 게임을 찾으시오.

a. ajedrez

b. draughts

c. poker

d. la oca

답: a. chess, b. damas, c. póquer, d. snakes and ladders (마지막 번역은 반 학생들이 적절하다고 인정했다. 그 이유는 두 게임 모두가 두 문화권의 어린이들이 처음 접하게 되는 보드 게임 중의 하나이기 때문이다.)

활동 44 관용어 게임

목표

- 관용어나 격언 등을 두 언어로 파악
- 소통 중심 번역 대 의미 중심 번역(또는 직역)을 고찰하고 적용
- 다양한 번역 대안 인지
- 문제의 발견 및 해결 연습

수준

중급, 상급

그룹 구성

3-4인 1조

소요 시간

60분

진행 방법

a. 학생들이 네 명씩 한 그룹을 이룬다. 각 그룹에 카드 한 벌을 주는데 이 카드에는 관용어가 모국어로 한 장, 제2 외국어로 한 장 각각 적혀있다. 모국어로 쓰인 카드들과 제2 외국어로 쓰인 카드들을 다른 색으로 표시하면, 카드를 섞을 때 두 종류가 섞이지 않게 할 수 있다.

b. 학생들은 두 종류의 카드를 따로 섞어 책상 위에 나란히 놓는데 내용이 적힌 부분이 밑을 향하게 한다.

c. 첫 번째 학생이 카드 두 벌에서 각각 한 장씩 뒤집는다. 관용어나 격언이 모국어로 쓰인 카드가 제2 외국어로 쓰인 카드와 서로 대응하는 짝이면, 그 학생은 카드 두 장을 가져가고 1점을 얻는다. 두 장의 카드가 서로 대응하는 짝이 아니면, 각 카드를 두 카드 더미(모국어 카드와 제2 외국 어카드)의 제일 밑에 넣고 순서가 다음 학생으로 넘어간다.

d. 네 학생 순서가 모두 한 번씩 돌아가면 카드를 다시 섞는다.

e. 모든 카드의 짝을 제일 먼저 맞춘 그룹이 반 전체의 우승팀이 되고, 그룹 내에서는 카드 짝을 제일 많이 가져간 학생이 우승자가 된다.

기타 방법 1

학생들은 두 명씩 짝을 정해 카드를 섞는다. 각 학생은 카드 두 벌에서 각각 4장씩 카드를 받는다. 나머지 카드는 책상 중앙에 놓는다. 이 게임의 목표는 가능한 많은 카드 짝을 찾는 것이다. 학생들은 손에 든 카드를 가지고 시작하고 일단 카드 한 장을 책상에 내려놓는다. 상대편 학생이 책상위에 놓인 카드의 짝을 가지고 있으면 1점을 얻는다. 만약 없으면 나머지 한 쪽 짝을 가지고 있는 사람이 1점을 얻게 된다. 만약 누구도 가지고 있지 않으면, 쌓아 놓은 카드 더미에서 한 장을 가져와 계속 게임을 진행한다.

기타 방법 2

교수나 학생들은 관용어와 격언이 두 언어로 적인 카드 한 벌을 준비한다. 이번에는 같은 뜻을 다른 언어로 적은 카드 짝이 없다. 학생들은 네 명이 한 그룹을 이루어 카드를 섞는다. 책상 가운데 카드를 뒤집어 쌓아놓고 교대로 "관찰자" 역할을 한다. "관찰자"는 종이 한 장을 가지고 있는데, 여기에는 모든 카드에 적힌 관용어나 격언의 대응어(또는 경우에 따라 비대응어)가 적혀 있다. 다른 세 명의 학생들은 순서대로 돌아가며 카드를 뒤집는다. 이 때 내용을 정확하게 번역한 첫 번째 학생이 1점을 얻는다.

사례

영어	스페인어	불어	독어
To learn by heart	Aprender de memoria	Apprendre par coeur	Auswendig lernen
All that glitters is not gold	No es oro todo lo que reluce	Tout ce qui brille n'est pas or	Es ist nicht alles Gold, was glänzt
Clothes do not make the man	El hábito no hace al monje	L'habit ne fait pas le moine	Die Kutte macht noch keinen Mönch/ Kleider machen leute
There is no smoke without fire	Cuando el río suena, agua lleva	Il n'y a pas de fummée sans feu	Kein Rauch ohne Flamme / Feuer

활동 45 급속 어휘 목록

목표

- 특정 어휘 습득
- 소통 중심 번역 대 의미 중심 번역(또는 직역)

- 순발력과 기억력 함양

수준

모든 학생

그룹 구성

2인 1조

소요 시간

30분

진행 방법

a. 학생들은 정해진 4-5분 시간 내에 수업 시간에 다루고 있는 주제와 관련된 단어를 가능한 많이 적는다. 주제의 예로는 감정, 게임, 교육, 경제 등이 있을 수 있다. 이 활동은 학생들의 어휘력을 진단하고 증진시키기에 알맞다. 활동은 그룹으로 하지 않고 각자 한다.

b. 짝을 지어 본인의 목록과 짝의 목록을 비교한 뒤, 두 목록에서 번역하기 가장 어렵거나 가장 재미있는 단어 열 개를 고른다. 본인들의 번역이 맞는지 확인하기 위하여 사전, 수업 노트, 번역문 등 어떤 자료를 활용해도 좋다.

c. 두 명씩 짝을 지은 두 그룹이 함께 앉아 그룹 A는 그룹 B에게 본인들이 적은 단어를 제2 외국어로 소리 내어 읽어 준다. 그룹 B는 단어들을 듣고 1분 내에 번역한다. 번역을 적절하게 잘 했으면 단어당 1점을 부여한다. 또는 학생들이 단어를 카드나 종이에 적은 뒤 책상 위에 놓고 뒤집으며 바로 번역을 해도 좋다.

d. 끝으로 목록의 단어들을 모두 번역하고 고칠 점은 없는지 서로 이야기해 본다.

사례 1 자동차

영어	스페인어	불어	독어
rear window	ventanilla trasera	lunette arrière	Heckfenster
number plate	matrícula	plaque d'immatriculation	Kraftfahrzeugkenn zeichen
bumper	parachoques	parechoque	Puffer
windscreen	parabrisas	pare-brise	Windschutzscheibe

활동 46 시사 문제 퀴즈

목표

- 동사 구조 비교
- 시사 문제에 관한 "지식 데이타베이스" 구축
- 신문 읽기, 뉴스 듣기의 중요성 인식
- 직역에 유의

수준

초급

그룹 구성

개별, 2인 1조

소요 시간

60분

진행 방법

a. 교수는 모국어로 국내/해외 시사 문제와 관련하여 여러 개의 질문

을 준비한다. 질문은 두 그룹으로 똑같이 나눈다.

b. 학생들은 각자, 또는 짝과 함께 각각의 질문을 번역하고 제2 외국어로 질문에 대한 답을 적는다. 학생 A는 첫 번째 그룹의 질문에 답하고 학생 B는 두 번째 그룹의 질문에 답한다.

c. 학생 A와 학생 B는 함께 앉아 각자의 번역과 질문에 대한 답을 비교해본다.

기타 방법 1

교수가 오버헤드 프로젝터에 번역들을 올려서 보여주고 학생들은 자신들의 번역 대안을 이야기한다. 끝으로 학생 A가 제2 외국어로 학생 B에게 질문을 하면 학생 B가 답을 말하고 답이 정확하면 1점을 얻는다. 학생들이 교대로 질문하고 답해본다.

기타 방법 2

학생 A(또는 그룹 A)와 학생 B(또는 그룹 B)가 함께 앉아 본인들이 번역한 질문들을 교대로 읽는다. 구문 구조나 어휘에 잘못이 있다고 생각하면 상대편 학생이 고쳐주고, 각 질문에 답도 한다. 마지막에 교수가 질문들을 보여주면 학생들은 잘된 번역을 확인하고 질문에 대한 답에 관해 의견을 나눈다.

사례 질문지 2001

1. What famous pop star from the sixties and seventies died in 2001? (George Harrison)
2. Who won the Nobel Prize for Literature in 2001? (V.S. Naipaul)
3. What's the name of the boy whose (fictitious) life was a film hit in 2001, after being a best-seller for two years? (Harry Potter)

활동 47 관광 : 관광지에 가기

목표

- 장소를 묘사하는 특정 언어 파악
- 언어의 다른 기능과 텍스트 유형 고찰
- 검색 능력 함양
- 번역 과정에 대한 성찰 기록

수준

초급, 중급

그룹 구성

2-3인 1조

소요 시간

60분

진행 방법

a. 두 세 명씩 그룹을 정한다. 각 그룹마다 가고 싶은 장소를 정한다.

b. 그룹별로 그 장소에 관한 텍스트를 찾되, 각기 다른 종류의 텍스트를 찾아야 한다. 예를 들어 백과 사전의 설명, 관광 안내 책자, 문학 작품과 같이 텍스트의 유형이 서로 달라야 한다.

c. 날짜를 하루 정해서 그룹별로 텍스트를 모은다. 한 그룹에 텍스트가 세 개 이상 있으면 여러 개 중에서 세 개만 고른다. 텍스트의 종류가 다르기만 하면 어떤 텍스트라도 상관없다.

d. 각자 텍스트 중 하나를 정해 그 텍스트의 특성을 표로 정리해 본다. 표를 길게 세로 줄로 나누어 다음의 특성을 중심으로 적는다.

구두점, 어휘, 문단, 문장 길이, 어역, 텍스트의 기능, 독자의 기대 등이다(하팀, 1997b 참조).

e. 그룹별로 텍스트들을 한데 모아 텍스트의 특성을 분석하고 비교한 뒤, 각 텍스트에 알맞은 적절한 번역 방법을 결정한다.

f. 끝으로 각 그룹은 각 텍스트에서 일부(100-150 단어 내외)를 번역하여 교수에게 제출한다. 학생들은 번역문에 번역 과정을 설명하는 간단한 논평을 덧붙인다.

활동 48 청취 자료를 활용한 전문 번역

목표

- 전문 용어 및 표현 습득
- 외국어 청취 연습
- 전문 용어 번역
- 검색 능력과 전문 분야의 배경 지식 함양

수준

상급(전문 용어)

그룹 구성

개별

소요 시간

유연하게 설정

진행 방법

참고: ESP(특정목적을 위한 영어)나 제2 외국어 학습을 위한 상급반 교재에는

청취능력을 향상시키려는 활동이 포함되어 있는데, 이러한 활동은 전문 번역 수업에서도 이용할 수 있다.

a. 교수는 교재에 나와 있는 청취 훈련 활동을 소개하고, 거기에 나온 연습 문제들을 번역 학습에도 직접 활용할 수 있음을 강조한다. 바로 전문 언어와 배경 지식 습득에 활용할 수 있다.
b. 학생들은 본래의 활동를 더 확장하여 연습 문제의 지문 자체도 번역해본다.

2.1.3 전이 능력: 언어와 문화를 전문가답게 연결하는 전략

♣ 번역사가 이중 언어 구사자와 분명히 다른 특징 중 한 가지는, 번역사는 언어적/비언어적 메시지를 그대로 유지하면서 한 언어에서 다른 언어로 옮기는 능력을 갖추고 있다는 점이다. 이는 번역사의 전이 능력, 연결 솜씨가 뛰어남을 의미한다. 반면에 이중 언어 구사자는 두 개 이상의 언어 시스템과 문화에 대하여 선언적 지식은 보유하고 있을지 몰라도, 그러한 지식들을 서로 연결 짓는 능력은 부족할 수 있다. 특히 전문적인 맥락에서 어려워 할 수 있다.

지난 수 년간 연구자들은 인지심리학의 방법을 적용하여 번역사 머릿속의 "블랙박스"에 접근해보려고 애써 왔다. 교육과 학습에 직접적으로 적용될 이 연구 방식에는 두 가지 쟁점이 남아 있다. 첫째는 번역 과정과 번역 능력의 향상 정도를 가장 잘 측정할 수 있는 도구를 찾아야 된다는 것이고(사고발화법(Think Aloud Protocols), 기록보고서(Written Protocols) 등). 둘째는 용어(문제, 전략, 방법, 해결책 등)에 대한 합의가 이루어져야 한다는 것이다(베이커, 1992; 비비(Beeby) 외 편, 2000; 곤잘레즈 데이비스와 스콧-테넨트, 2001a, 2005; 하팀과 메이슨, 1990; 우르타도, 2002; 뉴마크, 1988; 노르트, 1991; 스콧-테넨트와 곤잘레즈 데이비스, 2000; 비네와 다블네(Vinay & Darblenet), 1958 참조). 첫째, 측정 도구과 관련해서는 교육적인 측면에서 성공적이라고 입증된 방법으로 기록보고서를 활용하여 학생과 교수가 학생의 번역 과정과 진전 상황을 추적해 보는 것이 있고, 둘째, 용어와 관련해서는 그룹별이나 전체 토론을 통해 의견의 일치를 보는 방법이 있다(아래 참조)(곤잘레즈 데이비스와 스콧-테넨트, 출간 예정(a)).

번역사의 의식에 관심을 갖는 연구와는 대조되는 연구로 더글라스 로빈슨이 제안한 "번역의 몸학(somatics)"이 있다. 그는 우리가 언어와 맺는 관계에서 감정과 본능의 중요성을 강조한다(그의 저서 『번역사의 시대(*The Translator's Turn*)』의 제1장 "번역의 몸학(The Somatics of Translation)"을 추천함). 사실, 이러한 접근 방법은 외국어학습 분야에서 신경언어학 프로그래밍(신경 언어학을 기반으로 하여 적극적 사고를 돕는 기법: 옮긴이)이나 뇌운동(Brain Gym)과 같은 최근의 연구 동향과 일치하는 것이다. 이 모두는 인본주의 원칙, 다중 지능, 정서 지능과 연관이 있다. 이 책의 일부 활동에서는 어떤 핵심 사항들을 교육하거나 고찰하기 위하여 시각적, 청각적, 운동감각적 방식을 활용하고 있다(특히 다음의 활동들 참조: 활동 4. 문화를 그림으로 표현하기; 활동 15. 삽화에 대한 고찰; 활동 17. 우리가 같은 그림을 말하고 있나요?; 활동 36. 볼륨을 낮춰라; 활동 37. 발화자 알아내기; 활동 41. 듣고 추측하기; 활동 43. 게임: 한 언어에서 다른 언어로; 활동 44. 관용어 게임; 활동 51. 탐사; 활동 60. 아코디언 번역; 과업 3. 면접: 이력서 다시 쓰기).

교육적 목적을 위하여 우리는 활동, 과업, 프로젝트를 디자인하여 관련 기술을 활성화시키는 한편, 언어와 문화의 전이 과정에 직접 관련된 다음의 세 영역을 탐구하고 발전시킬 수 있다.

a. 정신 능력: 기억력 증진, 순발력, 유연성, 번역에 대한 성찰
b. 검색 능력: 문헌, 인터넷, 인적 자원 활용
c. 의사 결정 능력: 문제 발견 및 해결, 창의력, 전략 계발

다음에 소개할 내용은 위에서 언급한 각 영역과 관련된 활동들이다.

a. 정신 능력: 기억력 증진, 순발력, 유연성, 번역에 대한 성찰

활동 49 이중 언어로 끝말잇기: 부호 전환

목표

- 순발력, 의식적 부호 전환(모국어에서 제2 외국어로, 다시 모국어로)과 같은 전이 능력 계발

수준

초급

그룹 구성

4-5인 1조

소요 시간

15분

진행 방법

a. 학생들은 4-5명씩 한 그룹을 이루고 각자 본인의 번호를 정한다: 1번부터 4번(5번).

b. 이 활동을 어느 한 의미장을 중심으로 진행하기를 원하면 특정 분야의 어휘들을 구체적으로 다룰 수 있다. 교수가 어느 한 의미장에 속하는 단어, 예를 들어, "clothes(의복)"을 큰 소리로 말한다. 1번 학생은 모국어로 그 분야와 관련된 단어를 말한다. 만약 "jacket(재킷)"이라고 말했다면 2번 학생은 "jacket(재킷)"의 마지막 철자 t로 시

작하는 단어를 제2 외국어로 말한다. 일례로 "torera(짧은 재킷)" 라고 했다면 3번 학생은 다시 마지막 철자 a로 시작하는 단어를 모국어로 말한다. "ankle sock(발목 양말)", 이런 식으로 계속 이어서 한다. 물론 더 까다로운 의미장을 제안할 수도 있지만 여기에서는 어휘보다 부호 전환 연습이 주된 목표라는 사실을 잊지 말자.

c. 꼬리에 꼬리를 물고 이어서 계속하다가 앞에 나왔던 단어를 실수로 반복하거나 10-15초 안에 새로운 단어를 생각해내지 못하는 학생이 나오면 거기서 멈춘다. 가장 오래 계속되는 그룹이 "우승팀"이다. 경쟁심이 과열되어 "놀이" 요소가 줄어들어서는 안 되고, 교수가 생각하기에 이 활동으로 학생들 간에 긴장감이 유발될 것 같다면 시행하지 않는다.

d. 일단 하나의 의미장이 완료되면 다른 의미장을 가지고 다시 시작한다. 의미장의 범위는 필요에 따라 더 구체적이 될 수도 있다.

e. 이 활동의 어려운 점(집중력, 기억력, 순발력, 어휘력 등)에 관해 반 전체가 토론해 보아도 좋다.

활동 50 탈언어화하고 재표현하기

목표

- 어역을 재구성하고 바꾸는 연습
- 핵심 파악을 위한 빨리 읽기 연습
- 탈언어화하여 텍스트를 다른 언어로 설명하는 연습(읽기에서 말하기나 쓰기로)
- 급우 간 교정 연습
- 기초 통역 기술 연습: 암기, 빠른 번역, 순발력 등

수준

초급

그룹 구성

개별, 2인 1조, 관찰자를 포함하여 3인 1조

소요 시간

텍스트 분량에 따라 다를 수 있음

진행 방법

a. 학생들은 뉴스 요약문이나 신문 기사를 받아서 읽는다. 학생 A와 학생 B를 위해 두 종류의 텍스트가 필요하다.

b. 학생들은 텍스트를 한 번 읽고 나서 내용이 보이게 않게 뒤집어 놓은 다음, 종이에 메모를 한 뒤(한 페이지 이내로) 텍스트를 다시 한 번 읽고서 메모한 것을 수정한다. 지금까지는 각자가 개별적으로 한다.

c. 학생 A는 학생 B와 같이 앉아 메모한 것을 보며 학생 B에게 텍스트의 내용을 설명해준다. 학생 B는 학생 A의 텍스트를 가지고, 학생 A의 설명을 들으면서 지적하고 싶은 부분에 밑줄을 치거나 메모를 해 둔다. 학생 B는 학생 A가 설명하는 동안 중간에 끼어들지 않는다.

d. 이번에는 서로 역할을 바꾸어 (c)의 과정을 같은 방식으로 진행한다.

e. 학생들은 상대편이 설명해 준 것에 대해 서로 논평해준다. 예를 들어, 불필요하다고 생각되는 부분이나, 중요한데 빠진 내용, 전달할 때의 논리적 순서와 속도, 설명할 때의 억양과 명료성 등에 관해 비평해 줄 수 있다.

e. 끝으로 궁금한 점이 있으면 반 전체가 토론하고 결론을 이끌어낸다.

참고: 교수가 생각하기에 한 번에 너무 여러 가지에 집중하기가 어렵다고 생각되면, 한 그룹에 세 명씩 정해 그 중 한 학생에게는 비언어적 측면을 관찰해서 비평하는 역할을 맡게 한다.

활동 51 탐사

목표

- 기초 통역 기술 연습: 순차 통역, 순발력과 기억력 같은 전이 능력

수준

모든 학생

그룹 구성

3인 1조

소요 시간

30분

진행 방법

a. 학생들은 세 명씩 그룹으로 앉는다. 한 학생이 다른 학생 뒤에 멀리 떨어져 있을 수 있으면 상황이 더 실감날 것이다(교실 안의 가구를 움직일 수 없으면 학생들은 교실의 양쪽 끝과 중앙에 선다).

b. 학생들은 본인들이 통역사가 필요한 국제 학술 대회에 참석해 있다고 상상해야 한다. 교대로, 학생 A는 연사(텍스트를 가지고 진행하면 독자), 학생 B는 청자, 즉 발표문의 언어를 이해할 수 없는 참석자, 학생 C는 통역사 역할을 맡는다. "학술 대회"의 주제는 수업에서 다루고 있는 주제 가운데(세계 요리 협회부터 심장 전문의 학회까지)

정할 수 있다.

c. 학생 A는 텍스트를 읽고서 제2 외국어로 내용을 설명하거나 그림을 묘사한다. 학생 C는 학생 B를 위해 모국어로 통역한다. 학생 B는 통역을 듣고 모국어로 질문을 하거나 논평을 한다. 이 내용을 "통역사"가 학생 A에게 제2 외국어로 전달해야 한다. 교수가 역할을 바꿔보라고 신호하거나, 텍스트를 다 읽었거나, 그림을 다 설명할 때까지 이런 식으로 계속 진행한다.

d. 모든 학생들이 세 가지 역할을 다 해보았으면 함께 앉아 각자 느낀 점, 과정, 결과 등에 관해 토의해 본다. 그림을 가지고 이 활동을 하면 특히 효과적이다. 그 이유는 학생 A가 "통역사"(학생 C)에게 묘사한 것을 학생 B가 그려야 하는데 그림이 그 과정을 명확히 보여주기 때문이다.

기타 방법

학생 A와 학생 B가 확실하게 서로 멀리 떨어져 앉는다. 학생 C("통역사")는 학생 A가 하는 말을 '들어야' 한다. 듣고서 학생 B에게 '달려가' 학생 A의 메시지를 다른 언어로 반복하거나 재구성한다. 그리고 다시 학생 A에게 '달려와' 학생 B가 한 질문이나 논평을 다른 언어로 반복한다. 이 방법에는 시간적 압박과 암기력 요구가 더해진다.

활동 52 영화 제목: 이것이 같은 영화인가요?

목표

- 영화 제목의 다양한 번역과 그렇게 번역한 이유에 관해 토의
- 다양한 번역 대안과 충실성의 정도에 유의
- 번역상 문제 발견 및 해결 연습
- 번역 과정과 번역 결과물에 대한 고찰

수준

모든 학생

그룹 구성

개별, 2인 1조

소요 시간

15분

진행 방법

a. 교수와 학생들은 영화 제목과 그 제목의 번역을 가능한 많이 찾아온다. 모국어와 제2 외국어 신문을 수업에 가지고 오면 유용할 수 있다.

b. 교수 또는 두 명씩 짝을 지은 학생들이 영화 제목과 그 번역어를 가지고 "알맞은 짝 찾기" 문제를 준비한다(사례 참조).

c. 본인 그룹에서 만든 문제를 다른 그룹에 전달한다.

d. 짝과 함께 활동을 진행하고 서로 의논해서 답을 찾는다.

e. 번역어를 충실성 정도를 나타내는 연속선상에 표시해보고 번역 기준에 따라 분류해본다.

f. 번역어가 원래 제목에서 달라진 이유를 토론해본다.

g. 끝으로, 다른 번역 대안을 제안해 보아도 좋다.

사례 영어-스페인어

a. The Seven Year Itch	La tentación vive arriba [Temptation Lives Upstairs]
b. Some Like It Hot	Con faldas y a lo loco [With Skirts, Acting the Fool]
c. Singing in the Rain	Cantando bajo la lluvia [Singing in the Rain]
d. The Milagro BeanfieldWar	Un lugar llamado Milagro [A Place Called Milagro]
e. Pulp Fiction	Pulp fiction

활동 53 핵심 번역 (Gist translation)

목표

- 요약 번역 연습
- 텍스트 유형에 따라 화용적인 선택
- 기초 통역 기술 연습: 암기력, 신속한 의사 결정
- 결정의 타당한 이유 설명

수준

초급

그룹 구성

2인 1조

소요 시간

20분

진행 방법

a. 학생 A는 텍스트를 읽고 덮어둔 상태에서 기억나는 것만 번역한

다. 학생 B도 다른 텍스트를 가지고 똑같이 행한다.

b. 학생 A와 학생 B는 서로 번역문을 교환한 뒤, 각자 처음 보는 그 번역문을 가지고 출발어로 바꾸어 본다.

c. 마지막에 두 학생은 번역문을 원문과 비교하고, 원문과 번역문의 유사점과 차이점에 대해 토론하고 본인의 번역과 작업 과정에 대해서도 이야기해 본다.

활동 54 직청 직해 (Reverse dictation)

목표

- 빠른 번역 연습
- 순발력과 같은 전이 능력 연습
- 제약 조건 하에서 번역 연습

수준

모든 학생

그룹 구성

개별, 2인 1조

소요 시간

20분(텍스트 분량에 따라 달라질 수 있음)

진행 방법

a. 교수는 소리 내어 읽어 줄 텍스트를 고른다. 텍스트의 난이도는 학생들의 실력에 따라 다를 수 있다.

b. 직청 직해 절차는 다음과 같다.

① 내용에 익숙해지도록 학생들은 텍스트를 한 번 통독한다.

② 의미 그룹별로 두 번씩 반복하여 읽어주고 학생들은 받아 적는다.

③ 학생들은 받아 적은 내용을 비교해본다.

④ 텍스트를 다시 한 번 통독한다.

c. 텍스트는 평상시 불러줄 때의 속도로 읽어준다. 이 때 학생들은 반드시 '다른 언어로 받아 적아야 한다'.

d. 교수는 텍스트의 내용이 제2 외국어로 적힌 버전을 보여주고 가능한 다른 대안에 대해 토론해본다.

➡ 기타 방법

같은 절차를 따르되 모호한 단어들을 사용한 텍스트로 해 본다. 그리고 학생들의 해석 수준에 따라 번역이 어떻게 달라지는 토의해본다.

사례 > Blade Runner (Ridley Scott 감독, 1982)

학생 A

1. 다음 텍스트를 짝에게 소리 내어 읽어주고 짝은 스페인어로 받아 적기.

Early in the 21st century the TYRRELL CORPORATION advanced robot revolution into the NEXUS 6 phase – a being virtually identical to a human – known as a REPLICANT. The NEXUS 6 Replicants were superior in strength and agility, and at least equal in intelligence, to the genetic engineers who created them.

Replicants were used Off-World as slave labour in the hazardous exploration and colonization of other planets.

학생 B

1. 다음 텍스트를 짝에게 소리 내어 읽어주고 짝은 스페인어로 받아 적기.

After a bloody mutiny by a NEXUS 6 combat team in an Off-World colony, Replicants were declared illegal on Earth- under penalty of death.

Special police squads – Blade Runner Units – had orders to shoot to kill, upon detection,

any trespassing Replicant.

This was not called execution.

It was called retirement.

2. 본인의 번역을 더빙본과 비교해보고 토의하기.

활동 55 여러 언어, 하나의 번역

목표

- 다양한 텍스트에서 관찰할 수 있는 번역 전략 분석
- 그렇게 번역한 이유 탐색 및 다양한 번역문 평가
- 분석한 텍스트를 번역
- 간섭 현상과 다양한 번역 대안 인지

수준

모든 학생

그룹 구성

개별, 2인 1조

소요 시간

텍스트 분량에 따라 달라질 수 있음

진행 방법

a. 학생들은 동일한 텍스트가 여러 언어로 번역된 번역문을 받는다(사례 참조). 관광 안내 전단의 경우 이러한 사례를 쉽게 찾아 볼 수 있다.

기타 방법 1

처음에는 각자가, 나중에는 짝과 함께 원문을 보아가며 번역문을 분석한다. 번역의 과정을 탐구해 보는 활동이다.

기타 방법 2

처음에는 각자가, 나중에는 짝과 함께 번역문에 가장 가깝게 원문을 재생성해야만 한다. 번역의 과정과 결과물을 탐구해 보는 활동이다.

사례 (영어-스페인어-불어-독어)

PORT AVENTURA (TARRAGONA)

Prepárate a disfrutar de unas vacaciones llenas de aventuras. A descubrir un paraíso fascinante entre palmeras, aves tropicales y danzas polinesias, a pasear por la Gran Muralla China y a viajar montado en el "Dragón Khan". Prepárate a contemplar una ceremonia Maya, a disfrutar de un chili con carne en una cantinaMejicana...

Get ready to enjoy a holiday full of adventure. To discover a fascinating paradise among palm trees, tropical birds and Polynesian dances, to stroll along the Great Wall of China and to travel riding on the Dragon Khan. Get ready to contemplate a Maya ceremony, to enjoy a "chili con carne" in a Mexican "cantina"...

Prépare-toi àpasser des vacances remplies d'aventures. A découvrir un paradis fascinant entre les palmiers, les oiseaux tropicaux et les danses polynésiennes, àte promener sur la Grande Muraille de Chine et àvoyager sur le Dragon Khan. Préparetoi àcontempler une cérémonie Maya, àsavourer un "chili con carne" dans une CantineMexicaine...

Bereite Dich darauf vor, einen Urlaub mit vielen Abenteuern zu genieβen; ein traumhaftes Paradies zwischen Palmen mit Tropenvögeln und polynesischen Tänzen zu entdecken, auf der chinesischen Mauer spazierenzugehen und auf "Dragón Khan" zu reisen. Bereite Dich auf die Zeremonie der Sonnenverehrung des Mayavolkes vor und geniesse ein Chilipfeffer-Fleischgericht in einer mexikanischen Kantine...

활동 56 이중 언어가 뒤섞인 텍스트

목표

- 부호 전환 연습
- 어역에 유의
- 언어 유희 번역 연습
- 창의력 발휘
- 더빙의 특성 파악

수준

모든 학생

그룹 구성

개별, 2인 1조

소요 시간

60분

진행 방법

a. 교수가 영화 대본의 일부를 발췌하여 준비한다. 발췌본의 어휘와 표현 중 일부는 학생들의 모국어로 적어 놓는다.

b. 이번 수업의 목표에 따라, 학생들은 받은 대본을 출발어나, 도착어 둘 중의 하나로(혹은 두 언어 모두로) 다시 써 본다.

c. 학생들은 본인들이 쓴 텍스트를 원래 대본, 더빙이나 자막본과 비교해보고 유사점과 차이점을 토론한다.

사례 연습 문제 영어/스페인어

Harry Potter and the Goblet of Fire / *Harry Potter y el cáliz de fuego (J. K. Rowling* (저자)/ Adolfo Muñoz and Nieves Martin (공역)

1. 다음의 이중 언어가 섞인 텍스트를 구술로 번역한다.

The Quidditch mundiales

Clutching their purchases y, siguiendo al señor Weasley, they all hurried into the wood, following the camino que marcaban los faroles. They could hear the sound of thousands of people moving around them, shouts and laughter, snatches of singing. La atmósfera de febril emoción se contagiaba fácilmente; Harry couldn't stop grinning.

2. 본인의 번역을 원문, 스페인어 번역문과 각각 비교하고 유사점과 차이점을 토의한다.

The Quidditch World Cup

Clutching their purchases, MrWeasley in the lead, they all hurried into the wood, following the lantern-lit trail. They could hear the sound of thousands of people moving around them, shouts and laughter, snatches of singing. The atmosphere of feverish excitement was highly infectious; Harry couldn't stop grinning.

Los mundiales de Quidditch

Cogieron todo lo que habían comprado y, siguiendo al señor Weasley, se internaron a toda prisa en el bosque por el camino que marcaban los faroles. Oían los gritos, las risas, los retazos de las canciones de los miles de personas que iban con ellos. La atmósfera de febril emoción se contagiaba fácilmente, y Harry no podía dejar de sonreir.

활동 57 듣고 기억해서 말하기: 위스퍼링 통역

목표

- 기초 통역 기술 연습
- 구술로 번역할 때 필요한 전이 능력 고찰
- 번역상의 쟁점 토론

수준

중급, 고급

그룹 구성

2인 1조

소요 시간

비디오 자료의 분량에 따라 다를 수 있음

진행 방법

a. 교수는 영화나 다큐멘터리를 적당한 분량으로 나누어(이 활동을 처음 할 때는 5-10분 정도) 학생들에게 보여준다. 몇 분 후에 일시 정지시킨다.

b. 학생들은 교수가 준비한 자료를 듣고, 다음 부분으로 넘어가기 전에 들은 부분을 구술로 번역해 본다.

c. 나중에 이 활동을 하는 동안 머릿속에서 어떤 일이 벌어졌는지, 각자 어떤 문제점이 있었는지, 기초 통역 기술을 이용해본 결과는 어떠했는지 등에 대해 토론해 보아도 좋다.

활동 58 1분 번역

목표

- 특정 용어 습득
- 어역 인지
- 기초 통역 기술 연습
- 순발력과 같은 전이 능력 연습
- 문화적 표현 전환
- 번역 속도를 높이는 연습

수준

모든 학생

그룹 구성

2-3인 1조

소요 시간

20분

진행 방법

a. 이 활동은 대부분의 주제를 대상으로 진행할 수 있다(음식 조리법, 기계 작동법의 묘사나 설명 등).

b. 학생들이 텍스트를 읽는다. 브레이스토밍 시간을 가지고 학생들이 읽은 내용을 순서대로 정리해본다. 어휘를 칠판에 적어도 좋은데, 수업 시간에 사용하는 한 가지 언어로만 적는다.

c. 학생들은 두 세 명씩 그룹을 지어 앉는다. 가능하면 세 명이 한 그룹을 이루면 더욱 좋다. 그룹별로 텍스트의 내용을 서로에게 설명해주기 시작한다. 돌아가며 1분씩 이야기한다. 이번에는 브레인스토밍 시간에 사용했던 언어와는 '다른 언어'로 내용을 설명해야 한다.

d. 모두 마쳤으면 어려웠던 어휘와 표현들을 적고 이에 관해 반 전체가 함께 토론해본다.

활동 59 쉐도잉하고 번역하기

목표

- 기초 통역 기술 연습
- 구술로 번역할 때 필요한 전이 능력 고찰
- 번역 속도 높이는 연습
- 번역 과정에 대해 토론

수준

중급 또는 고급

그룹 구성

개별 또는 2인 1조

소요 시간

영화나 다큐멘터리 자료의 분량에 따라 다를 수 있음

진행 방법

a. 영화나 다큐멘터리를 적당한 분량으로 나눈다(이 활동을 처음 진행할 때는 5-10분 정도).
b. 학생들은 화면을 바라보고 앉는다. 영화에서 나오는 대화를 정확히 따라하는데 입술만 움직여서 소리는 나지 않게 따라해 본다(이를 쉐도잉이라 함).
c. 학생들이 이 단계를 잘 마치고 나면 이번에는 영화를 시청하면서 번역해보는 연습을 한다. 이번에도 역시 소리는 내지 않는다.
d. 교수는 영화의 볼륨을 높인다. 학생들은 대화가 진행될 때 동시에 말로 번역해 보되, 입술만 움직여 소리는 나지 않게 한다. 반의 학생 수가 적으면 두 명씩 짝을 지어 소리 내어 해보아도 좋다.
e. 이 활동을 하는 동안 머릿속에서 어떤 일이 벌어졌는지, 각자 어떤 문제점이 있었는지, 기초 통역 기술을 활용한 결과는 어떠했는지 등에 대해 토론해 보아도 좋다.

참고: 이 활동은 학생들이 교수의 도움 없이 집에서 혼자 해 볼 수 있는 종류의 활동이다.

활동 60 아코디언 번역

목표

- 동일한 텍스트를 직접/간접/역 번역하는 연습
- 간섭 현상 유의
- 번역 속도 높이는 연습
- 번역상의 쟁점 토론

수준

모든 학생

그룹 구성

3-4인 1조

소요 시간

60분

진행 방법

a. 교수는 30-40단어 내외의 텍스트를 3-4개 선정한다. 한 그룹이 세 명이면 세 개, 네 명이면 네 개 준비한다.

b. 그룹이 정해지면 그룹 수만큼 텍스트를 복사해서 준비해둔다.

c. 학생들은 그룹별로 앉아 각자 연필을 준비한다. 그룹의 각 학생들은 서로 다른 텍스트를 받는다.

d. 교수가 신호를 주면 학생들은 자신이 받은 텍스트를 번역하기 시작한다. 학생들은 정해진 시간 내에 번역을 마쳐야 한다. 교수가 총 번역시간을 알려준다(번역시간은 텍스트의 난이도와 학생들의 수준에 따라 달라질 수 있다).

e. 정해진 시간이 다 되면 각 학생은 텍스트를 오른쪽에 앉아있는 학생에게 전달한다. 전달하기 전에 원문이 보이지 않게 종이를 접는다(필자의 경우, 알람시계를 사용해서 정해진 시간에 알람이 울리게 하기도 한다. 이렇게 하면 교수가 신호를 주는 것보다 속도를 더욱 객관적으로 정확하게 지킬 수 있다).

f. 다음 학생은 이전 학생의 번역을 역번역 한 뒤 이전의 텍스트 부분을 모두 접어 오른쪽에 앉은 학생에게 전달한다. 차례가 돌다가 그룹의 각 학생들이 본인이 처음 번역했던 텍스트를 다시 받게 되면 멈춘다.

g. 학생들이 본인이 처음에 번역했던 텍스트를 받으면, 종이 전체를 펼쳐서 여러 번역문과 역번역문을 읽고 분석해본다. 중간에 살리지 못한 것은 무엇인가? 통사 구조보다 어휘가 영향을 더 많이 받았는가? 직접 번역과 역번역 중에서 변화가 더 많이 일어난 것은 어떤 것인가? 최종 번역문이 원문에서 얼마나 달라졌나?

h. 위의 질문을 포함하여 궁금한 점들을 그룹 내 토론시간에 서로 이야기해 본다("번역사"와 "저자"간의 대화).

i. 마지막으로 학생들은 각자 이 활동의 과정과 결과물에 대해 간단히 에세이를 쓴다.

예시 텍스트 예

1. "Psychologic depression is a common consequence of chronic rheumatoid arthritis. From the physician, the patient needs sympathetic understanding of his problems and a willingness to help solve them. When depression is severe, these efforts may be facilitated by the use of antidepressive medication. If anxiety, restlessness, and insomnia are complicating features, the use of mild sedatives or tranquilizers may be

indicated." (Cecil Textbook of Medicine, J. Wyngaarden & L. Smith).

2. "They found advertisements for kitchen staff/waitresses at Sid's Plaice off Kilburn High Road ... They calculated that if they worked six hours a day for five days their living expenses should be comfortably covered. One free fish meal a day would be a bonus." (Innocent Blood, P.D. James).

활동 61 더빙

목표

- 더빙 연습
- 다양한 번역 대안 인식
- 제약 사항 극복

수준

중급, 고급

그룹 구성

2인 1조

소요 시간

영화 발췌본의 분량에 따라 달라질 수 있음.

진행 방법

a. 학생들은 영화 발췌본의 원래 대본을 받아 번역한다.
b. 본인의 번역과 다른 학생들의 번역을 비교해본다.
c. 마지막에 학생들은 더빙판을 듣고, 더빙 전문가들의 번역과 본인

의 번역을 비교한 뒤 토론해본다. 본인들의 그렇게 번역한 타당한 이유를 설명한다.

활동 62 나누어 시청하기

목표

- 재구성 연습
- 더빙에 관해 토론
- 역번역, 빠른 번역, 요약 번역 연습
- 암기력 증강

수준

모든 학생

그룹 구성

반 전체를 두 그룹으로 나눔 / 2인 1조

소요 시간

60분

진행 방법

a. 영화 일부를 발췌하여 각 5분 정도씩 두 부분으로 나눈다(분량은 대화의 양에 따라 달라질 수 있음).

b. 반 전체를 학생 A와 학생 B의 두 그룹으로 나눈다. 학생 A 그룹만 첫 번째 부분을 듣는다. 듣고 나서 학생 A는 학생 B에게 최대한 많이 구술로 번역을 해 준다.

c. 학생 B는 학생 A가 말한 내용을 다시 출발어로 바꾼다.

d. 같은 과정을 이번에는 영화의 두 번째 부분을 대상으로 학생들 역할을 바꾸어서 시행한다(학생 B가 듣고 학생 A에게 전달).

e. 끝으로 모두 함께 원래의 대화를 듣고 유사점과 차이점을 토의한다.

b. 검색 능력: 문헌, 인터넷, 인적 자원

과업 17 사전에는 무엇이 있을까? 기본적인 검색 능력 알아보기

목표

- 각종 사전과 사전 사용법 고찰
- 사전에서 적절한 어휘를 찾기 어렵다는 사실 인식
- 직역에서 멀어지기
- 언어적 오류 분석
- 언어 외적 요소 검색
- 맥락에 따라 번역어가 결정됨을 깨닫고 맥락의 중요성 인식
- 이중 언어, 단일 언어 사전 외의 검색 도구 파악
- 텍스트에서 문화적 표현의 중요성 인지
- 언어적 오류와 문화적 치환를 해결하기 위한 번역 과정과 전략 고찰

수준

초급

그룹 구성

개별, 2인 1조, 반 전체

소요 시간

2시간씩 4회

참고: 이 수업은 도서관에서 진행하면 제일 효과적임.

진행 방법

1회차. 이상적인 사전

a. 학생들은 그룹으로 앉아, 이상적인 단일어 사전이란 어떤 사전일지 그 특징을 생각해서 나열해본다. 각기 다른 사전을 참고하여 특징을 찾아본다.

b. 서로 논의하여 특징을 목록으로 다 적고나면 브레인스토밍 시간을 가진다. 교수는 학생들의 의견을 칠판에 적는다.

c. 끝으로 학생들이 가지고 온 사전들 중에서 어느 사전이 학생들이 기대하는 바에 가장 가까운지 이야기해 본다.

c. 위에서 진행한 사항을 이번에는 이중 언어 사전을 대상으로 똑같이 해 본다.

사례 필자의 학생들이 제안한 이상적인 사전의 특징

일반적 고려사항	단일어 사전	단일어 사전
출판 연도 예시문	단어의 여러 가지 정의를 사용 빈도순으로 정렬	이전의 다양한 번역들 소개
발음이 다양한경우 소개 강세	합성어를 하위 항목으로 기재	대조적인 내용을 도표로 소개
다양한 언어 소개	전치사 사용법(영어)	도형과 그림
어역	불규칙 동사에 대한 상세한 정보	대조적인 기본 문법 소개
전문적 어역 문법 정보 어휘 분류 교차 참조 연어 단어를 음절 단위로 구분 다양한 철자법 소개 표시 체계, 축약형에 대한 명확한 소개	(영어) 동사구에 대한 상세한 정보 동사의 종류	항목 옆에 어휘의 잘못된 사용법 안내 잘못 짝지어진 대응어쌍 표시

2회차. 효과적으로 사전을 이용하기 위한 과업

a. 학생들은 연습 문제를 받고 활동을 진행한다(아래 사례 참조).

사례

1. 사전으로 인한 오역. 다음의 문장들을 사전을 이용해서 번역한다. 다 마치면 다른 학생들의 번역문을 보고 오역을 찾아 교정한 뒤 왜 그렇게 교정하였는지 이유를 설명한다.

a. 다음을 번역한다.

1. Cook until brown (조리법).
2. Spain's indigenous film industry (신문 헤드라인).
3. Europe banks on its youth to generate hope (신문 헤드라인).
4. In the kitchen more men work stirring and pampering unfamiliar-looking items of food (남성을 위한 요리 잡지의 기사).

b. 다른 학생들의 오역을 교정하고 왜 그렇게 교정했는지 이유를 설명한다.

1. Cook until brown
2. Spain's indigenous film industry
3. Europe banks on its youth to generate hope
4. In the kitchen more men work stirring and pampering unfamiliar-looking items of food.

3회차. 사전을 넘어서: 검색 능력과 도구 I

a. 두 명씩 짝을 지어, 학생들은 지시 사항에 따라 아래 연습 문제의 첫 번째 활동을 진행한다.

연습 문제

1. 언어적 오류 분석: 의뢰인을 대할 때

두 명씩 짝이 정해(학생 A와 학생 B) 각자가 전문 번역사라고 상상한다. 의뢰인(본인도 전문 번역사)이 여러분에게 자신의 번역에 오류가 있는지 검토해 달라고 요청한다. 여러분은 영어로 번역된 텍스트에서 다음의 오역들을 교정하려고 한다. 그런데 의뢰인에게 어떤 오류를 왜 교정해야 하는지 설명해야 한다. 의뢰인이 여러분 의견에 선뜻 동의하지 않고 다음과 같은 요청을 할 수가 있다. 즉, 교정해야 하는 이유를 한 가지 이상 말해달라고 하거나, 알기 쉽게 풀어서 말해달라고 하거나, 다른 예를 더 들어서 설명해 보라고 한다. 가능한 많은 자료를 참고해서 여러 가지 이유를 적어본다.

학생 A와 학생 B가 교대로 번역사와 의뢰인이 되어본다.

참고: 사전이 모든 문제를 해결해 줄 수 없다는 사실을 명심하고 정보를 찾을 수 있는 다른 자료들을 찾아야 한다(백과사전, 전문용어 사전, 병렬 텍스트, 모국어 화자, 등). 교정이 필요한 오역 부분이 다음과 같다고 가정해보자.

학생 A

오역	가능한 원문	문제	교정한 번역	이유
It's worth to be explained.				
Say the truth. Say lies.				
They all are dead.				
Go to another countries.				
Pay the water.				

학생 B

It is very
nice, this
story.
People
has nearly
forgotten.
They are like
we want they
are.
The most of
my friends.
As usually.

가능한 교정안 :

It's worth explaining; Tell the truth. Tell lies; They are all dead; Go to other countries; Pay for the water; This story is very nice; People have nearly forgotten; They are as we want them to be; Most of my friends; As usual.

4회차. 사전을 넘어서: 검색 능력과 도구 II

a. 학생들은 연습 문제의 두 번째와 세 번째 활동을 진행한다. 그 내용은 다음과 같다.

2. 문장 번역: 구체적인 논의사항

다음의 문장들은 번역상의 문제들을 포함하고 있어 문제를 해결하기 위해서는 사전을 꼼꼼히 살펴보거나 어휘나 표현을 전문 용어 사전, 참고 도서 등에서 찾아보아야 한다. 이 과업을 진행하는데 도움이 된 참고 도서 목록을 만들어 나중에 반 학생들과 공유한다.

1. There is a white elephant stall round the corner.

문제 :

해결 방안 :

참고 도서 :

최종 번역 :

2. Here comes Sister (병원에서).

문제 :

해결 방안 :

참고 도서 :

최종 번역 :

3. Hot cross buns bring back childhood memories.

문제 :

해결 방안 :

참고 도서 :

최종 번역 :

4. He caught the 5.33 train to Hickville, New York, last Tuesday night.

문제 :

해결 방안 :

참고 도서 :

최종 번역 :

문제가 될 사항들: white elephant; Sister; hot cross buns; night ("evening"과 비교).

3. 사전을 넘어서

여러분은 문화적 차이를 보여주려는 질문지에 검색을 해서 답하고자 한다. 이번 활동에서는 관용구 및 문화적 표현의 번역 문제를 해결해야만 한다. 그러기 위해서는 번역어를 선택할 때 도움이 되는 검색 도구를 파악해야 한다. 이번 활동에서도 검색의 출처를 목록으로 정리하여 반 전체 학생들과 공유한다.

질문지

1. B&B 가 무엇인가?

2. Ernie와 Bert가 누구인가? 방송에서 번역된 이름은 무엇인가? (아이들 텔레비전 프로그램에 등장)

3. "mad as a hatter" 라는 표현은 무엇을 의미하는가? 어디에서 유래했나? 어떻게 번역할까?

4. 다음의 발췌문을 번역하시오.

"I should have gone to Tunisia or the Canary Islands or even Miami Beach, on the Greyhound Bus, hotel included, but y didn't have the willpower." Lady Oracle, Margaret Atwood (1976).

4. 검색 능력을 실행에 옮기기: 번역

아래의 텍스트 "The Right Wee with Words"(타임지, 1993년 8월)를 번역하고 번역상의 문제, 번역 전략, 문제 해결을 위해 검색한 자료 정보를 적는다.

텍스트

How do you say shaggy pink nylon fitted carpet in French? SARAHBOSELEY on the problems facing book translators

Babylon came to Brighton this week. That most English of

seaside towns, where multi-lingualism rarely runs much beyond an apologetic "parelyvoo anglay?" to the hordes of young foreign language students and tourists struggling against summer gales on the stony beaches, played host to nearly 600 professional translators from some 50 countries. They had come for the th World Congress of the International Federation of Translators –the first time the elegantly-spoken and well-dressed gathering had assembled on these notoriously philistine shores.

But there they were, some of the best linguists in the world, queueing patiently for a coffee while little Jane and Johnny, taking a break from the Jurassic Park spin-off exhibition sharing the conference centre, fought over a Dinosaurus Dog and a Pepsi. But they know a bit about cultural leaps, these people. There is a great deal more to their philosophy than you' d find in the dictionaries. Their art is not the substitution of one word for another but the rendering of meaning from one culture into another (...)

활동 63 설득: 오역을 찾아내어 교정하기

목표

- 텍스트 검토 연습
- 문법구조, 어휘, 표현 교정
- 문제의 발견 및 해결
- 검색 능력 연마
- 본인의 선택에 대한 타당한 이유 제시

- 일상적으로 흔히 볼 수 있는 오역 인지

➡ 수준

모든 학생

➡ 그룹 구성

2인 1조

➡ 소요 시간

45분, 사례가 충분히 모이면 언제든 시작

➡ 진행 방법

a. 학생들은 방송이나 본인들의 번역(본인 번역이라고 밝힐 필요 없음)에서 흔히 찾을 수 있는 오역을 목록으로 정리하여 수업 시간에 가지고 온다(사례 참조).

b. 반 전체를 두 그룹 A와 B로 나눈다. 각 그룹은 오역이 있는 문장을 교정하고 왜 그 부분이 잘못되었는지 이유를 설명한다. 이 과정에서 문법책, 사전, 기타 참고도서를 이용해도 좋다.

c. A 그룹의 학생들과 B 그룹의 학생들은 짝을 정해, 잘못된 텍스트의 "교정자"와 "저자" 역할을 교대로 해본다. 교정자는 저자에게 교정한 부분을 설명해 주어야 한다. 여기에서 저자는 그 문장이 잘못되었다는 점에 동의하지 않는 역할이다. 따라서 교정자는 합리적인 이유를 가능한 많이 제시하여(가능한 자료를 모두 참고하여) 잘못된 부분을 저자가 고치도록 설득해야 한다.

사례 오역 문장 사례(영어-스페인어)

원문	오역	역번역	번역 대안
She uses her mother's maiden name.	"Usa el nombre de la doncella de su madre" (신문)	[She uses her mother's maid' s name]	Usa el nombre de soltera de su madre
"¿uépienso de Barcelona?"	"What fodder of Barcelona?" (학생 번역)		What do I think of Barcelona?
"He looked at him sheepishly" (아가사 크리스티)	Le miróovejunamente		Le mirócon apuro.
Brothers in arms (노래-다이어 스트레이츠)	"Hermanos en brazos" (라디오에서 들은 내용)	[Brothers in arms ('weapon'의 동의어가 아님)]	Hermanos de fuego / de batalla
Fancy dress (아가사 크리스티)	"Vestido de fantasía"	[Fantasy dress]	Disfraz
Sobre todo	"...overcoat" (학생 번역)		Above all, especially

활동 64 요약 번역

목표

- 요약하는 기술과 요약 번역 연습
- 특정용어와 그 용어의 번역 연습
- 기초 통역 기술 연습
- 검색 능력 연마

수준

모든 학생

그룹 구성

개별, 그룹별

소요 시간

텍스트나 청취 자료 분량에 따라 달라질 것임.

진행 방법

a. 학생들은 번역 교과 과정에서 다루었던 특정 주제(법률번역, 과학번역 등)에 관하여 전문 용어가 포함된 텍스트를 읽거나, 아니면 비디오/카세트테이프를 듣거나, 교수의 강연을 듣는다.

b. 학생들은 들으면서 노트테이킹을 한다. 필요하면 연습 문제나 질문지를 준비하여 학생들이 강의내용이나 영상자료를 잘 따라갈 수 있게 한다(사례 참조)

c. 학생들은 읽거나 들은 내용을 요약해서 제출한다. 이 과정에서 병렬 텍스트나 사전 등을 이용해도 된다. 교수가 교정해주기 전에 급우 간에 교정해 주는 시간을 가져도 좋다.

d. 학생들이 요약을 다 마치고 나면, 요약문에 포함되어야 할 내용이 적힌 슬라이드를 보여주고 토론을 시작한다.

사례 "환경"에 관한 다큐멘터리를 볼 때 사용했던 연습 문제 사례이다.

"오랑우탄"(내셔널 지오그래픽)

1. 탈맥락화된 어휘. 다음 단어와 표현들을 다른 제목의 그룹으로 분류하고 번역하시오.

a. to fell trees	b. to be petrified	c. timber	d. to seize
e. undergrowth	f. to be in poor shape	g. to grip	h. to cling

그룹으로 분류한 답안 예: 숲 관련 어휘, 잡는 것과 연관된 동사, 두려운 감정과 연관된 동사

2. 맥락화된 어휘. 다큐멘터리를 들으면서 앞에서 여러분이 번역한 어휘와 표현들이 적절한지 검토하시오.

3. 노트테이킹/번역한 보고서. 다음 사항들에 관해 노트테이킹을 하고 그룹별로 번역해서 보고서를 제출하시오.

a. 서식지　　b. 특성　　c. 사라진 원인

d. 재활센터의 기능　　e. 센터에 도착한 이후의 절차

c. 의사 결정 기술: 문제의 발견 및 해결, 창의력과 전략 계발

♣ 교육적인 목적에서 필자는 번역사나 학생들이 의식적이나 무의식적으로 다음의 다섯 단계 절차를 따라 번역할 것을 제안하고 싶다. 각 단계를 살펴보면 번역사는 번역상의 문제를 해결하기 위하여 탐지, 결정, 합리화 사이에서 끊임없이 오가는 것을 알 수 있다(곤잘레즈 데이비스와 스콧-테넨트 2005).

1. 텍스트에 접근하는 일반적인 방식: 거시적 또는 미시적 결정을 선택한다.
2. 문제 발견: 텍스트의 일부(미시적 차원)나 전체(거시적 차원)에서 나타나는 특정 언어적/비언어적 표현을 탐지하고 관찰하고 주목하여, 자동적으로나 무의식적으로 번역하지 않도록 주의한다.
3. 브레인스토밍 및 전략 선택: 번역 문제를 해결하기 위한 정신적, 정서적 행위를 알아본다. 예를 들어 병렬적/논리적 사고, 검색, 분류, 취사선택, 마인드맵 작성, 단어와의 즐거운 씨름, 의미장 및 스키마에 접근, 번역 방법 나열, 출판된 번역본 검토 등이 있다.
4. 브레인스토밍 및 번역 방법 선택: 원문을 재창조하는 방법으로 재표현하기 위하여 수용가능한 다양한 번역 방법을 구체적으로 고려해본다. 예를 들어 외연화, 주석, 모사, 문화적 번안, 이국화, 재구성, 대체, 생략, 추가 등이 있다.

5. 최종 해결 방법 선택: 최종 번역안은 번역 맥락에 따라 합리화될 수 있고 그에 따라 평가된다.

다음의 활동과 과업들은 각 단계에 맞추어 순차적으로 학생들의 능력을 탐색해보고 계발하는데 도움이 된다. 각 단계는 중복될 수도 있다.

과업 18 번역 문제를 탐지하고 해결 방안 모색하기

목표

- 번역상의 문제 인식
- 문제를 해결하기 위한 다양한 가능성 모색
- 번역 과정을 말로 표현하다 보면 적절한 해결책에 이를 수 있으므로 이러한 방법을 고찰(기록보고서 등)
- 동일한 원문의 다양한 번역본을 분석하여 동일한 문제에 대한 다양한 해결책 고찰

수준

모든 학생

그룹 구성

개별, 2인 1조, 그룹별

소요 시간

2시간씩 5회(연속적으로 진행할 필요 없음)

♣ 학생들은 "제 번역이 원문에 얼마나 가까워야 하나요?" 라는 질문을 무척 많이 한다. 그 다음으로 많이 하는 질문은 "---할 때 어떻게 하면

좋을까요?"로 여기에서는 구체적인 번역 문제를 물어본다. 학생들 질문에 대한 답을 모색하는데 출판된 번역본은 훌륭한 교육 자료로서 크게 도움이 된다. 다음의 다섯 단계에 따라 전문 번역본을 활용해보자.

1. 학생들이 동일한 텍스트의 다양한 전문 번역본을 검토하고 번역상 문제들에 대해 각 번역사들이 제시한 다양한 해결 방안을 중심으로 토의한다(아래의 사례 이외에 과업 15. 보물섬: 원문을 찾아서 등 참조).

사례 Me alquilo para soñar, Gabriel García Márquez (아래 부분은 네루다를 묘사함)

No he conocido a nadie más parecido a la idea que uno tiene de un Papa renacentista: glotón y refinado. Aun contra su voluntad, siempre era él quien presidía la mesa. Matilde, su esposa, le ponía un babero que parecía más de peluquería que de comedor, pero era la única manera de impedir que se bañara en salsas. Aquel día en Carvalleiras fue ejemplar. Se comió tres langostas enteras descuartizándolas con una maestría de cirujano, y al mismo tiempo devoraba con la vista los platos de todos, e iba picando un poco de cada uno, con un deleite que contagiaba las ganas de comer: las almejas de Galicia, los percebes del Cantábrico, las cigalas de Alicante, las espardenyes de la Costa Brava. Mientras tanto, como los franceses, sólo hablaba de otras exquisiteces de cocina, y en especial de los mariscos prehistóricos de Chile que llevaba en el corazón.. De pronto dejó de comer, afinó sus antenas de bogavante, y me dijo en voz muy baja:

– Hay alguien detrás de mi que no deja de mirarme.

번역 1. I Sell My Dreams, Edith Grossman

I have never known anyone closer to the idea one has of a Renaissance pope: He was gluttonous and refined. Even against his will, he always presided at the table. Matilde, his wife, would put a bib around his neck that belonged in a barber shop rather than a dining room, but it was the only way to keep him from taking a bath in sauce. The day at Carvalleiras was typical. He ate three whole lobsters, dissecting them with a surgeon's skill, and at the same time devoured everyone else's plate with his eyes and tasted a little from each with a delight that made the desire to eat contagious: clams from Galicia, mussels from Cantabria, prawns from Alicante, sea cucumbers from the Costa Brava. In the meantime, like the French, he spoke of nothing but other culinary delicacies, in particular the prehistoric shellfish of Chile, which he carried in his heart. All at once he stopped eating, tuned his lobster's antennae, and said to me in a very quiet voice:

"There's someone behind me who won't stop looking at me."

번역 2. Dreams for Hire, Nick Castor

I have never known anyone who approximated more closely the received idea of a Renaissance Pope –that mixture of gluttony and refinement – who even against his will, would dominate and preside over any table. Matilde, his wife, wrapped him in a bib which looked more like an apron from a barber-shop than a napkin from a restaurant, but it was the only way to prevent him from being bathed in sauces. That day Neruda ate three lobsters in their entirety, dismembering them with the precision of a surgeon, while concurrently devouring everyone else's dishes with his eyes, until he was unable to resist

picking from each plate, with a relish and an appetite that everyone found contagious: clams from Galicia, barnacle geese from Cantabria, prawns from Alicante, swordfish from the Costa Brava. All the while he was talking, just like the French, about other culinary delights, especially the prehistoric shellfish of Chile that were his heart's favourite. And then suddenly he stopped eating, pricked up his ears like the antennae of a lobster, and whispered to me:
"There's someone behind me who keeps staring at me."

2. 교수(또는 학생들)는 번역 문제와 해결 방안를 명확하게 제시하고 이러한 문제들을 연습할 수 있는 활동과 과업들을 시행한다.

3. 교수와 학생들은 번역 문제, 전략, 방법, 해결책을 어떻게 정의할 것인가에 의견의 일치를 본다(각각의 정의와 설명은 위의 내용과 용어 해설을 참조). 그러면 학생들이 전략을 활용하고 해결책을 적용하는 과정이 점차 내재화되고 자동화될 것이다(2.2. 학부 단계: 토대 구축 참조).

4. 학생들은 각자 수업 중에 있었던 번역 문제들을 대상으로, 문제, 전략, 방법, 해결책을 각각 정리하여 자신만의 목록을 작성한다. 처음에는 개별적으로 만들다가 가능하면 온라인으로 모두의 목록을 모아 공유한다(과업 10. 다양한 번역안을 살펴보기: 온라인 목록 공유참조). 온라인 목록이 어려우면 수업 시간에 개인의 목록에다 반의 다른 학생들이 정리한 내용을 추가하여 목록을 확대한다. 문제가 되는 어느 한 부분에 학생들끼리 또는 교수와 논의해 보고, 적절하다고 의견이 모아지면 다양한 번역안을 채택할 수도 있다. 경우에 따라 분야 전문가의 의견을 구해야 할 수도 있다.[12] 다음은 모나 베이커의 『말 바꾸기(In Other Words)』에 나온 세 가지 번역 문제와 그

문제들에 대한 해결 방안을 정리한 것이다. 유용한 해결 방안들이므로 학생들이 목록을 만드는데 모델로 삼을 수 있을 것이다. 번역 문제와 전략/해결책이 서로 일대일로 대응하는 관계는 아니다.

어휘 차원에서 비등가 문제를 해결하기 위한 전략

문제	전문 번역사들이 사용하는 전략 (Baker 1992, p.20-43)
a. 문화적 개념 b. 출발어 개념이 도착어에 어휘로 없을 때 c. 출발어의 단어에 복잡한 의미가 담겨있을 때 d. 출발어와 도착어가 의미에서 차이가 있을 때 e. 도착어에 해당하는 상위어가 없을 때 f. 도착어에 구체적인 용어(해당하는 하위어)가 없을 때	a. 보다 일반적인 어휘로 번역(상위어) b. 더 중립적/덜 표현적 어휘로 번역 c. 문화 대체어로 번역 d. 외래어나 외래어에 설명을 더하여 번역 e. 연관된 단어를 사용하여 풀어쓰는 방식으로 번역 f. 연관되지 않은 단어를 사용하여 풀어쓰기 방식으로 번역
g. 신체적, 대인간 관점에서 차이가 있을 때 h. 표현적 의미에 차이가 있을 때 I. 형태에 차이가 있을 때 j. 특정 형태를 사용하는 빈도와 목적에 차이가 있을 때 k. 원문에서 외래어를 사용할 때	g. 생략하여 번역 h. 삽화로 그려서 번역

위의 목록에 학생들이 추가한 사항

a. 외연화

b. 음역

c. 각주

e. 책 마지막 부분에 용어 해설

어휘 이상의 차원에서 비등가 문제를 해결하기 위한 전략: 연어, 관용구, 고정 표현

문제	전문 번역사들이 사용하는 전략 (Baker 1992, p.46-77)
a. 연어 • 원문의 형태적 특징으로 인해 무의식적으로 모사하여 번역 • 출발어 연어의 의미를 잘못 해석 • 정확성과 자연스러움 간의 갈등 • 문화적 연어 • 원문의 유표적인 연어	a. 연어 • 원문의 잠재적 영향력에 유의 • 초벌 번역문을 몇 시간 동안 치워두었다가 한참 후에 다시 읽어보아 형태로 인한 간섭 현상을 최소화 • 의미가 변화했을 때의 심각성을 가늠 • 도착어의 제약 사항과 번역문의 목적에 따라 유표적 연어로 번역
b. 관용구와 고정표현 • 인식 여부 • 도착어에서 등가 표현 부재 • 도착어에 비슷한 대응어가 있으나 다른 맥락에서 사용 • 출발어와 도착어가 사용법, 사용맥락, 사용빈도에서 불일치	b. 관용구와 고정표현 • 검색 • 의미와 형태가 비슷한 관용구 이용 • 의미는 비슷하나 형태가 다른 관용구 이용 • 풀어쓰기 • 생략 • 보상 • 바꾸어 말하기 • 연관되지 않은 단어를 사용하여 풀어써서 번역 • 삽화로 그려서 번역

위의 목록에 학생들이 추가하거나 지적한 사항

a. 완전한 일치[13]

- 의미, 어휘, 문법 구조에서 정확한 등가어 찾기

b. 부분적 일치

- 의미나 형태에서 대응어 찾기(어휘나 통사 구조)
- 이들 표현의 전통적인 특성을 유지할 수 있는 새로운 구 만들어내기: 어휘, 통사 구조, 내재된 리듬 고려
- 대응어 부재
- 생략하는 것은 "전문가"답지 못하게 느껴짐
- 언어 유희에는 특히 각주를 권장
- 번역문에 ("")를 남겨 풀어쓰거나 각주에서 축어적으로 번역 또는 외연화

전략 이용

텍스트 차원의 등가문제를 해결하기 위한 전략: 결속성과 응결성

문제	전문 번역사들이 사용하는 전략 (베이커 1992, p.119-215)
성 구분	추가
인칭	삭제
동사 시제	재정리
어순의 제약	다른 어휘사슬 만들기
어순에 따른 의미의 변화 지시어	외연화
텍스트 유형	재구분(문단, 문장을 재정비하거나 재구성)
장르	구두점 조정

위의 목록에 학생들이 추가하거나 지적한 사항

a. 읽기:
- 소리 내어 읽기
- 다른 사람에게 읽어주기
- 다른 사람이 읽어보기
- 음조에 집중하기
- 다양한 번역 대안을 논의하기 위하여 다른 독자에게 빈칸 채우기 테스트 시행

b. 덩어리로 나누기(WH- 질문을 이용해 텍스트의 내적 구조 발견)

c. 어순을 바꾸기(단어와 절을 가지고 "알맞을" 때까지 "찾아보기")

d. 도착어로 쓰인 동일한 주제와 동일한 텍스트 유형의 병렬 텍스트를 분석하기

e. 도착어의 가독성과 텍스트의 특징적 형태에 주의하기

5. 학생들은 번역상의 문제들에 대한 해결 방안을 기록하기 위하여 각자가 디자인한 보고서를 제출한다. 표는 보통 세 부분으로 구성

된다. 첫 번째 줄에는 원문에서 찾은 문제들을 적고, 두 번째 줄에는 각 문제에 대한 다양한 해결 방안이나 전략을 적고, 세 번째 줄에는 최종 번역안을 적은 뒤 그렇게 번역한 이유도 함께 적는다. 번역상 문제들은 학생들의 적성과 배경 지식에 따라 서로 다를 수 있으므로, 텍스트에서 문제가 될 부분을 교수가 미리 찾아줄 필요가 없다. 실제로 번역을 해보면 학생들이 다른 부분을 더 어려워할 수 있기 때문이다. 만약 학생들이 보고서의 양식을 다르게 하기를 원하면 학생들의 개성과 다양성을 존중해서, 내용이 명확하고 주어진 과업에서 벗어나지 않는 한 허용한다(아래 참조).

사례

루흐드 몰리나(Lourdes Molina)의 보고서 (원래 영어로 작성, 2000)

원문: *The Tough Princess by Martin Waddell*, 1990.

문제	전략	최종 해결 방안
의성어: 이 단어들은 번역된 언어로는 완전히 다를 수 있다. 예. "Biff!, went Princess Rosamund, and she knocked the Bad Fairy..." (The Tough Princess by Martin Waddell)	**검색**: 사전을 참고해서 소리의 출처나 또는 그 소리가 곧 의미가 되는 이유를 알아내어 등가어를 찾는다. 소리 내어 천천히 읽어 본 뒤에 빠르게도 읽어본다. **병렬 텍스트**: 대화를 찾아 읽는다. 아이디어를 얻기 위해 특히 어린이를 위한 책, 기사, 잡지 등을 참고한다.	가장 비슷한 의성어로 대체한다. 예. - ¡Plaff!

베서니와 마리아의 보고서 (2001)

원문: Would You Like to Be a Writer? by Nick Daws (광고문, 영국 일간지 가디언, 1999).

우리는 이 광고를 번역할 때 전반적으로 자국화 전략을 선택했다. 이 광고의 목적은 일반 대중의 주의를 집중시킨 뒤에, 친숙한 광고 양식(즉 글머리표 양식)를 이용하라고 납득시키는 것이다. 혼란을 주거나 이상하게 느껴질 수 있는 (가짜 기사 양식) 양식 대신에 말이다. 그런데 이 새로운 양식이 스페인 일간지 엘 파이스(El País)나 다른 신문들 양식과 비슷해서 스페인 사람들이라면 이 양식을 쉽게 알아볼 것이다. 그래서 우리는 보다 스페인적인 "스타일"을 넣으려고 노력했다. 짧고 간결한 영어 문장들에 담긴 정보를 가지고, 보다 길고 자세한 문장들을 만들었다.

독자에게 빈 칸을 채우게 하고 종이 쿠폰을 보내게 하는 부담을 주지 않고, 최신 기술을 이용하여 수신자부담 전화번호와 웹사이트 주소를 집어넣었다.(이 문제는 의뢰인과 상의해야 한다는 사실을 잘 알고 있다).

미시적인 전략에서도 조금 차이가 있었다. "일간, 일요, 주간" 신문들은 영국의 신문 유형을 떠올리게 하므로, 번역할 때 자국화하여 전형적인 스페인 언론의 dominical, diario 라는 용어로 대체하였다. 한편 원문에서는 "earn while you learn"이라는 문장에서 리듬을 이용하여 참신하고 기억하기 좋은 구문을 만들어냈으나, 번역에서는 그냥 중립화 전략을 사용하여 개념은 전달하되 재치 있는 구문을 사용하지는 않았다.

후안 안토니오 마틴의 보고서 (2002)

원문: The Growing Pains of Adrian Mole by Sue Townsend (1984)

문제	번역 제안	장점	단점
BBC and ITV	BBC e ITV	첫 번째 TV 채널은 스페인에서 잘 알려져 있다...	...그러나 ITV는 아니다.
	Los canales británicos BBC e ITV [영국 TV 채널-BBC와 ITV]	간단한 설명을 넣어서 독자가 문화적 표현을 이해하게 도와줄 수 있다.	-
	TV1 y TV5 (스페인 TV 채널)	독자가 텍스트를 더 잘 이해할 것이다.	"현지의 풍미"가 사라져서 독자는 영국 문화에 대한 지식을 늘리지 못할 것이다. 이는 또한 통일성을 살리기 위하여 텍스트의 '모든' 문화적 표현들을 자국화함을 의미한다...
최종 번역안			
the British TV channels BBC and ITV			
최종 번역에 대한 합리적인 이유 설명			
문화적 표현이 유지되어서 독자는 긴 설명이나 주석 없이 영국 문화에 대해 알 수 있다. 설명을 자연스럽게 읽을 수 있다.			

활동 65 메시지 분류하기

목표

- 출발어가 번역사와 번역에 미치는 영향에 관해 토의
- 번역의 기능을 인식
- 잘못 짝지어진 대응어쌍에 유의
- 언어 내 번역, 간접 번역, 재번역 연습
- 최종 선택 후에 선택에 대한 이유 설명
- 이미지와 소리를 통해 텍스트 해석
- 맥락 중심의 번역 연습
- 검색 능력 함양

수준
모든 학생

그룹 구성
개별, 2인 1조

소요 시간
텍스트 분량에 따라 다를 수 있음

진행 방법
a. 학생들은 번역 실수와 오류를 찾아볼 수 있는 텍스트를 받는다. 번역의 질을 판단하기 전에 번역의 기능을 확인하여, 오역으로 보이는 것이 사실은 타당한 이유가 있어 일부러 그렇게 번역한 것인지 살펴본다.
b. 학생들은 각자 텍스트를 읽고 오역 부분에 밑줄을 친다.
c. 두 명씩 짝을 지어 원문에 사용된 어휘, 어휘적 표현, 통사 구조 등이 무엇이었을지 추측해본다. 이 때 병렬 텍스트를 활용하면 도움이 될 수 있다.
d. 학생들은 텍스트에서 출발어의 모사가 분명한 부분을 다시 쓴다.
e. 두 명 중의 한 학생은 다른 그룹의 학생과 같이 앉아 텍스트를 비교해본다. 이 때 교수는 교실 안을 돌아다니며 질문이 있는 학생이 있으면 도와준다.
f. 마지막에 학생들은 원래 짝에게 돌아가 본인이 쓴 "새로운" 원문을 토대로(또는 슬라이드로 실제 원문을 보게 되면 그 원문을 가지고) 새로운 "번역문"을 만들어낸다.

사례 일본어(텍스트 없음)-영어-스페인어)

사용 설명서

최종 번역문 (카세트 플레이어)	원문으로 추정되는 텍스트	번역 제안
Usando el jugador de cinta.	Using the tape player / recorder.	Cómo utilizar la grabadora.
Tornea botón de control de volumen.	Turn volume control button.	Pulse la tecla de volumen.
Inserta la cinta por puerta de jugador. Jugador estaráocupado y automáticamente cambia unidad de radio a cinta.	Insert tape in deck. The source will change automatically from radio to tape recorder.	Introduzca una cinta en el magnetófono. La fuente de sonido pasaráautomáticamente de la radio a la grabadora.
Ajusta control de volumen y balance.	Adjust the left and right volume balance.	Ajuste el equilibrio entre los canales izquierdo y derecho.

활동 66 시역(視譯)

목표

- 번역상 문제의 발견 및 해결
- 자가 평가 및 급우 평가 연습
- 시역 연습

수준

모든 학생

그룹 구성

2인 1조

소요 시간

30분

진행 방법

a. 교수나 학생들은 적절한 주제를 정해 모국어로 쓰인 텍스트를 두 개 고른다. 학생들은 두 명씩 짝을 지어 학생 A가 텍스트 한 개를 받고 학생 B가 나머지 텍스트 한 개를 받는다.

b. 학생들은 각자 본인이 받은 텍스트를 번역한다. 필요하면 참고 자료를 활용해도 좋다.

c. 번역을 다 마치고 나면 학생 A는 본인이 번역하지 않은 텍스트, 즉 학생 B의 텍스트를 가지고 시역을 한다. 학생 B는 중간에 끼어들지 않고 끝까지 들으며, 지적해 주고 싶은 사항이 있으면 텍스트에 밑줄을 친다.

d. 이번에는 학생 B가 학생 A의 텍스트를 시역하고 위와 동일한 과정을 진행한다.

e. 학생 A와 학생 B는 상대편의 번역에서 교정하고 싶은 부분을 서로 알려준다.

f. 교수는 두 텍스트를 번역한 번역문들을 보여주고 반 전체가 토론해본다.

활동 67 급우 간 교정

목표

- 텍스트 검토 및 전문적 교정 연습
- 도착어권의 기대에 맞추어 메시지 전달
- 최종 결과물 평가
- 의사 결정 연습
- 짝과 함께 문제를 발견하고 해결

수준
모든 학생

그룹 구성
2인 1조

소요 시간
30분(텍스트 분량에 따라 달라질 수 있음)

진행 방법
a. 학생들은 교실에서나 집에서 200-250단어 내외의 텍스트를 번역한다. 이 활동에서는 모든 학생들이 동일한 텍스트를 사용해도 되고 학생 A와 학생 B로 나누어 두 가지의 텍스트를 사용해도 된다. 텍스트를 두 가지로 정하면 학생들이 교정하기 위해 텍스트를 받기 전까지는 전혀 모르는 상태이기 때문에 교정 작업이 더욱 실감날 것이다.
b. 학생들은 두 명씩 짝을 정해 서로의 번역문을 바꾸어 본다.
c. 각자 원문을 가지고 다른 학생의 번역을 검토하는데 이 때 전문 교정자들이 사용하는 부호를 사용해서 교정한다. 물론 이 부호는 문화권마다 다를 수 있어 학생들이 미리 알아두어야 한다 (브라이언 모숍의 『번역사를 위한 교정 및 편집(Revising and Editing for Translators)』 2001 참조).
d. 교정한 번역문을 "저자"에게 돌려준다.
e. 학생들은 각자 교정된 번역문을 읽어본다.
f. 짝과 함께 앉아 번역문의 "저자"와 교정한 부분에 대해 의견을 나눈다.
g. 각 학생들은 "교정자"와 논의한 내용을 고려하여 번역문을 다시 쓴다.

활동 68 텍스트 검토

목표

- 번역사들이 하는 텍스트 검토 연습
- 번역상의 문제를 발견하고 해결
- 교정한 부분에 대해 이유 제시

수준

모든 학생

그룹 구성

2인 1조

소요 시간

텍스트에 따라 다를 수 있음.

진행 방법

a. 학생들은 교정할 텍스트를 받는다. 출판된 텍스트일 수도 있고, 다른 학생들이 작문하거나 번역한 텍스트일 수도 있다. 후자의 경우에는 같은 그룹의 학생들이 번역한 텍스트여서는 안 된다.

b. 학생들은 텍스트를 교정하기 시작한다(브라이언 모숍의 『번역사를 위한 교정 및 편집』 2001 참조).

c. 학생들이 이 활동을 전에 해 본 적이 없으면 연습 문제를 준비하여 이끌어주어도 좋다.

사례 스페인 가로사(Garrotxa) 지역을 소개하는 관광 안내문

The pilgrim that when coming from Gironés region steps for the first time into “La Garrotxa”, reaches a point in which he feels fascinated by an unexpected vision.
Whe the road that comes sneaking across the hills appears at an open landscape, at the end of a loop, he can suddenly see on his left, right upwards the same river he’s crossing, another bridge. An uncommon bridge, that was built many centuries ago. Its’s made with two tracks of tall and unusually-shaped arches. As you go on, it’s easy to see that, right at the other river-bank, the bridge has its basis at the fortified gate of a huge wall behind which Besalú edifications climb a small hill. Increasing the militar flavour of the sight, a stout tower, a battlemented one, rises up in the very place where both brigde tracks get joined.

연습 문제

1. 철자. 텍스트에 철자가 틀린 단어가 네 개 있으니 찾아서 고치시오.
2. 관계절. 관계절이 잘못된 부분을 찾을 수 있나요?
3. 전환. 다음의 번역투를 고치시오.
   a. The pilgrim that when coming...
   b. ...right upwards the same river he’s crossing...
   c. ...a stout tower, a battlemented one, ...
   d. ...both bridge tracks get joined.

위 3번의 문장들을 찾아 모두 번역하시오.

4. 어휘. 다음의 단어들에 대해 지적해보고 적합한 동의어와 번역어를 찾

으시오.

a. sneaking

b. appears

5. 어역. 다음을 적절한 어역의 표현으로 바꾸시오.

a. huge wall

b. get joined

정답

1. when, Its's, military, brigde
2. pilgrim WHO / bridge, WHICH.
3. a. "The pilgrim who leaves behind the Gironés and enters...": b. "upriver" ("he can see upriver, on his left,..."); c. "a sturdy battlemented tower"; d. "where both bridge spans join"
4. a. (secretly, quietly). Compare "sneak on someone." See the text above (4.a). ...snaking road crosses...; b. (suddenly, unexpectedly). ...emerges into...
5. a. high wall/rampart; b. join ("get")

활동 69 노트테이킹

목표

- 노트테이킹 연습
- 요약 번역 연습

수준

중급, 고급

그룹 구성

개별

소요 시간

60분씩 2회

진행 방법

a. 학생들은 강연을 듣거나 다큐멘터리를 시청하며 노트테이킹을 한다. 학생들이 더 편하게 느끼는 언어를 사용하여, 모국어로 써도 되고 제2 외국어로 써도 되고 두 언어를 섞어서 써도 된다.

b. 강연이나 다큐멘터리의 들은 부분을 이번에는 다른 언어로 요약해서 쓴다.

c. 강연이나 다큐멘터리를 다시 한 번 듣고 요약문을 다듬은 뒤에 제출한다.

활동 70 조각 번역

목표

- 시역 연습
- 공동 번역 연습
- 번역상의 쟁점 토론
- 번역문의 결속성 인식

수준

모든 학생

➡ 그룹 구성

2인 1조

➡ 소요 시간

60분(텍스트에 따라 달라질 수 있음)

➡ 진행 방법

a. 번역할 텍스트를 정한다. 적어도 두 부분 이상으로 나눌 수 있을 정도의 길이여야 한다.

b. 텍스트를 몇 부분으로 나누었느냐에 따라 한 그룹에 속할 학생 수를 정한다(2인 1조, 3인 1조 등).

c. 학생들은 각자 텍스트의 한 부분씩을 맡아서 번역한다. 필요한 참고 자료는 무엇이든 활용해서 번역한다.

d. 각자가 맡은 부분을 다 번역하고 나면 그룹별로 앉는다. 한 그룹 안에는 텍스트의 각 부분을 번역한 학생들이 모두 있어야 한다. 혹시 남는 학생이 있으면 같은 부분을 번역한 학생과 함께 한다.

e. 원문을 따라가며 학생들은 교대로 본인의 번역을 소리 내어 읽는다. 다른 학생들은 번역문을 들으며 원문을 눈으로 읽으며 비교해 본다. 논의가 필요하거나 명확하지 않은 부분이 나오면 잠시 정지하고 대안을 제시한 후에 의견을 조율한다. 이런 방식으로 번역문을 끝까지 살펴본다.

f. 끝으로, 참여한 모든 "번역사들"이 의견의 일치를 본 최종 번역문을 그룹별로 만들어낸다. 그룹 내의 학생들 모두가 문체, 어역, 전문 용어 등에 이의가 없어야 한다.

과업 19 언어 유희와 유머

♣ 유머는 전통적으로 번역이 불가능한 것으로 분류되어 왔다. 그러나 『이상한 나라의 앨리스』에 나오는 '하트의 왕' 이라면 다음과 같이 말할 것 같다. 번역이 불가능하다는 구절이 정말로 어느 정도까지 번역이 불가능한 것을 의미하는지 처음부터 다시 따져보자. 그 유명한 격언 traduttore, tradittore(번역자는 반역자)를 올리바(1995)가 제안한 대로 traduttore migliorate(번역사는 개선가)로 대체할 수는 없는가? 아니면 transcreator versus transtraitor(창조적 전환가 대 반역적 전환가)는 어떤가? 바꾸는 것은 항상 손실을 의미하는가? 델라바스티타(Delabastita, 1994, p.225)는 다음과 같이 묻고 있다. "번역이 원문의 새로운 의미를 드러내어 원문의 일부가 될 수는 없을까?" 우리는 번역의 불가능성 문제를 이런 질문의 측면에서 조명해보아야 한다. 잘 알려진 것처럼, 낭만주의자들이 이 불가능성을 제기한 후 금세기 상대주의자들이 이 문제를 다시 분석하였다. 탈구조주의와 해체주의는 번역을 읽고 평가하는 새로운 방법들을 제시해주었다. 이들 새로운 이론에서는 텍스트를 도착어 문화권의 문학적 현상으로 분석하려면 텍스트의 정체성을 바꾸어야 한다는 문제를 제기한다. 번역학내에서는 폴리시스템, 문화학, 번역사의 가시성, 해방적 번역과 그러한 번역의 실체적 특성에 관한 연구가 활발해지며 이론적 분석과 경험적 연구 양쪽 모두에 새로운 장이 열렸다.

유머의 기능과 작동 방식을 탐구해보면 학생들이 유머를 번역할 때 겪게 되는 어려움을 해결하는데 도움이 될 것이다. 유머는 거울과 같이 현실을 왜곡하고 현실 세계를 뒤집는다. 평범한 일상의 세계를 왜곡하거나 전복하고, 부조리하고 동떨어지게 보여주는 유머의 세계에 뛰어들면 일상의 신체적 심리적 긴장 상태가 이완되는 것을 느낄 수 있다.

유머의 보편적인 기제를 분류해 보면 다음과 같은 표로 나타낼 수 있다(우리가 잘 알고 있듯이 유머가 사용하는 기제들이 정치적 올바름을 항상 보여주는 것은 아니다). 분류 방식에 대해서도 학생들이 토론하고 보완해볼 수 있을 것이다(곤잘레즈 데이비스, 1999).

유머와 번역

기능

1. 현실의 왜곡
2. 긴장의 완화

주제

자성, 경쟁심: 민족, 국가, 인종	규칙의 파괴: 언어적, 윤리적, 사회적, 자연적	외설 취향 성, 육체

언어와 맥락

언어적 ———————————————— 시각적

상호텍스트성
문화적 표현

언어 유희는 번역과 마찬가지로 우리 곁에 수백 년간 있어왔고 또 번역과 마찬가지로 정의를 내리기가 쉽지 않다. 기본적으로 언어 유희는 언어를 교묘히 조작해서 웃음부터 고통에 이르기까지 다양한 반응을 유발한다. 또한 번역을 배우는 학생에서부터 전문 번역사에 이르기까지 모두에게 문제를 안겨준다. 그 이유는 언어 유희를 번역할 때 기본적으로 단어의 의미를 형태에서 분리해야 하기 때문이다. 언어 유희를 제대로 파악하기 위하여 우선 언어 유희의 일반적인 문제점부터 살펴보자.

번역할 때 주로 필요한 것이 독해시 민감성, 번역 기술, 도착어로의 표현력이라고 한다면, 까다로운 텍스트를 번역할 때는 배경 지식, 창의력, 위험을 불사하는 모험 정신 등이 더 필요할 수도 있다. 신조어, 음성과 의미가 결합한 언어 유희 등이 포함된 까다로운 텍스트를 가지고 여러 가지 활동을 해볼 수가 있다. 이런 종류의 활동과 과업에서는 긍정적인 분위기와 창의력이 필요하다. 제2 외국어에서 모국어로 하거나, 모국어에서 제2 외국어로 하거나, 어느 방향으로 활동을 진행해도 좋다.

목표

- 새로운 단어를 만들어 내는 언어적 창의력 독려
- 언어가 작동하는 방식 인지
- 어의적 의미 고찰
- 언론 쪽 번역의 특징 인식
- 어휘 차원의 문제 인식: 잘못 짝지어진 대응어쌍, 함축, 연상 등
- 사전(특히 이중어 사전)에 의존하지 말고 그 이상의 검색 권장
- 언어쌍 대조 연구

수준

고급

그룹 구성

개별, 2인 1조, 반 전체

소요 시간

2시간씩 3회

1회차. 신조어

진행 방법

a. 기계 장치, 사람들 유형, 아니면 생각할 수 있는 무엇이건 간에 그것을 설명하거나 묘사하는 텍스트를 찾아서 소리 내어 읽는다. 어

떤 것을 골라도 상관없으나 그 묘사 대상에 해당하는 어휘가 기존의 언어에 존재하지 않는 것이어야 한다.

b. 새로운 어휘를 만들어 내는데 걸리는 시간은 학생들의 실력과, 위의 묘사에 맞추어 새로 만들어내고 싶은 어휘 개수에 따라 달라질 것이다. 처음에는 개별적으로 하고 나중에는 짝과 함께 해 볼 수도 있다.

c. 브레인스토밍 시간에 학생들이 생각해 낸 여러 가지 신조어를 칠판에 적는다.

d. 학생들의 수준에 따라, 학생들이 사용한(무의식적으로 했을 것이지만) 전략이나 방법(예를 들어 접미사, 파생어, 라틴어나 그리스어근 등을 활용)에 대해 교수자가 논평해주어도 좋다.

사례 1 미레마디(Miremadi, 1992)에서 참고

정 의	학생들이 제안한 어휘
A tool has been made to enable people to scratch their toes – what would you call it?	Toescratcher
A glass through which you see nothing	Noseeglass (no-see-glass)
A person who destroys buildings	Buildingator

사례 2 Blade Runner (리들리 스콧 감독, 1982)

1. 아래 단어와 표현들을 보고 영화를 시청하기 '전에' 빈 칸을 채운다. 그 후에 영화를 보고 틀린 부분을 고친다.

The _______'s name was Garth. I'd seen him around. That _______ he talked was _______, _______ talk, a _______ of _______, Spanish, German, _______ I didn't really need a translator. I knew the _______.

Every good _______ did.

(Gibberish, charmer, lingo, Cityspeak, cop, gutter, Japanese, mishmash, what-have-you.)

****

2. 어역과 어휘에 유의하여 텍스트를 번역한다. 최대한 창의력과 유연성을 발휘해본다.

또한 이 장면 바로 전에 가스(Garth)가 사용한 the Cityspeak을 어떻게 옮기겠는가? 그는 어떤 언어를 사용하는가?

2회차. 의미 관계: 언론

진행 방법

a. 학생들에게 원문을 제시하지 않은 상태에서 언론(신문, 라디오, 영화)에 나온 일련의 오역 사례들을 보여준다.
b. 학생들은 원문이 무엇이었을지 추측해 보고 번역상의 문제를 찾아낸다.
c. 학생들이 이번에는 실제 원문을 보고 번역하는데 의미 관계를 제대로 유지해서 번역한다.
d. 학생들의 번역을 보고 함께 살펴보면 좋을 번역을 칠판에 적는다.
e. 학생들은 그룹 내에서 가장 창의적인 번역을 고른다.

A. 텔레비전 사례

상황	오역	원문
소녀가 부모님 집에 들어가 다음과 같이 말한다.	“Odio esta casa. Huele fatal.” [I hate this house. It smells bad.]	I hate this house. It stinks.

상황	오역	원문
한 남자가 살해당했다. 경찰관이 그 남자의 부인을 만나러 가서 얘기한다(옆의 칸 참조). 그러자 부인이 일어나 벽의 금고(safe)를 연다.	"No lo entiendo. Antes de morir me dijo 'Mi mujer. A salvo."' [Safe as in "feeling safe"]	I don't understand. Before dying, he said "My wife. Safe..."

B. 헤드라인 사례

헤드라인은 다른 방식으로 처리할 수 있다.

진행 방법

a. 학생들은 신문 헤드라인을 모국어와 제2 외국어, 두 언어로 모두 찾아온다(학생들의 수준에 따라 언어를 결정해도 됨).

b. 네 명씩 한 그룹을 이뤄 헤드라인을 모은 뒤 그 중 세 네 개를 고른다.

c. 종이 한 장에 그룹 수만큼 세로 줄로 나눈다.

d. 첫 번째 줄에 본인 그룹에서 고른 헤드라인을 적고 종이를 다른 그룹에 전달한다.

e. 그룹별로 논의해서 헤드라인을 번역하여 빈 칸에 적은 뒤, 본인들의 번역이 보이지 않게 종이를 접는다.

f. 종이가 헤드라인을 맨 처음 적은 그룹으로 다시 돌아오면 원래의 그룹은 종이를 펴서 모든 번역을 살펴보고 가장 정확하다고 생각하는 번역을 고른다. 정확성을 평가할 때 언어적 측면뿐만 아니라 언어 외적 측면(메시지, 효과, 언어 유희 등)도 고려한다.

g. 잘된 번역으로 뽑은 번역을 소리 내어 읽고 다 같이 토론해본다.

원래 헤드라인	그룹 1 번역	그룹 2 번역	그룹 3 번역
ADIÓS A LAS ARMAS. Londres propone una de las leyes más duras sobre posesión de pistolas y rifles. (스페인 일간지, 25.2.96) [Farewell to Arms...]			
EL ANGEL DE LAGUARDA DE BRUSELAS (스페인 일간지, 1995.12.31) [Guardian Angel in Brussels]			
EN NOM DELS DOLENTS (카탈로니아 일간지, 1997.2.13) [In the name of the wicked]			
MUCH ADO ABOUT NUDITY (가디언지, 1996.6)			
APPLE BITES BACK AGAIN (가디언지, 1996.9)			

3회차. 보상 전략

♣ 보상 전략은 텍스트 전체가 하나의 번역 단위라고 생각할 때 활용할 수 있다. 전체적인 관점에서 번역문에서도 비슷한 효과를 거두기 위하여 원문과는 다른 지점에 언어 유희를 소개할 때가 이런 경우에 해당한다. 예를 들어, 올리바는 캐롤의 『이상한 나라의 앨리스』에 나오는 언어 유희를 빠짐없이 다 번역할 수는 없었지만 다음의 예에서 보듯이 캐롤이 언어 유희를 사용하지 않은 지점에 언어 유희를 만들어 넣었다.

캐롤	올리바 (카탈로니아어)
Which way?, holding her hand on the top of her head to feel which way it was growing.	*¿Cap a on? ¿Cap a on?* (Cap 은 카탈로니아어로 "head"와 "in which direction?"을 모두 가리킨다. 그래서 문자 그대로의 역번역은 다음과 같다 : "Where?"와 "Where is my head?")

저자의 의도를 살리고 번역상의 손실을 최소화할 수 있는 이러한 방식은 시트콤 등을 더빙할 때 흔히 사용하는 전략이기도 하다.

이어서 마지막 활동으로, 비슷한 번역 문제가 포함되어 있는 텍스트를 번역해 볼 것이다.

2.2 활동을 순차적으로 진행하기: 과업

♣ 과업이란 같은 목표 하에 최종 결과물을 만들어내는 일련의 활동을 가리킨다. 하나의 과업을 완료하기 위해서는 수업을 보통 몇 차례 진행해야 한다. 매 수업마다 같은 목적을 향해 같은 경로를 밟는 활동들을 시행하게 된다. 그 과정에서 절차적 지식(방법 습득) 과 선언적 지식(내용 습득)을 연마하고 탐구해 본다(위 참조).

과업 20 문화적 스테레오타입을 반영하는 유머: 『아스테릭스』

목표

- 번역상의 쟁점 토론
- 다양한 번역 대안을 인식하고 선택에 대한 합리적인 이유 제시
- 창의력과 주관성 고찰
- 문화적 전이 인지
- 검색 능력 함양
- 제약 사항 극복
- 독자에게 비슷한 효과를 창출하는 연습과 독자 지향적 번역 연습
- 모국어와 제2 외국어로 격언과 관용구 고찰

수준

고급

그룹 구성

2인 1조, 그룹, 반 전체

소요 시간

2시간씩 2회

진행 방법

1회차

a. 두 명씩 그룹을 정한다. 그룹별로 『아스테릭스(Asterix)』의 일부를 복사한 프린트물을 받는다. 그런데 이 프린트물에는 제2 외국어로 된 텍스트와 모국어로 된 텍스트가 모두 실려 있다(두 텍스트가 동일한 부분이어서는 안 됨).

b. 그룹별로 직접 번역과 역번역을 한다. 이 때 문화적 변수와 유머에 각별히 주의를 기울인다.

c. 각 학생들은 텍스트 중의 하나를 골라 텍스트 번호가 같은, 즉 같은 부분이 다른 언어로 쓰인 텍스트를 가지고 있는 학생을 찾는다(예를 들어 (1)영어를 가지고 있으면 (1)모국어를 찾아야 됨). 학생들은 번역문을 출판된 버전과 비교하고 유의할 사항에 메모를 한다.

2회차

a. 교수는 문화적 변수와 유의할 사항들을 생각해 내어 칠판이나 슬라이드에 적는다.

b. 끝으로 문화적 스테레오타입과 이것이 번역에 의미하는 바에 관해 전체 토론을 해본다.

c. 후속 활동으로 아스테릭스 영화를 일부 발췌하여 시청하고 더빙된 내용을 연구해보아도 좋다.

과업 21 판타지: 공포물

목표

- 해당 분야의 관련 어휘 습득: 동화와 공포물
- 이들 분야의 문체적 특성 파악
- 언어 내 및 언어 간 번역 연습
- 구술 번역 연습
- 검색 능력 연마
- 문화적 전이 인식
- 자막 번역 소개(선택 사항)

수준

중급, 고급

그룹 구성

개별, 2인 1조, 그룹

소요 시간

60분씩 5회

진행 방법

1회차

a. 각 학생들은 동화라는 맥락에서 교수가 정한 범주에 해당하는 내용을 영어로 적는다(등장인물(선한/악한), 장소, 시간, 등)

b. 학생들은 각자의 목록을 짝과 비교하며 어휘를 논의해 보고 새롭거나 흥미로운 어휘를 목록에 추가한다. 이 과정에서 단일어 사전을 사용해도 좋다.

c. 브레인스토밍 시간에 교수는 가장 의견이 일치하지 않는 단어들을 칠판이나 슬라이드에 적고 의견을 제시한다.

d. 각 학생들은 짝과 함께 목록에 있는 어휘를 번역한다. 주제와 관련된 어휘 중에 함축된 의미를 담고 있는 어휘가 많이 있어(Prince Charming, Frog Prince 등) 이중어 사전만으로는 충분하지 않을 것이다. 따라서 브릭스(K. Briggs)의 요정 사전과 같은 전문 용어 사전이나 병렬 텍스트, 정보를 찾을 수 있는 기타 자료들을 이용해도 좋다.

e. 학생들은 목록을 보지 않고서 짝에게 동화에 대해 모국어나 제2 외국어로 설명한다. 이야기를 다 마칠 때까지 교대로 1분씩 이야기한다.

f. 세 명씩 그룹을 이뤄 각자의 목록을 가지고 이번에는 "통역" 활동을 진행해 본다. 이전에 짝이 아니었던 학생들로 그룹을 정한다. 학생 A는 제2 외국어로만 말하고, 학생 B는 모국어로만 말하고 학생 C는 그 두 사람의 "통역사" 역할을 한다. 학생 A는 학생 C의 도움을 받아 학생 B에게 동화에 대해 설명한다. 학생 B가 질문을 하면 학생 C가 구술로 직접 번역이나 역번역을 한다. 세 학생이 모국어, 제2 외국어, 구술 번역 연습을 빠짐없이 해볼 수 있도록 세 가지 역할을 모두 맡아보아야 한다.

2회차

a. 학생들은 동화나 공포물에 대하여 제2 외국어로 강연하는 내용을 듣는다(교수가 직접 해도 좋고 동료 교수가 녹음한 것을 이용해도 좋음).

b. 학생들은 노트테이킹을 한 뒤 모국어로 요약한 것("요약 번역")을 제출해야 한다. 각자가 요약해도 좋고 그룹으로 해도 좋다. 강연 내용 중에 그 주제에 관한 병렬 텍스트나 참고 도서 정보가 포함되어 있어야 한다.

3회차

a. 세 명씩 그룹을 이뤄 학생들은 슬라이드에 "공포물" 관련 어휘나 표현들로 마인드맵을 그린다.
b. 각 그룹의 대표학생이 반 전체 학생들에게 본인 그룹의 마인드맵을 설명한다(과업 7. 마인드맵: 차이점의 시각화, 발견, 해결 참조). 아이디어를 서로 주고받는다.
c. 그룹별로 마인드맵을 교환하여 번역을 한다.
d. 끝으로 반 전체가 가장 까다로운 어휘와 그 어휘의 번역에 관해 토론을 한다(예를 들어, 의미상 미세한 차이가 있는 "afraid", "startled", "frightened", "scared" 등).

4회차

a. 아래 연습 문제에 나와 있는 활동을 진행한다. 여기에서는 학생들이 한걸음 더 나아가 판타지 텍스트의 통사, 의미, 문화, 문체 측면까지 고찰해본다(아래 연습 문제 참조).
b. 판타지 문학 텍스트를 직청 직해 해보아도 좋다. 교수가 텍스트를 영어로 불러주면 학생들은 모국어로 받아 적는다.

5회차

a. 가능하면 시청각 자료를 활용해도 좋다.

참고: 주제 중심 수업의 후속 활동으로 리서치 프로젝트를 진행할 수도 있다. 주제는 학생들이 제안하고 교수가 이끌어준다(구성 요소 분석, 설문 조사, 오류 분석 등).

사례 〉 연습 문제: 공포물

a. 다음의 발췌문들 가운데 하나를 꼼꼼히 읽은 뒤, 내용이 안보이게 덮고 구

술로 번역한다.

STUDENT A. "But the moment that the elephants carrying the princess touched the bad burrow, the seemingly solid earth began to heave and boil, and the whole dread brood of the hellish nest was commoved. Monsters uprose on all sides, every neck at full length, every beak and claw outstretched, every mouth agape. Long-billed heads, horribly jawed faces, knotty tentacles innumerable, went out after Lilith. She lay in an agony of fear, nor dared stir a finger ... Almost under our feet, shot up the head of an enormous snake, with a lamping wallowing glare in its eyes." (George MacDonald Lilith (1895))

STUDENT B. "Prince Prospero ... bore aloft a drawn dagger, and had approached, in rapid impetuosity, to within three or four feet of the retreating figure, when the latter, having attained the extremity of the velvet apartment, turned suddenly and confronted his pursuer. There was a sharp cry - and the dagger dropped gleaming upon the sable carpet, upon which, instantly afterwards, fell prostrate in death the Prince Prospero ... And Darkness and Decay and the Red Death held illimitable dominion over all." (E. A. Poe The Masque of the Red Death (1842))

b. 짝과 함께 텍스트 가운데 한 개를 골라 사전을 참고하여 번역한다.
c. 이번에는 앞서 고르지 않았던 텍스트를 각자 번역한다.
d. 단일어 사전. 다음의 어휘를 각자의 기준에 따라 그룹별로 묶어 본다.

a. hideous	b. grotesque	c. haunted	d. good
e. evil	f. scalp	g. stink	h. smother

i. exorcise	j. scream	k. howl	l. cry
m. shake	n. shiver	o. feel	p. witch
q. ghost	r. werewolf	s. spirit	t. devil
u. wizard	v. vampire	w. monster	x. fang
y. full moon	z. cemetery		

짝과 각자의 목록을 비교해 보고 자신이 모든 단어를 제대로 이해했는지 확인한다.

e. 이중어 사전. 위의 어휘들을 각자가 번역한다. 목록 전체를 다 끝내기 전에는 사전을 보지 '말아야' 한다.

f. 짝과 함께 학생들은 다음의 활동을 해본다.

- 학생 A. (모국어) 위의 목록에서 어휘를 열 개 골라 공포 이야기를 지어낸다. '아무 것도 쓰지 말고' 학생 B에게 지어낸 이야기를 말로 설명한다.
- 학생 B. (제2 외국어) 학생 A의 이야기를 듣고 노트테이킹을 한 뒤, 위의 목록에서 어휘 열 개를 골라 '번역된' 단어로 학생 A에게 공포 이야기를 말해준다.
- 학생 A. 학생 B의 이야기를 듣고 노트테이킹을 한다.
  - 학생 A(제2 외국어)와 학생 B(모국어). 노트테이킹한 것을 보고 이야기를 글로 적는다. 이야기의 "저자"가 여러분의 버전을 검토해야 한다.
  - 비언어적 변수: 이야기를 글로 적는 대신에 그림으로 그린 뒤 학생 A와 학생 B가 그림을 보면서 이야기를 적을 수도 있다.

과업 22 음식과 음료

목표

- 주어진 주제와 연관된 어휘력 확대

- 기초 통역 기술 연습
- 문제 파악 및 검색 연습
- 요약 번역, 빠른 번역, 시역 연습
- 자가 조절, 자가 평가 기술 함양
- 문화적 전이 고찰

수준

중급

소요 시간

60분씩 3회

그룹 구성

개별, 2인 1조, 반 전체

진행 방법

1회차

a. 처음에 "활동 42. 무엇을 요리하나요?"로 시작한다.

b. 기초 통역 기술. 학생들은 세 명씩 그룹을 지어 앉는다. 각 학생들은 음식 조리법을 한 가지씩 생각해내서 만드는 법을 단계별로 적는다.

c. 교수는 다음과 같은 상황을 학생들에게 가정하게 한다. 학생들은 지금 일류 요리사 회의에 와 있다. 이 회의에는 전 세계의 유명 요리사들이 참석해 있는데 언어가 통하지 않고 있다. 학생 A는 모국어만 할 수 있는 요리사를, 학생 B는 제2 외국어만 할 수 있는 요리사를, 학생 C는 "통역사" 역할을 맡는다.

d. 학생 A는 원하는 음식의 조리법을 모국어로 설명하기 시작한다.

학생 C는 학생 B를 위해서 제2 외국어로 "통역"하고 학생 B는 질문이 있으면 제2 외국어로 한다. 이 질문을 학생 C는 학생 A를 위해서 모국어로 "통역"해 준다.

e. 학생 세 명이 번갈아 가며 세 가지 역할을 다 해 본다.

f. 용어 목록. 이 활동을 하는 중에 문제가 되는 어휘나 표현이 나오면 바로바로 적어둔다.

g. 모두 마치고나면 브레인스토밍 시간을 가지고 관련 어휘와 표현들을 모두 생각해 보고, 모르는 것이 있으면 다음 수업 시간 전에 검색을 통해 찾아본다. 이 활동은 음식, 음료와 관련된 어휘를 습득하는 첫 번째 단계이다. 학생들은 노트를 준비하여 단어와 표현들을 계속 적어 나가도록 한다.

2회차

a. 조리법. 교수나 학생들이 모국어로 쓰여 있는 조리법을 하나 정하면 다른 학생들은 그 조리법을 번역한다. 이 활동은 수업 중에 할 수도 있고 과제로 해 와도 좋다.

b. 학생들은 서로의 번역을 비교해 보고 새로운 용어가 있으면 본인들의 용어 목록에 추가한다.

c. 대조적 문화. 교수나 학생들은 수업 중에 다룬 요리 관련 어휘 중 가장 까다로운 어휘를 골라 빈 칸 채우기 문제를 준비한다. 두 문화권의 음식과 음료에 관하여 정보를 교환하고 그 음식이나 음료가 상징하는 바를 논의해본다.

d. 문화와 연관하여 할 수 있는 후속 활동으로 두 문화권 사이에 식사 시간이 어떻게 다른지 대조해본다(뉴마크 1988, p.12 참조).

3회차

a. 기타방법 1. 텔레비전 프로그램. 교수는 요리 관련 텔레비전 프로

그램을 한 편 녹화하고 학생들이 수업 시간에 풀어볼 연습 문제를 준비한다(아래 연습 문제 "Paella" 참조).

b. 기타방법 2. 레스토랑 퍼즐 번역. 흔히 잡지나 신문에서 지역 레스토랑을 평가하는 음식 전문가의 "전문가 코너"를 볼 수 있다. 이런 텍스트를 활용하면 본 활동과 과업에서 다루는 사항들을 보완하는 데 도움이 된다(음식/음료 관련 용어, 관용구, 고정표현, 조리법 번역방안 등).

b1. 교수는 텍스트를 분량에 따라 두 세 부분으로 나눈다. 학생들은 두 세 명씩 그룹을 지어 텍스트를 부분별로 나누어 번역한다. 새로운 용어가 나오면 각자의 용어 목록에 추가한다.

b2. 텍스트나 번역문을 보지 않고 한 학생이 다른 학생(들)에게 본인이 맡은 부분의 내용을 설명해 준다. 오역이 있는지, 중요한 부분이 생략되었는지를 확인하기 위하여 다른 학생들은 원문을 보아도 좋다.

b3. 끝으로 학생들은 그룹별로 번역을 한데 모아 최종 번역문을 작성하고 교수에게 제출하거나 급우 간에 바꾸어 교정을 한다.

사례 학생들 연습 문제 : 빠에야(Paella)

1. 검색. 두 명씩 짝을 지어 빠에야에 들어가는 재료를 모두 적는다. 모르는 단어는 사전에서 찾아 번역을 한다.
2. 짝과 목록을 서로 비교해 본다. 새로운 용어가 있으면 본인의 목록에 추가한다.
3. 빠에야 만드는 법에 관한 비디오를 보거나 교수의 설명을 듣는다. 노트테이킹을 해도 되지만 잘 듣고 기억하도록 한다.
4. 기초 통역 기술. 세 명씩 새로운 그룹을 정한다. 학생 A는 모국어로 말하고, 학생 B는 제2 외국어로 말하고 학생 C는 통역을 해야 한다. 학생 A는 학생

B에게 빠에야 만드는 법을 설명해준다. 학생 C만 두 언어로 다 말할 수 있다는 사실을 잊지 말아야 한다.

5. 조리법을 설명하는 비디오를 보거나 교수의 설명을 다시 한 번 듣는데 이번에는 두 명씩 짝을 지어 들으면서 동시에 구술로 번역한다. 중간 정도 되었을 때 짝과 역할을 바꾸어 해본다.

과업 23 텍스트와 맥락

목표

- 관용적 표현과 언어 유희 번역
- 어역의 중요성 인식
- 도착어권에서 기대하는 바에 따라 원문 메시지 전달: 유머, 풍자, 스테레오타입
- 번역물 평가
- 의사 결정: 문제 발견 및 해결
- 문화적 치환 여부 결정
- 텍스트와 소리 모두 해석

수준

중급, 고급

그룹 구성

개별, 2인 1조

소요 시간

2시간씩 3회

진행 방법

1. 이 과업은 다음의 세 단계로 이루어진다.
   a. 언어적, 해석적 차원에서 텍스트 분석
   b. 번역
   c. 번역물 평가 (학생들 번역만 평가하거나, 가능하면 학생 번역과 더빙본을 모두 평가)

이 세 단계는 다음의 연습 문제에 명확히 제시되어 있다.

사례 *Fatal Beatings*. Rowan Atkison, 1992 (대본 일부)

Headmaster: Well, now, Mr. Perkins, it was good of you to come in. I realise that you're a busy man, but I didn't think this matter could be discussed over the electric telephone.

Mr. Perkins: No, no, absolutely not, headmaster. Imean, if Tommy is in some sort of trouble, then, I'd like to nip it in the bud.

Headmaster: Well, quite frankly, Tommy is in trouble. Recently his behaviour has left a great deal to be desired.

Mr. Perkins: Oh, dear.

Headmaster: He seems to take no interest in school life whatsoever. He refuses to muck in on the sports field, and it's weeks since any master has received any written work from him.

Mr. Perkins: Dear me.

Headmaster: Quite frankly, Mr. Perkins, if he wasn't dead, I'd have him expelled.

Mr. Perkins: I beg your pardon!?

Headmaster: Yes, expelled! If I wasn't making allowances for the fact that your son is dead, he'd be out on his ear.

Mr. Perkins: Tommy's dead?

Headmaster: Yes, he's lying up there in the sickbay now, still as a board and bright green. And this is, I fear, typical of his current attitude.

Mr. Perkins: What?

Headmaster: You see, the boy has no sense of moderation. One moment he's flying around like a paper kite and the next he's completely immovable ... and beginning to smell.

Mr. Perkins: Dead?

Headmaster: Deadish. Mr. Perkins, I find this morbid fascination of yours with your son's death quite disturbing. What I'm talking about is his attitude, and quite frankly, I can see where he gets it from.

Mr. Perkins: It wasn't me who beat him to death.

Headmaster: That was perfectly obvious tome fromthe first day he arrived here. I wondered then, as I wonder now, if he might not have turned out to be a very different boy indeed if you had administered a few fatal beatings earlier.

Mr. Perkins: Are you mad?

Headmaster: I'm furious! In order to accommodate the funeral, I've had to cancel afternoon school on Wednesday!

Mr. Perkins: This is preposterous!

Headmaster: Yes, it is. Or, at least, it would be if it were true.

Mr. Perkins: What?

Headmaster: I've been joking, Mr. Perkins. Pardon me. It's my strange academic sense of humour. I've been pulling your leg.

Mr. Perkins: Oh, Thank God!

Headmaster: I wouldn't have cancelled afternoon school to bury that little shit ...

사례 연습 문제 사례. *Fatal Beatings*

1. 텍스트를 느끼기
   a. 텍스트를 소리 없이 읽는다. 여백에 느낌을 적거나(!, ?, 등) 마음에 드는 부분에 밑줄을 친다.
   b. 텍스트를 묘사하고자 할 때 제일 먼저 떠오르는 형용사 세 개를 적는다.
   c. 교장 선생님, 퍼킨스 씨, 토미를 묘사할 때 사용할 단어를 각각 세 개씩 적는다.
   d. 두 명씩 짝을 지어 텍스트에 대한 각자의 반응을 이야기 해보고, 각자 고른 형용사/단어 들을 비교해본다.
   e. 짝과 함께 대화를 소리 내어 읽는다. 본인이 연극 전공 학생인데 이 부분을 연기해야 한다고 상상하자. 억양, 강세, 유머, 등장인물 성격을 생각해 본다.
   f. 전문 연기자들은 이 텍스트를 어떻게 '해석'하는지 들어보고 자신의 접근 방법과 어떻게 다른지 토론해본다. 이 단계에서 텍스트를 '느낄 수' 있는가?

2. 언어적 측면
   a. 표현. 텍스트에 나와 있는 어구에 밑줄을 치고 모국어로 등가어가 있는지 찾아본다. 이 단계에서 그 어구들이 번역하기 까다로운가?
   b. 등장인물 성격. 교장선생님의 인성을 보여주는 단어나 표현들에 밑줄을 친다. 그는 어떤 성격의 인물인가? 이 단계에서 그 성격이 번역하기 까다로운가?

3. 독자/청자에 대한 효과
a. 유머. 하팀은 어휘를 맥락에서 끌고 나와 "공중 납치"하여 다른 맥락에 알맞게 바꾸어 넣는 것에 대해 언급한 바 있다(『담화와 번역사(Discourse and the Translator)』 중 "반맥락성(contratextuality)", 1990 참조). 이러한 예를

여기에서 찾을 수 있는가? 독자/청자에 거두는 '효과'는 무엇인가? "공중 납치된" 단어와 표현들을 목록으로 정리하여 모국어로 대응어를 찾아본다. 이 단계에서 이들을 번역하는 것이 까다로운가?

b. 전문 번역사의 번역. 위의 사항들을 고려하여 텍스트를 번역한 뒤, 본인의 번역문을 전문 번역사의 더빙본과(찾을 수 있으면) 비교해 본다. 두 번역문 사이에 유사점과 차이점을 토의한다.

2.3 활동과 과업을 연결하기: 프로젝트, 교실 밖으로

♣ 프로젝트는 학생들이 최종 결과물을 향해서 협동과 자체적 토의를 통해 해결을 해야만 하는 번역 작업이 바탕이 된다. 실제 또는 전문적 프로젝트의 경우에는 최종 결과물이 실제 의뢰인에게서 의뢰받은 번역물이 될 것이다. 교육적 프로젝트의 경우에는 활동과 과업의 결과물이 전문가 수준일 것으로, 학생들이 실제로 번역을 의뢰받았을 때 제대로 수행할 수 있게 기술을 연마할 기회가 된다. 프로젝트에서는 적성과 자세, 이 두 가지와 관련된 번역 능력의 모든 측면을 연습할 수 있다. 외부에서 본인들에게 기대하는 바가 무엇인지 학생들 스스로가 아는 것이 매우 중요하다. 이러한 점은 삼각형 도표를 다시 한 번 이용해서 보여줄 수 있다. 도표에 번역사의 적성과 관련하여 이미 논의한 내용을 토대로 새로이 고찰해 볼 주제를 표시할 수 있을 것이다(참조 제2부 2장 2.1 도표 참조).

번역사의 자세란 학생들이 전문가로 발전해 나아가는데 도움이 될 정서적, 심리적 측면을 가리킨다. 이 개념에는 위에서 논의한 적성도 포함되어 있고 능력 있는 번역사가 되는데 필요한 다음의 두 가지 특징도 포함되어 있다. 바로 전문적 노하우와 번역사의 주관성에 대한 이해이다. 전문적 노하우란 번역사들이 번역 작업과 관련된 여러 가지 제약사항을 고려하고 적절히 관리하는 능력을 말한다. 여기에는 시간, 번역료, 마감일, 기기, 해당 과제, 의뢰인이나 발주자의 성격과 당시 상태, 컴퓨터 기술 등이 포함된다. 변화에 뒤처져서는 안 된다는 것을 깨닫고 학생들은 재교육 과정이나 학술대회 등에 참여해야 하며 번역학 관련 문헌에도 꾸준히 관심을 가져야 한다. 이 외에 네트워크, 법적 문제, 홍보 기술 등을 익혀 번역 시장을 잘 파악하는 것도 매우 중요하다.

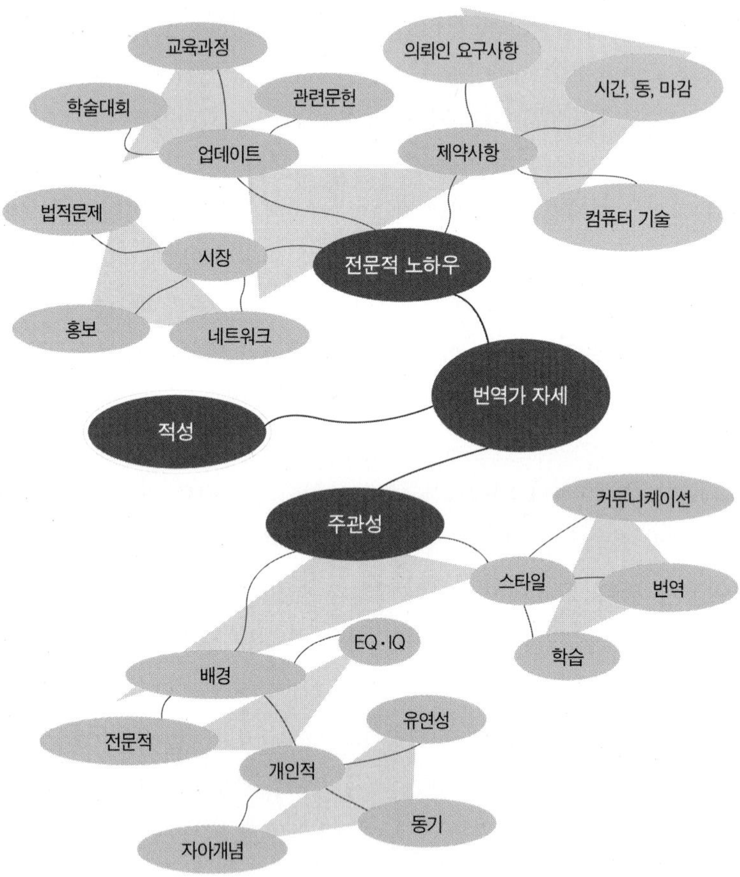

다음으로 번역사의 주관성이란 대인 지능, 정서 지능과 직접 연관된 개념으로, 본인의 강점과 약점을 파악하여 각자의 개인적·전문적 배경을 본인에게 이로운 방향으로 활용하는 것이다. 의욕적이고 유연하면서도 개방적인 태도를 갖추었다면 전문가로서 성공하는데 분명히 도움이 된다. 이런 모든 특징은 각 학생의 학습, 번역, 번역사 스타일에서 찾아볼 수 있는데 개인에 따라 크게 다를 것으로, 캠벨의 용어를 빌자면 모험형/신중형, 끈기형/포기형 등으로 매우 다양할 것이다(1991/1998).

다음에 소개할 두 프로젝트는 전문가 기준의 결과물을 만들어내야 하는 실제 과제였다.

프로젝트 2 비정부 기구의 일정표 번역하기: 과테말라 프로젝트[14)]

목표

- 실제 번역 과제를 수행하여 책임감과 양질의 번역 독려
- 검색 능력 함양
- 다양한 문제에 다양한 해결 방안을 적용하고 본인의 번역에 대한 타당한 이유 설명
- 교육적 측면과 전문가적 측면에서 기대하는 바를 토의하고 비교
- 공동 작업과 협의를 통해 기준을 통일하는 방법 습득
- 마감일 엄수의 중요성 인식
- 컴퓨터 기술 연마(선택 사항)

그룹의 특성

전문 번역의 경험이 없는 학부 2학년 학생들

그룹 구성

개별, 3인 1조, 반 전체

소요 시간

2개월(수업 시간 30퍼센트와 수업 외 시간 70퍼센트)

진행 방법

a. 교수는 학생들에게 텍스트를 모두 나누어 주었다.
b. 모든 학생들은 서로의 이메일 주소가 적힌 목록을 나누어 가졌다.
c. 학생들은 각자 전체 텍스트를 읽고 번역시 문제가 될 부분에 밑줄을 쳤다. 늘 그렇듯이, 문제가 될 것이라고 생각하는 부분이 학생들 간에 항상 일치하는 것은 아니었다.
d. 세 명씩 그룹을 정했다. 텍스트를 나누어 그룹별로 한 부분씩 나누어 맡았다.
e. 그룹별로 전체 텍스트와 본인들이 맡은 부분을 읽고 어떤 인상을 받았는지 함께 논의했다. 모든 학생들이 텍스트 전체를 미리 읽어 왔기 때문에 이 시간이 특히 유익했다. 본인들 그룹이 맡은 부분에서는 그룹 내의 세 학생이 또 다시 나누지 않고 전량을 다 같이 작업했다.
f. 매주 한 시간씩 수업이 있어서, 그 시간에 그룹이 모여 함께 작업하며 다른 학생이나 교수에게 조언을 구하기도 했다. 교수는 답을 제시해 주지는 않았지만 정보를 찾아볼 수 있는 출처나 적절한 전략을 안내해 주었다. 또한 학생들이 미처 인식하지 못하고 넘어갈 수 있는 문제가 있으면 지적해 주었다.
g. 이 한 시간 수업 이외에 학생들은 이메일로 서로 연락하거나 교실 밖에서 만났다.
h. 2주 후에 학생들은 프로젝트 코디네이터가 필요하다는 사실을 깨닫고 두 학생을 코디네이터로 정했다. 이 두 학생은 교수와의 연락도 담당하였다.
i. 2주 후에 각 그룹은 최종 번역문을 반의 나머지 학생들에게 전달

하여 다 같이 번역문을 읽었다.

j. 2시간 동안 번역 문제와 해결 방안을 논의했다.
k. 그룹별로 최종버전을 만들어 교수에게 전달했다. 교수는 프로젝트 코디네이터와 최종버전을 검토하고 일관성이 없는 부분은 다시 고치게 하는 등의 역할을 하였다.
l. 끝으로, 최종 결과물을 비정부 기구에 전달하였다.
m. 학생들이 번역한 일정표가 출간된 후에 담당자가 고맙게도 학생들 모두와 교수에게 일정표를 한 부씩 보내주어(1998/2000) 완벽하게 마무리가 되었다.

프로젝트 3 웹에서 아동문학 번역하기

목표

- 아이들의 의견을 직접 물어보아 아이들의 실제 선호도 탐구
- 세계화의 원인과 그로 인한 변화 고찰
- 다문화주의, 상호 문화주의, 다양성 존중에 관해 토의
- 자국화 또는 이국화 전략과 관련하여 번역 경향에 대한 시장 조사 실시
- 아동 및 청소년 문학을 번역할 미래 번역사들에게 번역 방향 제시
- 교육 무대에서 주인공을 맡고 있는 번역사와 독자/의뢰인간에 활발하고 유의미한 소통 관계 정립
- 자국화, 이국화 번역상의 쟁점 고찰
- 컴퓨터 활용기술을 수업의 핵심 요소로 포함(웹페이지, 이메일 교환 등)

그룹의 특성

"문학 번역"수업을 듣는 학부 4학년 학생들

그룹 구성

개별, 5-6인 1조

소요 시간

1년 동안 몇 차례 수업. 컴퓨터 기술 과목에서 한 차례 수업

참고: 텍스트는 프랭크 뮤어(Frank Muir)의 『정말 지저분하구나!(What-a-Mess)』에서 600단어를 발췌하였다.

진행 방법

0회차

a. 첫 번째 날에는 각 학생들에게, 출판된 아동문학 번역서 네 권을 자국화, 이국화 전략에만 집중하여 검토해 오라고 요청하였다. 이 작업을 4주 간 진행하였는데, 원하는 학생들은 두 명씩 짝을 지어 함께 해올 수도 있었다.

1회차

a. 교수는 문화적 표현의 정의, 번역 문제 해결 방안과 관련된 여러 이론들을 소개하고 학생들에게 다양한 전략들을 보여주었다.(과업 9. 기타 문화적 표현의 전환 I,과업 11. 기타 문화적 표현의 전환 II, 2.1.3 전이 능력: 언어와 문화를 전문가답게 연결하는 전략 중에서 c. 의사 결정 능력: 문제 발견 및 해결, 창의력, 전략 계발 참조)

문화적 표현의 개념을 탐구하고 논의하기 위하여 나이다(1969), 핸비(1992), 베누티(1995)의 연구를 소개하였다.

a.1. 나이다(1969, p.55)는 문화적 표현을 다음의 다섯 가지 그룹으로

나누었다. 즉, 물질(음식과 음료, 게임, 측량단위 등), 생태(지리, 동식물 등), 사회(정치, 역사, 여가 등), 종교, 언어(활자, 통사, 어휘 등)로 구분하였다.

a.2. 다음으로는 핸비의 분류법을 소개하고 문화적 몰입 정도에 대해 토론하는 시간을 가졌다.

원문	자국화된 번역	이국화된 번역
What-a-Mess		
Savoy-Ritz-By-Invitation-Only-No- Grown-Ups Luxury Conference and Banqueting Centre		
Old Welsh dresser		
Archbishop of Canterbury		
A medium-sized mongrel puppy and growing		
Ryvita, the ladybird		
Ladybird, gentlemanbird Coffee Fudge Angel Cake		
SheikhHassan of Kabul, Personal Snow-Leopard Hunter to His Majesty King Achmad XXXIV		

1단계: 사실 관계, 스테레오타입, 결핍 상태. 이 단계에서는 출발 문화와 도착 문화 사이에 여전히 이해할 수 없는 간극이 크게 존재한다.

2단계: 얕은 이해. 학생들은 외국 문화권 사람들의 사고방식, 행동양식에서 미묘한 특징을 구분하기 시작한다.

3단계: 심층 이해. 학생들은 도착 문화를 받아들이기 시작하고 특정 행동 방식에 함축된 이유를 이해하기 시작한다.

4단계: 공감. 이 단계는 외국 문화권에 푹 빠져 생활했을 때에만 도달 가능하다.

a.3. 허비(995)가 제안한 사항을 토론하다 보면, 번역시 문제가 될 수 있는 부분을 해결하고자 할 때 다양한 가능성을 생각해볼수 있게 된다(과업 10. 다양한 번역안을 살펴보기: 온라인 목록 공유 참조)

이 단계를 모두 이행하고 나면 학생들은 잠재적인 번역상의 문제와 해결 전략에 대해 주의를 기울이게 될 것이다. 또한 이러한 전략들을 대부분의 텍스트에 적용할 수 있다는 사실도 깨달을 것이다. 이런 방식으로 문제에 접근하면 학생들은 차츰 번역 문제를 패턴의 일부로 식별할 수 있게 될 것이다(데이비스와 테넨트, 2001).

2회차

a. 반 학생들을 여섯 그룹으로 나누었다. 이 중 세 그룹은 프랭크 뮤어의 『정말 지저분하구나!(What-a-Mess)』 시리즈의 이야기 중 600 단어를 발췌한 텍스트를 자국화하여 번역하도록 하였다. 나머지 세 그룹에는 같은 이야기를 이국화 전략을 사용하여 번역해 보도록 하였다. 다음의 표를 보면 텍스트의 특정 부분이 어떻게 번역되었는지 알 수 있다.

b. 개별지도 시간을 마련하여 그룹의 각 학생들이 교수와 만나 진척 상황을 논의하였다.

c. 학생들이 번역을 완료하였을 때 웹 페이지에 번역문을 올렸다. 이 작업은 컴퓨터 기술 수업 시간에 하였다.[15]

3회차

a. 후속 활동으로 웹 기반 질문지를 디자인하였다. 학생들은 반 전체가 브레인스토밍을 하여 다음의 다섯 가지 질문을 선정하였다.

1. 두 번역 중 여러분은 어떤 번역을 더 좋아하나요? A / B
2. 여러분은 주인공에게 어떤 이름을 지어주고 싶나요?
3. 다음 중 어떤 이름이 더 좋은가요?Mariquito, Marioquito, Sergioquito, Chiribito, Señor DonMariquita.
4. 책에 나온 생일파티에 두 가지 음식을 더 추가해 보세요.
5. 제안하고 싶은 사항이 있으면 여기에 적어주세요.

1번과 2번 질문은 번역문에서 자국화와 이국화된 것 중 아이들이 어떤 것을 더 선호하는지 알아보기 위해 준비한 것이었다. 3번 질문을 통해서는 아이들이 본인들이 읽고 있는 것이 번역문이기 때문에, 텍스트에 창의적인 방법을 실험해 볼 수 있다는 사실을 인식하게 하기 위해서였다. 4번 질문은 아이들의 상상력을 유발한 뒤, 아이들이 자국화나 이국화 방향을 계속해서 유지하려 하는지 알아보기 위해서였다. 그리고 마지막 개방형 질문은 아이들이 자유롭게 의견을 낼 수 있도록 디자인하였다.

4회차

a. 미리 연락을 해 두었던 3개 초등학교가 프로젝트에 참여했다. 웹페이지에 접속하여 자국화된 이야기와 이국화된 이야기 두 가지를 보고 요청한 대로 진행해 주었다. 아이들 연령은 9세-11세로 초등학교 4-5학년 학생들이었다.

b. 각 번역문을 올린 웹사이트는 다음과 같았다. http://www.uvic.es/fchtd/cuentos/ 7841.html. 마지막 번호는 무작위로 배정했고 여섯

개의 번역문마다 각각 달랐다. 아이들에게 4주 동안 이야기를 읽고 질문지에 답하도록 요청하였다.

c. 아이들은 컴퓨터 수업 시간에 이야기를 다운받아 프린트한 뒤, 스페인어 수업 시간과 도서관 이용시간에 읽은 내용을 가지고 다양한 활동도 해 보고 두 이야기에 관해 토론도 하였다. 그리고나서 질문지에 답하고 우리에게 보내주었다.

두 번역 중 여러분은 어떤 번역을 더 좋아하나요? A / B	여러분은 주인공에게 어떤 이름을 지어주고 싶나요?	다음 중 어떤 이름이 더 좋은가요? Mariquito, Marioquito, Sergioquito, Chiribito, Señor DonMariquita.	생일파티에 두 가지 음식을 더 추가해 보세요.	제안하고 싶은 사항이 있으면 여기에 적어주세요.
• A = 54				
•B = 77				
•N/A= 4				

d. 우리는 질문지에 대한 135개의 회신을 받았고 몇몇 아이들, 선생님들과는 인터넷상으로 연락을 하였다. 조사 결과는 아이들 중 77명이 자국화된 번역을 좋아하였고 54명이 이국화를 좋아하였다. 4명의 회신은 제대로 답이 적혀 있지 않아 결과에 넣지 않았다.

마지막 단계

학생들은 같은 그룹 내의 학생들과 조사 결과에 대하여 토의를 한 후 나중에 반 전체와 서로의 생각을 공유하였다. 토의하는 중에 나온 학생들의 생각으로, 함께 살펴보면 좋을 내용은 다음과 같다. 번역사와 출판사는 전반적으로 자국화하려는 경향을 보이지만 아이들의 40퍼센트는 여전히 이국적인 요소를 선호했다. 나머지 60퍼센트는 출판 경향의 영향을 받았을까? 아니면 정말로 자국화 전략이 가져오는 안정감과 안전함을 선호하는 걸까? 문화권의 특성이 각 개인의 취향에 어느 정도까지 영향을 미칠까? 선호도는 연령이나 사회적 배경과 연관이 있을까? 번역사나 출판사는 앞으로 어떻게 해야 할까? 조사 결과에 따르면 '다양성'이 답인 것 같다!(데이비스, 2003a)

이 책을 마치며...

왜 번역을 하느냐는 질문을 받을 때가 가끔 있다. 많은 사람들에게 번역사란 생색이 나지 않는 직업이라고 생각되기 때문이리라. 직접 소설을 써보면 어떻겠냐고들 묻는다. 내가 (그들이 생각하기에) 흥미로운 삶을 살고 있고, 지금쯤이면 소설이란 어떻게 써야 하는지 충분히 알고 있을 거라고 생각하기 때문이다. 나는 모든 번역사들이 다 숨어 있는 소설가는 아니라고, 그리고 번역이 진정한 의미의 예술이라고 말하기에는 뭔가 부족해서 좀 더 나아질 필요가 있다고 여기는 사람은 아니라고 말할 수 있을 뿐이다. 사실 앞의 질문에 대한 아주 간단하고도 솔직한 대답은 내가 번역을 사랑하기 때문이라고 말할 수 있다. 나는 중국어로 쓰인 글을 읽는 것을 사랑한다. 나는 영어로 글을 쓰는 것을 사랑한다. 나는 도전, 모호함, 이 일의 불확실성을 사랑한다. 나는 창의성과 충실성 간의 긴장감을 사랑한다. 어쩔 수 없는 타협마저도. 너무나 흥미진진해서 영어로 옮기고 싶은 충동에 사로잡히게 만드는 작품을 이따금 발견하기도 한다. 다시 말해서, 나는 존재하기 위해서 번역을 한다. 내가 두 사회의 사람들에게 충실하게 이바지했다는 것을 깨닫는 순간의 만족감이 나로 하여금 행복한 마음으로, 훌륭하건, 훌륭하지 않건, 중국어 산문을 가독성, 접근성, 그리고 -빼놓을 수 없는- 시장성도 있는 영어책으로 번역하게 하는 것이다.

(골드블라트 2002, p.10)

우리 학생들이 들어야 할 목소리는 바로 이런 것이고, 우리 교수자가 할 일은 우리 학생들이 재능과 번역사라는 직업에 대해 이런 마음가짐을 갖춘 전문가가 되도록 도와주는 것이라고 말하고 싶다. 이를 실현할 수 있는 한 가지 방법은 서론에서 제기한 질문에 "네"라고 답하는 것이다. '지난 백년간 번역 교육은 얼마나 많이 바뀌었나? 교육학이나 심리학의 연구 결과에 대해서도 꾸준히 관심을 기울여왔나? 번역은 과연 가르칠 수 있는 것인가?' 미래의 번역사를 훈련하기 위하여 선택한 접근 방법/디자인/교수법에 교육학과 심리학을 접목시키면 이 모두가 실현 가능하다. 교육학과 심리학은 우리 학생들의 번역 능력을 향상시키는데 매우 중요하다고 앞에서 누차 강조하였다. 번역을 가르칠 때 두 분야의 연구 결과에서 유용한 정보를 많이 얻을 수 있기 때문이다.

이 책에 제시된 교수법은 세 가지 접근 방법을 통합하고자 했다. 바로 전달주의, 교류주의, 변용주의 이론 이들 중 뒤의 두 가지 이론에 크게 비중을 두었다. 교수법을 전문적으로 잘 아는 교수라면 교육 환경에 따라 다양한 역할을 해낼 수 있어야 한다. 전달주의 수업이 필요하다면 강연자가 되고, 교류주의가 효과적이면 교수로, 변용주의 환경이면 촉진자가 되어 실제 전문적인 과제 시행을 지원하고 번역에 대한 최종적인 책임을 학생들에게 넘겨줄 수 있어야 한다. 교육 상황이 기관이나 학생들 특성에 따라서 다를 수도 있다. 그러므로 성공적인 교수자가 되려면 교육학적, 심리학적으로 유연한 태도를 취하는 것 또한 매우 중요하다. 한 가지 교수법만 고집한다면 학생들의 번역 능력을 최대한도로 계발하는 데 틀림없이 걸림돌이 될 것이다.

우리는 "읽고 번역하며"와 "판서하고 강의하는" 전통적인 방식과 완전히 다른 교재를 디자인 할 수 있다. 다양한 교수법을 활용하고, 학생 중심의 학습 과정을 지원하는 교재를 디자인할 수 있다. 이 책에서 제시한 디자인 중에서 번역학의 여러 쟁점에 대해 전체적으로 조망한 부분들은 학생들이 향후 전문가 세계에 진입할 때 크게 도움이 될 것으로 기대된다. 학생들은 번역상의 쟁점을, 대조적인 언어 측면에서 뿐만 아니라 전문직업적 요소, 번역과 학습에 대한 성향, 번역사로서의 자아 개념 등을 포함하여 전체적인 맥락에서 생각해보게 될 것이다. 듣기만 하는 것보다 실제로 행하는 것이 훨씬 더 효과적이다. 따라서 전문 번역사나 교수자의 안내에 따라, '번역은 목적이 이끄는 행위'라는 시각에서 그 목적에 따라 기준을 마련하는 현장 워크숍이나 포럼은 교육적 효과가 클 것이다.

이 책은 교재로 활용할 수도 있지만 원래의 목적은 그게 아니었다. 가장 주된 목표는 다양한 교육 환경에 적용할 수 있고, 다양한 언어 조합에서도 활용이 가능한 교습 아이디어를 제공하자는 것이었다. 따라서 활동, 과업, 프로젝트는 이 책에서 소개한 것과 똑같은 방식으로만 진행할 필요가 없으며(아니, 진행하지 말아야 하며), 학습 환경에 따라 새로운 과정의 출발점으로 활용하면 좋을 것이다.

이 책은 지난 십 년간 다섯 유형의 청중들과 성공적으로 진행해 온 교수법들을 뽑아 놓은 모음집이기도 하다. 그 청중들이란 번역에 관심이 많은 상급 단계의 외국어 학습자들, 수업에 번역 활동을 포함시키고 싶어하는 EFL 교수자들, 영어 문헌학을 전공한 번역학 석사 과정 학생들, 번역학부에 재학 중인 학생들, 번역학 학위를 가지고 있는 박사 연구원들과 박사 과정 학생들이었다. 경우에 따라 활동과 과업들은 청중의 니즈, 관심사, 수준에 따라 다르게 디자인하기도 하였다. 강의평가 결과에 따르면 학생들의 만족도는 매우 높은 것으로 나타났다(제일 최고점은 이 책에 실린 활동들에 참여했던 참여자들이 준 점수였다).

어떤 경우이건, 확실한 한 가지 교수법을 제안하려는 의도는 전혀 없었다. 교육학의 연구 결과, 절대적으로 옳다고 생각하는 해결 방안에 집착하지 않고, 수업에서 유연성을 발휘하라고 강조하는 이 때, 한 가지 교수법을 강조한다는 것은 시대착오적인 발상이다. 또한 상식, 일상적인 관찰, 성찰과 회고, 능동적 경험을 바탕으로 따져 보아도 교습/학습의 성공여부는 교수법, 그룹, 교수자, 수업목표, 교재를 어떻게 적절히 구성하느냐에 달려있다.

학습자 자율성/팀워크, 개별 활동/그룹 활동이 결합된 교수법을 활용하면 의미 있는 학습이 얼마든지 '실현 가능하다'고 결론지을 수 있다. 그룹 활동을 하면 학생들은 번역을 하는 과정에서 최종 선택을 앞두고 직면하게 되는 두려움을 더 이상 느끼지 않게 될 것이다. 기자이자 교육자인 존 휴스턴 핀레이(John Huston Finley)가 말했듯이 "성숙함이란 불확실성을 참아내는 능력" 이 아니던가.

용어 해설

가치판단적 의미(attitudinal meaning): 지시대상에 대한 일반적인 마음가짐이나 가치판단을 드러내는 언어적 표현

간섭의 법칙(interference, law of): 도착어 번역에 나타난 출발어의 특징(투리, 1995)

간접 번역(indirect translation): 원문이 쓰인 원래의 언어에서 번역한 것이 아니고 번역된 텍스트를 가지고 번역을 함. 예를 들어 포의 작품들(영어로 쓰인)을 19세기에 스페인어와 카탈로니아어로 번역한 책들은 보들레르의 번역(불어로 쓰인)에서 번역한 것임

결속성(cohesion): 텍스트는 어휘, 문법, 기타 언어적 장치에 따라 내적으로 한데 어우러져야 함(타당성, 결속성 참조)

과업(task): 동일한 목표 하에 최종 결과물을 위한 일련의 활동. 하나의 과업을 완수하는 데는 보통 몇 차례의 수업이 필요함. 각 수업에서 동일한 목표를 향해 동일한 경로로 이끌어주는 활동들이 진행됨. 그 과정에서 절차적(방법 습득)지식과 선언적(내용 습득)지식 두가지 모두를 연습하고 고찰함(브루스터, 1996; 바이게이트, 스키한과 스웨인, 2000; 데이비스 외, 1994; 누난, 1989; 리베, 1997)

관용적 번역(idiomatic translation): 독자 지향적 번역으로 번역문에 소위 말하는 "자연스러운" 또는 "살아있는" 구어체와 관용어가 포함되어 있음(뉴마크, 1988)

교수법(method): 원칙과 절차에 따라 번역을 지도하는 방법(접근 방법, 디자인, 교수법 참조)

교습/학습에 대한 교류주의 이론(transactional approach to teaching/learning): 협동 학습에 토대를 두고 그룹 활동과 상호 작용을 하지만, 활동 과정에서 생기는 문제에 대한 최종 해답은 여전히 교수자에게 있음. 학생들에게 힘을 실어주는 긍정적인 발전 단계

교습/학습에 대한 전달주의 이론(transmissionist approach to teaching/

learning): 전통적인 결과물 지향, 교수자 중심의 학습 방식으로 "읽고 번역하라"는 훈련을 받은 학생들은 모범 번역문을 의문 없이 받아들임

기계 보조 번역(machine-assisted translation): 워드프로세서, 번역 프로그램, 자동 번역과 같은 컴퓨터 활용 도구가 이에 해당함(베이커, 1998; 세이저, 1993)

기호간 번역(inter-semiotic translation): 서로 다른 두 의사 소통 체계 간의 번역. 예를 들어, 지면에서 화면으로 번역(허비 외, 1995; 야콥슨, 1971)

능력(competence): (학생) 번역사가 번역에 대하여 아는 것–이론, 원칙, 규범, 언어, 기술, 직업(이와 관련된 다양한 제안은 오로스코 2000 참조)

담화(discourse): 어떤 사회문화 그룹이 사용하는 텍스트 차원에서의 기술 또는 구술 양식(하팀과 메이슨, 1990; 허비 외, 1995)

등가(equivalence): 번역학에서 논란의 여지가 많아 공통된 정의가 필요한 용어(베이커 중 케니, 1998)

디자인(design): 여기에는 교수자/학습자 간의 상호 작용과 강의 계획안이 포함됨. 교육 목표, 수업 내용 선정, 활동의 순차적 구성과 소요 시간, 교실 내 교수자와 학습자의 역할, 교수법 등이 포함됨(접근 방법, 교수법 참조)

맥락(context): 언어적 표현이나 전체 텍스트의 번역을 결정짓는 텍스트 외적 특징(하팀과 메이슨, 1990)

문화적 표현(cultural reference): 언어적 또는 비언어적 표현으로 물질적, 생태적, 사회적, 종교적, 정서적, 언어적 특징을 함축하고 있음. 이를 통해 특정 사회에 속한다고 간주되고 그 사회의 일원이라는 정체성을 인정받으나, 번역을 할 때나 텍스트를 이해할 때는 문제가 될 수 있음. 한 사람이 하나 이상의 사회에 속할 수도 있음(데이비스와 테넨트 2005)

문화적 이식(cultural transplantation): 원문의 문화적 표현을 도착어의 문화적 표현으로 대체함(허비 외, 1995) (자국화 참조)

문화적 차용(cultural borrowing): 문화적 용어의 직역(허비 외, 1995)

문화적 치환(cultural transposition): 원문의 문화적 표현에서 이탈할 때 이를 가리키는 대표적인 용어(허비 외, 1995)

번안(adaptation): 사용자 중심의 번역으로 원문과 번역문이 서로 느슨하게 일치하여 원문과 번역문 사이에 문화와 관련하여 바뀌는 내용이 있음(희곡이나 시 번역에서 빈번함)(허비 외, 1995; 뉴마크, 1988)

번역 결과물(product of translation): 번역 과정의 최종 결과(벨, 1991; 하팀과 메이슨, 1990; 뢰르셔, 1991)

번역 과정(process of translation): 번역 결과물을 만들어내기까지의 다양한 단계(벨, 1992; 하팀과 메이슨, 1990)

번역 문제(translation problem): 텍스트의 일부(미시적 차원) 또는 전체에서(거시적 차원) 나타나며, 학습자/번역사가 적극적인 번역 전략, 방법, 해결 방안을 적용하여 의식적으로 의사 결정을 해야만 하는 언어적, 비언어적 부분(데이비스 외, 2001; 데이비스와 테넨트, 2005; 테넨트 외, 2000) (번역 전략, 번역 방법, 번역 해결 방안 참조)

번역 방법(translation procedure): 원문을 재창조적인 방법으로 재표현하기 위하여 사용하는 구체적이고 수용가능한 선택 사항들로 외연화, 주석, 모사, 문화적 번안, 이국화, 재구성, 대체, 생략, 추가 등이 이에 해당함(배스틴, 2000, 데이비스 외, 2001; 질, 2003; 데이비스와 테넨트, 2005)

번역상의 손실(translation loss): 출발어와 도착어 사이에 대응어의 부족. "번역자는 반역자"등 번역에 대한 은유 및 격언과 직접 연관이 있음(번역상의 손실 및 이득에 관한 논의는 허비 외, 1995 참조)

번역의 기능(function of translation): 번역을 의뢰한 목적과 번역문 사용자의 기대 사항(베이커 중에서 스코포스 이론, 1998; 노르트, 1991; 라이스와 페르미어, 1984 참조)

번역 전략(translation strategy): 번역학에서 논란이 되는 용어로서 번역 "기술"이나 "방법"이라고도 함. 번역 전략은 원문을 번역문으로 옮길 때 번역사가 취하는 결정을 가리킴. 자동적으로 전이할 수 없는 언어적, 비언어적 부분을 해결하기 위한 의식적인 결정이나 방법. 번역 문제는 텍스트의 일부나(미시적 차원) 텍스트 전체에서(거시적 차원) 있을 수 있음. 번역상의 문제를 탐지하면 머릿속은 그 문제를 해결하기 위하여 특정 기술을 활성화시켜 내적, 외적 정보를 탐색함(병렬적 사고, 검색, 분류, 선택, 의미장에 접근 등). 여기에서 하나의 전략이란 번역 과제의 목표와, 목표 달성에 필요한 방법을 연결 짓는 결정을 의미함(비비 외, 2001; 데이비스, 1998a; 데이비스와 테넨트, 2001a, 2005; 뢰르셔, 1991; 테넨트와 데이비스, 2000)(번역 문제, 번역 해결 방안 참조). 자국화(번역문을 목표 독자 문화에 가깝게 가져가는 것)나 이국화(원문의 문화적 차원을 유지함)와 같이 의식적으로 내리는 이데올로기상의 결정을 가리키기도 함(베누티, 1995)

번역투(translationese or "translatorese"): 출발어의 간섭(모사 등)이 느껴지는 번역(뉴마크, 1988)

번역 해결 방안(translation solution): 번역 문제에 적용하는 의식적, 비자동적 해결 방안. 전략 활용과 해결 방안 적용은 내재화되어 자동화될 수 있음(데이비스와 테넨트, 2001a, 2005; 테넨트와 데이비스, 2000) (번역 방법, 번역 해결 방안. 번역 전략 참조)

부호 전환(code-switching): 같은 텍스트 안에서 두 개 이상의 언어를 번갈아 사용(허비 외, 1995)

사회구성주의(Social Constructivism): 이 교육학 이론에서는 학습은 사회적 행위로 이전의 지식, 경험, 학습 동기를 바탕으로 그 위에 지식이 구성된다고 생각함. 학생들에게는 상호 교감하고 상호 작용하는 주위 사람들이 무엇보다 중요하며, 이 이론에서는 학습자 자율성이 핵심적인 개념임(벤슨과 볼러, 1997; 키랠리, 1995, 2000; 리틀, 1991; 멀리건과 그리핀, 1991; 리차드와 로저스, 1986/2001; 비고스키, 1978; 윌리암스, 1999) (소통 중심 교수법, 협동 학습, 인본적 교육 참조)

상호텍스트성(intertextuality): 한 텍스트에서 발견되는 다른 텍스트들의 메아리(베이커, 1992; 하팀과 메이슨, 1990)

성과(performance): 현실 상황에서 번역 능력을 실제로 적용하는 것(번역 능력 관련 다양한 제안은 오로스코, 2000 참조) (능력 참조)

소비자 지향적 텍스트(consumer-oriented text): 특정 사용자의 니즈에 맞추기 위하여 특별히 원문과 조금 다를 수도 있게 한 번역(노르트, 1977)

소통 중심 교수법(Communicative Approach): 언어적, 통사적 정확성만 추구하는 것이 아니라, 주어진 상황에서 의사 소통이 적절히 이루어지도록 화용적 측면에서 의미의 정확성도 추구(애셔, 1977; 브럼핏과 존슨, 1979; 캔들린, 1978; 쇼드롱, 1988; 엘리스, 1992; 할리데이 외, 1964; 한비, 1992; 크라센과 테럴, 1983; 누난, 1993; 오멜리와 샤모, 1990; 리차드와 로저스, 1986/2001) (협동 학습, 인본적 교육, 후기 교수법, 사회구성주의 참조)

소통 중심 번역(communicative translation): 원문과 동일한 메시지를 전달하나 내용과 언어를 사용자 맥락에 맞게 바꾸는 독자 지향적 번역(의미 중심 번역 참조) (허비 외, 1995; 뉴마크, 1988)

암시적/인유적 의미(allusive meaning): 전체 문장으로 제시되지 않은 속담이나 인용문 등의 언어적 표현이 내포된 내용을 환기시키는 효과(허비 외, 1995)

어역(register): 주어진 텍스트 유형이나 사회문화적 상황에 적합한 언어

의 종류 (하팀과 메이슨, 1990; 베이커, 1992)

언어 간 번역(inter-linguistic translation): 진정한 의미에서의 번역. 즉 두 언어 간의 번역(야콥슨, 1971)

언어 내 번역(intra-linguistic translation): 동일한 언어 내의 번역. 어역을 바꾸는 것 등(야콥슨, 1971)

언표내적 의미(illocutionary meaning): 언어적 표현이 의도한 의미(하팀과 메이슨, 1990)

역번역(backtranslation): 텍스트를 본래의 출발어로 다시 번역

연상적 의미(associative meaning): 어떤 지시 대상에서 흔히 연상되는 전형적인 특징을 드러내는 언어적 표현(허비 외, 1995)

연어적 의미(collocative meaning): 흔히 단어나 표현이 연어를 이루어 그 언어적 표현이 환기시키는 의미(허비 외, 1995)

요약 번역(gist translation): "synthetic translation(요약 번역)"이라고도 함. 원문을 도착어로 요약한 버전(허비 외, 1995)

응결성(coherence): 텍스트는 텍스트 유형, 스타일, 장르 특성과 같은 외부적 요인에 따라 한데 어우러져야 함(타당성, 결속성 참조)

의미 중심 번역(semantic translation): 저자 지향적 번역이나, 자연스러운 텍스트를 만들어내기 위하여 도착어의 특징을 고려한다는 점에서 직역이나 충실한 번역과는 다름(소통 중심 번역 참조) (뉴마크, 1988)

의역(free translation): 사용자 지향적 번역으로 원문과 번역문이 큰 틀에서만 일치(허비 외, 1995; 뉴마크, 1988)

이국화/이화(exoticism): 원문의 문화적 표현이 번역문에 유지되어 "이국적"인 효과를 창출(허비 외, 1995) (이국화 참조)

이국화(foreignization): 번역문에 원문이 드러나게 하는 의식적인 선택(베누티, 1995) (문화적 이식 참조)

인본적 교육(Humanistic teaching): 학습자를 교수자가 전달하는 지식을

받아들이는 객체가 아니라, 본인과 그룹의 능력/성과를 변모시키기 위해 적극적으로 기여할 수 있는 주체로 여김. 협동 학습을 지지하고, 학습자의 정서적 측면과 다양한 적성을 존중할 때 나타나는 긍정적인 결과를 중시함(아놀드, 1999; 브라운, 1971; 칙센트미하이, 1990; 다마시오, 1994; 데이비스, 가사이드와 린볼루크리, 1998; 데이비스, 2002; 모스코비치, 1978; 리차드와 로저스, 1986/2001; 로저스, 1994) (소통 중심 교수법, 협동 학습, 후기 교수법, 사회구성주의 참조)

자국화(domestication): 번역사의 불가시성에 찬성하며 도착어와 그 문화에 맞게 원문을 의식적으로 변형하는 것(베누티, 1995) (문화적 이식 참조)

절차/교수법(procedure): 교육 이론과 디자인을 교실에서 이행하는 수단(활동, 접근 방법, 디자인, 교수법, 과업, 프로젝트 참조)

접근 방법/접근법/이론(approach): 번역의 특성을 고려하여 번역 학습에 적용할 방법에 관한 이론(디자인, 방법, 교수법 참조)

정서적/감정적 의미(affective meaning): 언어적 표현이 사용자에게 미치는 정서적/감정적 효과(허비 외, 1995)

제약 사항(constraints): 번역사나 번역 작업에 제약이 내부적 · 외부적 요인. 내부적인 예로는 번역사의 능력(언어, 배경 지식, 전이 능력), 외부적인 예로는 장비, 마감일, 번역료, 번역 프로그램, 검색 도구 등이 있음. 제약 사항은 번역사의 작업 성과에 영향을 미칠 수 있음

중간 언어(interlanguage): 언어 습득 과정에서 초보 단계와 (거의)모국어 화자 수준의 숙달된 단계 사이에 발전하는 정도. 언어에 출발어와 도착어 양쪽의 규칙이 다 드러나 있음(셀린커, 1972/1992)

직역(literal translation): 단어 대 단어의 원문 중심 번역으로 출발어 특징이 유지됨(허비 외, 1995; 뉴마크, 1988)

충분성(adequacy): 독자의 니즈와 특정 과제에서 요구되는 사항들을 번

역문이 충족시켰을 때 충분하다고 표현. 충실성과 충분성이 동의어일 필요는 없음(노르트, 1997; 하팀과 메이슨, 1990)

충실한 번역(faithful translation): 출발어의 특성을 도착어에 맞추어 번안하지 않는 저자 지향적 번역(뉴마크, 1988). 충실성의 정도는 "충실성"을 정의하는 것이 쉽지 않아 번역학에서 현재 논란이 되고 있음

크로스오버(crossover): 의사 소통 매개체의 변경. 예를 들어 구술 버전에서 문서 버전으로 변경 등(허비 외, 1995)

타당성(cogency): 텍스트 내 아이디어들 간의 관계. 이 관계가 문화에 따라 다를 수 있어서 번역사는 출발어 문화와 도착어 문화의 논리적인 담화 양식을 모두 인지해야만 함(허비 외, 1995) (응결성, 결속성 참조)

통역(interpreting): 흔히 구술 번역을 가리킴(베이커, 1992/1998; 질, 1995)

프로젝트(project): 다중 능력이 필요한 과제로서 프로젝트를 통해 학생들은 교육적/직업적 활동에 참여할 수 있고 최종 결과물을 만들어내는 공동 작업을 수행할 수 있음. 실제 또는 전문적 프로젝트의 경우에는 최종 결과물이 실제 의뢰인에게서 의뢰받은 번역물이 됨. 교육적 프로젝트의 경우에는 활동과 과업의 결과가 전문가 수준의 결과물로, 이런 연습을 통해 학생들은 실제로 번역을 의뢰받았을 때 제대로 수행해낼 기술을 연마할 수 있음(하이네스, 1989; 리베와 비달, 1993) (활동과 과업 참조)

학습 경로(learning route): 학습이 발생하는 방식

학습과 직업에 대한 자세/마음가짐(attitude towards learning and the profession): 번역학 공부를 시작하려는 학생들의 의욕, 번역이라는 직업에 대한 개념, 번역사로서의 자아 개념(제2부 2장 2.3 도표 참조)

학습 속도(learning rate): 학습이 발생하는 속도

학습에 대한 변용주의 이론(transformational approach to teaching/

learning): 학습자와 학습 중심 맥락으로 협동 학습과 번역 과정에 대한 탐구를 중시하고, 교수자는 안내인 역할을 하며 교실 수업과 학교 밖의 실무를 연결하여 시행함(키랠리, 2000)

학습에 대한 적성(aptitude for learning): 과업에 적합한 능력과 정신적 자세로, 텍스트를 유연하게 처리하고 다양한 전략을 적용하는 능력, 다른 텍스트, 맥락, 조건에 적응하는 능력, 텍스트를 해석하는 기술, 문제 발견 및 해결력, 능숙하게 읽고 쓰는 능력 등을 포함(제2부 2장 2.1 도표 참조)

함축적 의미(connotative meaning): 언어적 표현의 일차적 의미 그 이상의 의미(허비 외, 1995)

함축화(implicature): 실제로 말한 것과는 반대로 언어적 표현이 암시하는 의미(하팀과 메이슨, 1990; 베이커, 1992)

성서해석 번역(exegetic translation): 원문의 확장된 도착어 버전(허비 외, 1995)

행별 번역(interlineal translation): 의미 단위의 적절한 어순을 고려하지 않고 직역(허비 외, 1995)

협동 학습(Cooperative Learning): 이 교육 이론에 따르면 팀워크가 좋으면(팀의 일원들이 공동으로 최상의 성과를 거두기 위해서 각기 노력하면) 또래 집단의 강박감을 줄일 수 있고, 소통 능력과 사회성을 높이며, 다양한 언어적 문화적 간극을 메우고 그룹의 결속력을 높여 결과적으로 학습 효과가 더욱 증대된다고 함(바사노와 크리스티슨, 1994; 베넷, 롤하이저와 스테판, 1991; 데이비스와 카탈라, 1994; 홀트, 1993; 케슬러, 1992; 리차드와 로저스, 1986/2001, 슬라빈, 1990) (소통 중심 교수법, 인본적 교육, 후기 교수법, 사회구성주의 참조)

활동(activity): 특정 목표를 연습하기 위한 구체적이고 간단한 연습으로 특정 목표란 주로 인어 능력, 배경 지식, 전문가 자세, 전환, 검색 능

력, 컴퓨터 활용 기술과 관련되어 있음(데이비스와 테넌트, 2005)(과업과 프로젝트 참조)

후기 교수법(Post-Method Condition): 오늘날에는 교육이나 학습에 가장 효과적인 교수법이 한 가지만 존재한다고 생각하지 않음. 다양한 이론과 교수법을 실행에 옮기고 학생들에게 적절한 도움을 제공하다가, 학생들이 독립적인 행위자로 발전하면 사라져주는 유연한 교수자가 교육의 핵심이라고 생각함(소통 중심 교수법, 협동 학습, 인본적 교육, 사회구성주의 참조) (블록, 2000; 리차드와 로저스, 1986/2001)

참고문헌

Allen, W. (1975). *Without Feathers.* New York: Random House.

_____ Guarner, J. L. (Trans.). (1997). *Sin plumas.* Barcelona: Tusquets Editores.

_____ Ramon, A. (Trans.). (1985). *Desplomats.* Barcelona: Columna Edicions.

Allende, I. (1988). *Cuentos de Eva luna.* Barcelona: Plaza & Janés.

_____ Sayers Peden, M. (Trans.). (1991). *The Stories of Eva Luna.* Harmondsworth: Penguin.

Almodóvar, P. (1987). Mujeres al borde de un ataque de nervios. http://www.almodovarlandia.com/espanyol/movies/filmmujeres.htm

Arnold, J. (Ed.). (1999). *Affect in Language Learning.* Cambridge: Cambridge University Press.

Arnold, J. (2001). "The Jackedoff' 'Skeptic' on Humanistic Language Teaching". *Humanising Language Teaching Journal, 3* (3). http://www.hltmag.co.uk/may01/sart6.htm

Arrojo, R. *(Forthcoming).* "Training the visible translator in the context of anti-essentialism".

In *New Directions in the New Millenium,* Tennent, M. (Ed.), Amsterdam & Philadelphia: John Benjamins.

Arrojo, R., & A. Chesterman. (2000). "Shared Ground in Translation Studies". *Target,* J2 (1), *12* (2), i3(l), *13* (2).

Asher, J. (1977). Learning Another Language Through Actions; The Complete Teacher's Guidebook. Los Gatos, CA: Sky Oaks Productions.

Atkinson, R. (1992). *Rowan Atkinson Live.* Tiger Television Limited.

Atkinson, R. (1997). *The Best Bits of Mr. Bean,* http://www.imdb.com/

title/tt0291751/

Atwood, M. (1976/1994). *Lady Oracle.* London: Virago Press.

Austen, J. (1815/1979). *Emma.* London: Pan Books.

Ausubel, D. P. (1968). *Educational Psychology; A Cognitive View.* New York: Holt, Reinhart and Winston.

Bacardi, M. (Ed.). (1997). *Actes Congres Internacional sobre Traducció de 1994.* Barcelona: Universitat Autònoma de Barcelona.

Bacardi, M., J. Fontcuberta, & F. Parcerisas (Eds.). (1998). *Cent anys de traducciò al català.* Universitat de Vic: EUMO Editorial.

Baer, B. J & Koby, G. S. (Eds.). (2003). *Beyond the Ivory Tower.* American Translators Association Scholarly Monograph *Series,* vol. XII, Amsterdam & Philadelphia: John Benjamins.

Bajo, T. et al. (2001). "Comprehension and memory processes in translation and inter- preting". *Quaderns. Revista de Traducciò, 60,* 27–31.

Baker, M. (1992). *In Other Words.* London & New York: Routledge.

Baker, M. (Ed.). (1998). *Routledge Encyclopaedia of Translation Studies.* London & New York: Routledge.

Barthes, R. (1977). (Trans. Stephen Heath). "The Death of the Author". *Image, Music, Text.* London: Fontana Communications Series.

Bartlett, R C. (1932). *Remembering.* Cambridge: Cambridge University Press. Basnett-McGuire, S. (1981). *Translation Studies.* London & New York: Routledge.

Basnett, S., & A. Lefevére (1998). *Constructing Cultures; Essays on Literary Translation.* Clevendon: Multilingual Matters.

Bassano, S., & M. A. Christison (1994). Community Spirit: A Practical

Guide to Collaborative Language learning. Burlingame, CA: Alta.

Beeby, A. (1996). Teaching Translation from Spanish to English; Worlds Beyond Words. Ottawa: University of Ottawa.

Beeby, A., Ensinger, D., & M. Presas (Eds.). (2000). *Investigating Translation.* Amsterdam: John Benjamins.

Bell, R. T. (1991). *Translation and Translating; Theory and Practice.* London: Longman. Benjamin, W. (1923/2000). "Die Aufgabe des Übersetzers" ("The Task of the Translator: An Introduction to the Translation of Baudelaire's *Tableaux Parisiens"*). In Gallen, E.> M. Llanas, M. Ortin, R. Pinyol, 8c P. Quer (Eds.), *L'art de traduir. Reflexions sobre la traducció al llarg de la história* (pp. 338-362). Universitat de Vic: EUMO Editorial.

Bennet, B., Rohlheiser-Bennet, C., & L. Stevhan (1991). *Cooperative Learning: Where Heart Meets Mind.* Toronto: Educational Issues.

Benson, P., & P. Voller (Eds.). (1997). Autonomy and Independence in Language Learning. New York: Addison Wesley Longman.

Block, D. (2000). "Is Method Really Dead?". In *A.P.A.C. of News, 39,* 31-41.

Borges, J. L. (1952). "Sobre el 'Vathek' de William Beckford". In *Otras inquisiciones.* Barcelona: Emecé.

Boseley, S. (1993). "The Right Wee with Words". *The Times,* August, 6.

Bowker, L. et al. (1998). Unity in Diversity? Current Trends in Translation Studies. Manchester: St. Jerome.

Brewster, J. (1996). "Task-based learning. The challenge for teachers and trainers." In *AP.A.C. of News, 27,* 34–38. Barcelona: Alhambra

Longman.

Brown, G. (1971). Human Teaching for Human Learning. An Introduction to Confluent Education. New York: The Viking Press.

Brown, P., & S. Levinson (1978/1987). "Universals in language usage: Politeness Phenomena". In Goody, E. (Ed.), *Questions and Politeness.* Cambridge: Cambridge University Press.

Brumfit, C., & K. Johnson (Eds.). (1979). *The Communicative Approach to Eattguage Teaching.* Oxford: Oxford University Press, 1981.

Brumfit, C. (1982). "Some Humanistic Doubts about Humanistic Language Teaching". In *ELT Documents 113 - Humanistic Approaches: An Empirical View.* London: The British Council.

Bush, P. (1996). "It doesn't sound like English". *TLS,* September, 13.

Bussman, H. (Ed.). (1996). *Routledge Dictionary of Language and Linguistics.* London & New York: Routledge.

Buzan T. (1991). *Use Both Sides of Your Brain.* New York: Plume.

Bygate, M., P. Skehan, & M. Swain (Eds.). (2000). Researching Pedagogic Tasks: Second Language Learning, Teaching, and Testing. London: Longman.

Caine, R. N., & G. Caine (1994). *Making Connections: Teaching and the Human Brain.* Menlo Park, CA: Addison-Wesley.

Cameron, J. (1984). *The Terminator.* Universal Pictures.

Campbell, *S.* (1991). "Towards a Model of Translation Competence". *Meta, XXXVI* (2/3), 329-343.

Campbell, S. (1998). *Translation into the Second Language.* London and New York: Longman.

Campos A., & M. A. Gonzalez (1995). "Effects of Mental Imagery on Creative Perception". *Journal of Mental Imagery, 19,* 67-76.

Candlin, C. (Ed.). (1978/1981). *The Communicative Teaching of English.* London: Longman.

Carner, J. (1970). "De l'art de traduir". In Manent, A. (Ed.), *Teoria de Vham poetic* (pp. 45- 52). Barcelona: Edicions 62.

Carroll, L. (1865/1971). Gardner, M. (Ed.). *The Annotated Alice: Alice's Adventures in Wonderland and Through the Looking-Glass.* Middlesex: Penguin. http://www.lewiscarroll. org/carroll.html

_____ Josep Carner (Trans.). (1927). *Alicia en Terra de Meravellas,* Barcelona: Joventut.

_____ Humpty Dumpty (Trans.). (1973/1980). *Aventuras de Alicia en el Pais de las Maravillas.* Barcelona: La Gaya Ciencia.

_____ Luis Maristany (Trans.). (1988). *Alicia en el Pais de las Maravillas.* Barcelona: Vicens Vives.

_____ Salvador Oliva (Trans.). (1996). *Alicia en el Pais de les Meravelles,* Barcelona: Em-púries.

Chaudron, C. (1988). Second Language Classrooms; Research on Teaching and Learning. Cambridge: Cambridge University Press.

Chesterman, A. (1995). *The Memes of Translation.* Amsterdam & Philadelphia: John Benjamins.

Chesterman, A. (1995). "The Successful Translator: The Evolution of *Homo Transferens". Perspectives: Studies in Translatology.* Copenhagen: Museum Tusculanum Press.

Chester man, A. (2000). "Teaching Strategies for Emancipatory

Translation". In C. Schaffner & B. Adab (Eds.), *Developing Translation Competence* (pp. 143-186). Amsterdam & Philadelphia: John Benjamins.

Chesterman, A. & K Wagner. (2002). Can Theory Help Translators? A Dialogue Between the Ivory Tower and the Wordface. Manchester: St Jerome.

Chevalier, J., & A. Gheerbrant (1986). *Diccionario de los simbolos*, Barcelona: Herder.

Chevrel, Yves (1995). "La réception de littératures étrangéres". In *Revista de Filologia Ftanccsa* (pp. 83-100). Madrid: Universidad Complutense.

Chiaro, D. (1992). *The Language of Jokes.* Andover & New York, Routledge.

Cisneros, S. (1992). *Woman Hollering Creek and Other Stories.* New York: Vintage Books.

_____ (Trans.) Valenzuela, L. (1996). *El arroyo de la Llorona.* New York: Vintage Espanol.

Colman, G. (1797/1980). "Heir-at-Law". In *The Concise Oxford Dictionary of Quotations*, 67. Oxford: Oxford University Press.

Chomsky, N. (1965). *Aspects of the Theory of Syntax.* Cambridge MA: The MIT Press.

Concise Oxford Dictionary of Quotations. (1980). Oxford: Oxford University Press.

Cook, G. (1994). *Discourse and Literature.* Oxford: Oxford University Press.

Cookson, C. (1982). *Tilly Trotter Widowed.* London: Heinemann.

Coulmas, F. (1980). "Poison to your soul. Thanks and apologies contrastively viewed". In Coulmas, F. (Ed.), *Conversational routine; Explorations in standardized communication situations and prepatterned speed"* (pp. 69–91). The Hague: Mouton.

Craig, Ian. (1998). "Translation and the authoritarian regime: William and the Caudillo". In Bush, P., & K. Malmkjaer (Eds.), *Rimbaud's Rainbow: Literary translation in higher education,* 157ff.

Crompton, Richmal (1977/1995). *Still William.* London: MacMillan Chidren's Books.

_____ (Trans.) C. de Peraire del Molino (1999). *Guillermo y el cerdito premiado.* Madrid: Espasa Calpe.

Cronin, M. *(Forthcoming)*. "Deschooling Translation: End of Millenium Reflections on Teaching Translation and Interpreting". In Tennent, M. (Ed.), *New Directions in the New Millenium.* Amsterdam & Philadelphia: John Benjamins.

Csikszentmihalyi, M. (1990). *Flow. The Psychology of Optimal Experience.* New York: Harper Perennial.

Dahl, R. (1984). *Revolting Rhymes.* London: Puffin.

Dahl, R. (1988/1994). *Matilda.* London: Random House.

Damasio, A. (1994). Descartes' Error: Emotion, Reason and the Human Brain. New York: Avon.

Davis, P., B. Garside, & M. Rinvolucri (1998). *Ways of Doing.* Cambridge: Cambridge University Press.

Delabastita, D. (1994). "Focus on the pun: Wordplay as a special problem in Translation Studies". *Target, 6* (2), 223-243.

Delabastita, D. (Ed.). (1997). *Traductio. Essays on Punning and*

Translation. Manchester: St. Jerome and Namur: Presses Universitaires de Namur.

Delisle, J. (1984). *L'analyse du discours comme méthode de traduction.* Ottawa: University of Ottawa Press.

Delisle, J., & J. Woodsworth (Eds.). (1995). *Translators through History.* Amsterdam & Philadelphia: John Benjamins.

Derrida, J. (1979). "Living on/Border Lines". Trans. J. Hulbert. In Bloom, H. et al. (Eds.), *Deconstruction and Criticism* (pp. 75-176). London & Henley: Routledge & Kegan Paul.

Derrida, J. (1985), *The Ear of the Other; Otobiography, Transference, Translation.* NE and London: University of Nebraska Press.

Dickens, Ch. (1853/1976). *Bleak House.* London: Pan Books.

_____ (Trans.) Santos Fontenla, F. *Casa Desolada.* Madrid: Alfaguara. do Campos, A. (1978). *Verso, Reverso, Controverso.* Sao Paulo: Perspectiva.

Dollerup, C., & A. Lindegaard (Eds.). (1994). *Teaching Translation and Interpreting* 2. Amsterdam & Philadelphia: John Benjamins.

Dollerup, C., & A. Loddegaard (Eds.). (1992). *Teaching Translation and Interpreting.; Training, Talent and Experience.* Amsterdam & Philadelphia: John Benjamins.

Dollerup, C., 8c V. Appel (Eds.). (1996). *Teaching Translation and Interpreting 3.* Amsterdam & Philadelphia: Benjamins.

Duff, A. (1981). The Third Language; Recurrent Problems of Translation into English. Oxford: Pergamon.

Duff, A. (1989). *Translation.* Oxford: Oxford University Press.

Du Maurier, D. (1938/1997). *Rebecca.* London: Reader's Digest.

Easthorpe, A. (1998). "Theories, not Theory". *The Times Literary Supplement,* March 13, 8-9.

Eco, U. (1994). "A Rose by Any Other Name". *The Guardian Weekly,* 20, January.

Ehrmann, M. (1999). "Ego Boundaries and Tolerance of Ambiguity". In Arnold, J. (Ed.), *Affect in language Learning* (pp. 87-105). Cambridge: Cambridge University Press.

Ellis, R. (1985). *Understanding Second Language Acquisition.* Oxford: Oxford University Press.

Ellis, R. (1992). *Second Language Acquisition and Language Pedagogy,* Clevedon: Multilingual Matters.

Ellis, R. (1995). Questioning Consciousness: The Interplay of Imagery, Cognition and Emotion in the Human Brain. Amsterdam & Philadelphia: John Benjamins.

Enns-Connoly, T. (1986/1995). Translation as an Interpretive Act: A Narrative Study of Translastion in University Level Foreign Language Teaching, Ph.D. diss., University of Toronto. In Kiraly, D. (Ed.), Pathways to Translation. Pedagogy and Process, 7-8. Kent, Ohio & London: The Kent State University Press.

Even-Zohar, I. (1990). *Polysytem Studies.* Tel Aviv: The Porter Institute for Poetics and Semiotics.

Fàbregas, X. (1979). Tradicions, mites i creences dels Catalans. Barcelona: Edicions 62.

Farahzad, F. (1992). "Testing achievement in translation classes". In Dollerup, C., & A. Loddegaard (Eds.). *Teaching Translation and Interpreting. Training, Talent and Experience.* Amsterdam &

Philadelphia: John Benjamins.

Fawcett, P. (1988). "Ideology and Translation". In Baker, M., (Ed.), *Routledge Encyclopaedia of Translation Studies* (pp. 109-111). London & New York: Routledge.

Finn Garner, J. (1994). *Politically Correct Bedtime Stories.* London: Souvenir Press.

Gallén, E., M. Lianas, M. Ortin, R. Pinyol, & P. Quer (Eds.). (2000). *L'art de traduir. Reflexions sobre la traducció al llarg de la história.* Universitat de Vic: EUMO Editorial.

Garcia Marquez, G. (1992). *Doce cuentos peregrinos.* Barcelona: Mondadori.

_____ (1994). (Trans. Grossman, E.). *Strange Pilgrims.* London: Viking Penguin.

Garcia Padrino, J. (1992). *Libros y literature para ninos en la Espana contemporánea.* Madrid: Fundación Germán Sánchez Rupérez.

Gardner, R., & W. Lambert (1972). *Attitudes and Motivation in Second Language Learning.* Rowley, Mass.: Newbury House.

Gardner, H. (1983/1993). Frames of Mind: The Theory of Multiple Intelligence. Basic Books.

Gardner, R. (1985). Social Psychology and Second Language Acquisition: The Role of Attitudes and Motivation. London: Arnold.

Gardner, H. et al. (1996). *Intelligence. Multiple perspectives.* Fort Worth, Tex. & London: Harcourt Brace College.

Gardner, H. (1999). Intelligence reframed. Multiple Intelligences for the 21st Century. New York: Basic Books.

Gentzler, E. (1993). *Contemporary Translation Theories.* London & New York: Routledge.

Gile, D. (1995). Basic Concepts and Models for Interpreter and Translator Training. Amsterdam & Philadelphia: John Benjamins.

Goethe, J. W. (1819/2000). "'Übersetzungen', Noten und Abhanlungen zu besserem Verständnis des West-Östlichen Divans". In Gallén, E., M. Lianas, M. Ortin, R. Pinyol & P. Quer (Eds.), *L'art de traduir. Reflexions sobre la traduccid al Uarg de la história* (pp. 232-287). Universitat de Vic: EUMO Editorial.

Godayol, P. (1996). "Sandra Cisneros: Living on the Frontera". *In Other Words. The Journal for Literary Translators,* 55–62.

Godayol, P. (2000). *Espais de frontera: Génere i traducció.* Universitat de Vic: EUMO Editorial.

Godayol, P. (2003). "The Pedagogy of Desire: Painting, Textuality, Translation". *Journal of Iberian and Latin American Studies,* 9(1), 22-30.

Goldblatt, H. (2002). "The Writing Life". *The Washington Post, 28* (4), 10. http://www. chicata.org/index_files/washingtonpost_com%20 The%20Writing%20Life.htm

Goleman, D. (1996). Emotional intelligence; Why it can matter more than IQ. London: Bloomsbury.

González Davies, M., & M. Celaya. (1993a). *New Teachers in a* New *Education System.* Barcelona: PPU.

González Davies, M. (1993b). "Our interviews: Alan Duff". *A.P.A.C. of News, 19* (November), 17-19.

González Davies, M. (1994). "'But the dictionary says..' Topicoriented translation teaching". In Pujol, M., & F. Sierra (Eds.), *Dialogos Hispánicos; Las lenguas en la Europa Comunitaria II: Traducción, 20,* 101-104. Amsterdam: Rodopi.

González Davies, M. et al. (1994). *Hands On! English Workshops. Books A, B, and C.* Madrid: Bruno.

González Davies, M., & M. Catalá. (1994). "Negotiating topics in cooperative learning". *Cooperative Learning, 14* (3), 20-23. Santa Cruz (California).

González Davies, M. (1998a). "Student Assessment by Medical Specialists: An Experiment in Relating the Undergraduate to the Professional World in the Teaching of Medical translation in Spain". In Fischbach, H. (Ed.), *Translation and Medicine.* ATA (American Translators' Association) Scholarly Monograph Series, vol. X, 93-102. Amsterdam & Philadelphia: John Benjamins.

González Davies, M., & L. Cotoner. (1999). "Aproximación a una metodologia activa en la ensenanza de la traduccion". In Argüeso, A. (Ed.), *Traduccion, Interpretacion, Lenguaje* (pp. 93-111). Madrid: Fundación Actilibre, Col. Cuadernos de Tiempo Libre.

González Davies, M. (1999). (Trans. Patricia A. Odber de Baubeta). "Translating Impossible Texts: Ludic Aspects of *Alice in Wonderland". Fragmentos. Revista de Lingua e Literatura Estrangeiras Universidade Federal de Santa Catarina, 16,* 85-97. University of Birmingham and Universidade do Rio Grande: Brazil.

González Davies, M., C. Scott-Tennent, & F. Rodriguez (2001a). "Training in the Application of Translation Strategies for

Undergraduate Scientific Translation Students". In *Meta, 46* (4), 737-744.

Gonzalez Davies, M. (2001b). "Nosaltres i els altres: El cas de les traduccions". In Colomer, T. (Ed.), *Un segle de canvas a la literatura infantil i juvenil catalana,* 183-197. Universitat Autónoma de Barcelona: Publicacions de l'ICE.

González Davies, M. (2002). "Humanising Translation Activities: Tackling A Secret Practice". *Humanising Language Teaching Journal.* University of Kent: Pilgrims, http://www.hltmag.co.uk/jul02/mart2.htm, July.

González Davies, M. (2003a). "Translating Children's Literature On The Web: An Authentic Project". In Pascua, I., & G. Marcelo (Eds.), *Traducción y literatura infantil* (pp. 23–26). Las Palmas de Gran Canaria: Anaga.

González Davies, M. (Ed.) (2003b). Secuencias. Tareas para el Aprendizaje Interactivo de la Traducción Especializada. Barcelona: Octaedro.

González Davies, M. (2003c). "Translating Children's Literature in a Bilingual Context: *Alice* in Catalan". *The Knight Letter, 2* (70), 12-16. Princeton: the Lewis Carroll Society of North America.

González Davies, M., & C. Scott-Tennent (2005). "A problem-solving and student-centred approach to the translation of cultural references". *Meta, 50-51,* March.

González Davies, M. *(Forthcoming(a)).* "Undergraduate and Postgraduate Translation Degrees: Aims and Expectations". In Malmjkaer, K. (Ed.), *Translation in Undergraduate Degree*

Programmes. Amsterdam & Philadelphia: John Benjamins.

González Davies, M. *(Forthcoming(b))*. "Minding the Process, Improving the Product: Exploring Alternatives to Traditional Translation Training Settings". In Tennent, M. (Ed.), *New Directions for the New Millenium.* Amsterdam & Philadelphia: John Benjamins.

González Davies, M. *(Forthcoming(c))*. "Translations, Reflections, Refractions: Milestones in Translation History". In Ribé, R. (Ed.), *Applied Linguistics and English Language Studies* [provisional title]. Barcelona: PUB.

Gouadec, D. (2000). "Who should train translators?". On-line Symposium on *Innovation in Translator and Interpreter Tfaining.* Universitat Rovira i Virgili (Tarragona, Spain), http://www.fut.es/~apym/symp/intro.html

Gouanvic, J. M. (1997). "Translation and the Shape of Things to Come. The Emergence of American Science Fiction in Post-War France". In *The Translator*, 2, (3), 125–152.

Gregory, M. J., & S. Carroll (1978). *Language and Situation; Language Varieties and Social Contexts.* London & New York: Routledge & Kegan Paul.

Grice, P. (1975). "Logic and Conversation". In P. Cole & J. Morgan (Eds.), *Syntax and Semantics*, 41-58. New York: Academic Press.

Grice, P. (1989). *Studies in the Way of Words.* Cambridge, MA: Harvard University Press.

Haines, S. (1989). *Projects.* London: Nelson.

Halliday, M. A. K., A. McIntosh, & P. Strevens (1964). *The Linguistic*

Sciences and Language Teaching. London: Longman.

Hanvey, R. G. (1992). "Culture". In Scarcella, R. *C.,* & R. L. Oxford (Eds.), *The Tapestry of Language Learning. The Individual in the Classroom* (pp. 182-192). Boston Mass.: Heinle and Heinle.

Hatim, B., & I. Mason (1990). *Discourse and the Translator.* London: Longman.

Hatim, Basil (1997a). Seminar on Translation Studies at the Facultat de Ciències Humanes, Traducció i Documentació (Universitat de Vic, Spain).

Hatim, B. (1997b). Communication across Cultures: Translation Theory and Contrastive Text Linguistics. Exeter: Exeter University Press.

Hatim, B. (1999). "Implications of research into translator invisibility". *Target, 11* (2), 201- 222.

Heffer, C. (1999). "Sowing Sounds and Reaping Sense in Italian Translations of *Alices".* In *Fragmentos, 16,* 57–77. University of Birmingham and Universidade do Rio Grande: Brazil.

Hermanns, T. (1988). "On Translating Proper Names, with reference to 'De Witte' and 'Max Havelaar'". In Michael Win tie (Ed.), *Modern Dutch Studies*, 11— 13. London: Athlone.

Hermanns, T. (Ed.). (1985). The Manipulation of Literature: Studies in Literary Translation. London and Sydney: Croom Helm.

Hervey, S., I. Higgins, & L. Haywood. (1995). *Thinking Spanish Translation.* London & New York: Routledge.

Holec, H. (1979). Autonomy *and Foreign Language Learning.* Oxford: Pergamon Press.

Holmes, J. (1972/1988). "The Name and Nature of Translation Studies". *Translated! Papers in Literary Translation and Translation.* Amsterdam: Rodopi.

Holmes, J. Lambert, J., & A. Lefevère (Eds.). (1978). *Literature and Translation.* Louvain: ACCO.

Holt, D. (Ed.). (1993). Cooperative Learning: A Response to Linguistic and Cultural Diversity. McHenry, IL: Delta.

Honey, P., & A. Mumford (1986). *The Manual of Learning Styles.* Maidenhead: Honey.

Honey P., & A. Mumford (1995). *Using your Learning Styles.* Maidenhead: Honey.

Howatch, S. (1968/1973). *The Shrouded Walls.* London & Sydney: Pan Books Ltd.

Humboldt, W. (1816/2000). "Einleitung zum *Agamemnon*". In Gallén, E., M. Llanas, M. Ortin, R. Pinyol, & P. Quer, (Eds.), *L'art de traduir. Reflexions sobre la traducció al llarg de la história* (pp. 288-300). Universitat de Vic: EUMO Editorial.

Hunt, P. (2001). *Childrens Literature.* Oxford: Blackwell.

Hurtado, A. (Dir). (1999). *Ensenar a traducir.* Madrid: EDELSA.

Hurtado, A. (2002). Traduccion y traductologia. Introducción a la traductologia. Madrid: Cátedra.

Ibrahim, H. (1994). "Translation assessment: a case for a spectral mode". In Dollerup, C., & A. Lindegaard (Eds.), *Teaching Translation and Interpreting, 2,* 143-151. Amsterdam & Philadelphia: John Benjamins.

Jackson, M. (1991). "Remember the Time". Written and composed by

Teddy Riley, Michael Jackson, & Bernard Belle. Produced by Teddy Riley & Michael Jackson.

Jakobson, R. (1959/1971). "On linguistic aspects of translation". In Jakobson, R. (Ed.), *Selected Writings II: Word and Language* (pp. 260-266). The Hague and Paris: Mouton.

James, P. D. (1980). *Innocent* Bloody London: Faber.

Jerome K. J. (1957/1982). *Three Men in a Boat. To Say Nothing of the Dog!*, Harmondsworth: Penguin.

Krahn, F. (2001). Illustration in Barcelona: *La Vanguardia.*

Kessler, C. (Ed.). (1992). Cooperative Language Learning: A Teacher's Resource Book. New Jersey: Prentice Hall.

Kerr, P. (2001). "Consideration of Affect does not Equal Humanism". *Humanising Language Teaching Journal.* University of Kent: Pilgrims. www.hltmag.co.uk, May.

Kiraly, D. C. (1995). *Pathways to Translation. Pedagogy and Process.* London, Ohio & Kent: The Kent State University Press.

Kiraly, D. C. (2000). A Social Constructivist Approach to Translator Education; Empowering the Translator. Manchester: St. Jerome.

Koby, G. S., & B. J. Baer (2003). "Task-based instruction and the new technology. Training translators for the modern language industry". In Baer, B. J. & Koby, G. S. (Eds.), *Beyond the Ivory Tower. Rethinking Translation Pedagogy.* American Translators Association Scholarly Monograph Series, Vol. XII, 211-229.

Kojima, K. et al. (1989). Unpublished material presented as part of the course "Specialized TESOL Methodology: Learning from TV, Radio, Video and Other Media". Teachers College, Columbia

University, New York.

Kopzcynski, A. (1989). "Verbal Intervention. Translation in Foreign Language Teaching". In Krawutsche, P. (Ed.), *Translator and Interpreter Training and Foreign Language Pedagogy* (pp. 39-50). ATA Scholarly Monograph Series vol. III.

Koskinen, K. (1994). "(Mis)translating the Untranslatable — The Impact of Deconstruction and Post-Structuralism on Translation Theory". In *Meta, XXXIX* (3), 446-452.

Krashen, S., & T. Terrel (1983). The Natural Approach: Language Acquisition in the Classroom. Oxford: Pergamon.

Krauthammer, C. (1991). "Saving Nature, But Not Only for Man". *Time* June 17, 56.

Krawutsche, P. (1989). *Translator and Interpreter Training and Foreign Language Pedagogy.* ATA Scholarly Monograph Series, vol. III. Binghamton: SUNY.

Kumaravadivelu, B. (1994). "The Post-method Condition: (E)merging Strategies for Second/Foreign Language Teaching". In *TESOL Quarterly, 28* (1), 27-48.

Kussmaul, P. (1991). "Creativity in the Translation Process; Empirical Approaches". In van Leuven, K., & T. Naaijekens (Eds.), *Translation Studies; The State of the Art.* Amsterdam: Rodopi.

Kussmaul, P. (1995). *Training the Translator.* Amsterdam & Philadelphia: John Benjamins.

Lakoff, R., & R. Scherr (1975). *Language and Woman's Place.* New York: Harper & Row.

Lakoff, R. (2000). *The Language War.* University of California Press.

Lasswell, H. D. (1948/1991). In *Text Analysis for Translation,* Nord, C., 36. Amsterdam: Rodopi.

Le Carré, J. (1989/1990). *The Russia House.* Philadelphia: Coronet.

Legutke, M., & H. Thomas (1991). Process and Experience in the Language Classroom. London: Longman.

Levine, S. J. (1991). The Subversive Scribe. Translating Latin American Fiction. MN: Graywolf Press.

Little, D. (1991). Learner autonomy. 1: Definitions, issues and problems. Dublin: Authentik.

Lidenfield, J. (1993). "The Cross-Cultural Translation of Linguistic Routines". *Babel, 39* (3), 151-157. Amsterdam & Philadelphia: John Benjamins.

Lodge, D. (1988). *Nice Work!.* Middlesex: Penguin.

_____ 1989. (Trans. Riambau, E.). *¡Buen trabajo!* Barcelona: Versal.

_____ 1989. (Trans. Guix, F., & J. Masnou). *Bona Feina.* Universitat de Vic: EUMO Editorial.

Lodge, D. (1992). *The Art of Fiction.* London: Penguin.

López Guix, J., & J. Minett Wilkinson (1997). *Manual de traducción inglés-castdlano; teoría y práctica.* Barcelona: Editorial Gedisa, S.A.

Lörscher, W. (1991). Translation Performance, Translation Process, and Translation Strategies. A Psycholinguistic Investigation. Tubingen: Narr.

Lörscher, W. (1992). "Process-oriented research into translation and implications for translation teaching". *TTR, 5* (1), 145-161.

MacDonald, G. (1895/1971). *Lilith. A Romance.* London: Ballantine.

MacNeill, A. (1991). *Red Alert:* London: Fontana.

Mahn, G. (1989). "Standards and Evaluation in Translation Training". In Krawutsche, P. (Ed.), *Translator and Interpreter Training and Foreign Language Pedagogy*, ATA Scholarly Monograph Series, vol. Ill (pp. 100-109). Binghamton: SUNY.

Maier, C., & F. Massardier. (1993). "Toward an Expanded Pedagogy of Specialized Translation". In S. E. Wright and L. Wright (Eds.), *Scientific and Technical Translation*, ATA Scholarly Monograph Series VI (pp. 151-161). Amsterdam 8c Philadelphia: Benjamins.

Maier, C. (1994). "Carol Maier Discusses Women in Translation: Current Intersections, Theory and Practice". *Delos, 5* (2), 29–39.

Maier, C. (1996). "Recovering, re-covering, and the translation of work by Rosa Chacel and Maria Zambrano". In A. Sobejano-Moran (Ed.), *Feminism in Multi-cultural Literature,* 207-223.

Malmkjaer, K. (1998). *Translation and Language Teaching.* Manchester: St. Jerome.

Malmkjaer, K. et al. (2000). "Relative Stability and Stable Relativity". In Forum initiated by Arrojo, R., & A. Chesterman, "Shared Ground in Translation Studies". *Target, 12* 2, 341-344.

Malmkjaer, K. *(Forthcoming). Translation as an Undergraduate Degree.* Amsterdam & Philadelphia: John Benjamins.

Maugham, S. (1945). *The Razor's Edge.* Philadelphia PA: The Blakiston Company.

Mills, S. (1997). *Discourse.* London & New York: Routledge.

Miremadi, S. (1992). "Language Users Linguistic Creativity: Word-Formation for Translation". In C. Dollerup & A. Loddegaard

(Eds.), *Teaching Translation and Interpreting. Training, Talent and Experience* (pp. 137-147). Amsterdam & Philadelphia: John Benjamins.

Montoliu, M. (1908/1998). "Moviment assimilita de la literatura catalana en els temps moderns. Conveniencia de que's fassin moltes traduccions i esment ab que cal fer-les". In Bacardí, M., J. Fontcuberta, & F. Parcerisas (Eds.), *Cent anys de traducció al cátala* (pp. 37-45). Universitat deVic: EUMO Editorial.

Moskowitz, G. (1978). Caring and Sharing in the Language Class: A Sourcebook on Humanistic Techniques. Rowley, Mass.: Newbury House.

Mossop, B. (2000). "What should be taught at translation school?" Online Symposium on *Innovation in Translator and Interpreter Training.* Universitat Rovira i Virgili (Tarragona, Spain), http://www.fut.es/~apym/symp/intro.html

Mossop, B. (2001). *Revising and Editing for Translators.* Manchester: St. Jerome.

Mott, B. (1996). A Course of Semantics and Translation for Spanish Learners of English. Barcelona: PPU.

Muir, F. (1989). What-a-Mess Goes on Television in The Walker Bear. A Children's Treasury. London & New York: Guild.

Mulligan, J., & C. Griffin (Eds.). (1991). *Empowerment through Experiential Learning.* London: Kogan Page.

Myers, G. (1999). "Interaction in Writing: Principles and Problems". In Candlin, C., & K. Hyland (Eds.), *Writing: Text, Processes, and Practices* (pp. 40-61). Harlow: Addison Wesley Longman.

Nash, W. (1990). *Language in Popular Fiction.* London & New York: Routledge.

Newmark, P. (1982). *Approaches to Translation.* Oxford: Pergamon.

Newmark, P. (1988). *A Textbook of Translation.* Hemel Hampstead: Prentice Hall.

Nida, E. (1964). *Towards a Science of Translation.* Leiden: E. J. Brill.

Nida, E. (No year specified). *Language, Culture, and Translating.* Shanghai Foreign Language Education Press.

Nida, E., & C.R. Taber. (1969). *The Theory and Practice of Translation.* Leiden: E. J. Brill.

Nida, E. (1992). "Language and Culture". Talk given at the Facultat de Ciències Humanes, Traducció i Documentació, University of Vic (Spain), May 1999.

Nord, C. (1991). *Text Analysis for Translation.* Amsterdam: Rodopi.

Nord, C. (1997a). "Alice Abroad. Dealing with Descriptions and Transcriptions of Paralanguage in Literary Translation". In Poyatos, F. (Ed.), *Nonverbal Communication and Translation.* Amsterdam & Philadelphia: John Benjamins.

Nord, C. (1997b). "El texto buscado. Los textos auxiliares en la enseñanza de la traducción". In *TradTerm, 4* (1), Semester 1, 101-124.

Nord, C. (1997c). *Translating as a Purposeful Activity.* Manchester: St. Jerome.

Nunan, D. (1989). *Designing Tasks for the Communicative Classroom.* Cambridge: Cambridge University Press.

Nunan, D. (1993). *Syllabus Design.* Oxford: Oxford University Press.

Nunan, D., & C. Lamb (1996). *The Self-directed Teacher.* Cambridge & New York: Cambridge University Press.

Nystrand, M. (1989). "A Social Interactive Model of Writing". In *Written Communication, 6,* 66-85.

Oittinen, R. (1992). "Teaching Translation of Fiction. A Dialogic Point of View". In Dollerup, C., & A. Loddegaard (Eds.), *Teaching Translation and Interpreting. Training, Talent and Experience* (pp. 75–81). Amsterdam & Philadelphia: John Benjamins.

Oittinen, R. (2000). *Translating for Children.* New York & London: Garland Publications.

Oliva, S. (1995). "Sobre els elements suposadament intraduïbles de la traducció literària". In Marco, J. (Ed.), *La traducció literaria* (pp. 81 – 93). Castelló de la Plana: Publicacions de la Universitat Jaume I.

O'Malley, J. M., & A. Uhl Chamot (1990). *Learning Strategies in Second Language Acquisition.* Cambridge: Cambridge University Press.

Search for the Great Apes: Orangutan (videorecording). (1975/1992). National Geographic Society & Wolper Productions. Washington DC: National Geographic Society; Burbank, California: Columbia TriStar Home Video.

Orozco, M. (2000). Instrumentos de Medida de la Adquisicwn de la Competencia Traductora: Construccion y Validacidn. Unpublished PhD. Barcelona: Universitat Autonoma de Barcelona.

Orozco, M. (2001). "Métodos de investigación en traducción escrita: ¿qué nos ofrece el método científico?". In *Sendebar, 12* `95-115. Granada: Publicaciones de la Universidad de Granada.

Orozco, M. (2002). "Revisión de investigaciones empíricas en traducción escrita". In trans. *Revista de Traducción*, 6, 63-85. Málaga: Universidad de Málaga.

Ortony, A., G. Clore, & A. Collins (1988). *The Cognitive Structure of Emotions.* New York: Cambridge University Press.

Parcerisas, F. (1997). "Lo que se gana en traducción". *Donaire,* 8, 54-59.

Pennoc, B., & J. Santaemilia (1992). "In Praise of Older Methods': La traducció en I'ensenyament de llengües estrangeres. Alguns exercicis pràctics". In Edo Julià, M. (Ed.), *Actes I Congrés Internacional sobre Traducci6* (pp. 471-483). Barcelona: Universitat Autònoma de Barcelona.

Poe, E. A. (1842/1956). "The Masque of the Red Death". In Hart, J. D & C. Gohdes (Eds.), *America's Literature* (pp. 432-435). New York: The Dryden Press.

Poe, E. A. (1841/2000). *The Murders in the* Rue *Morgue.* London: Orion.

Prabhu, N. S. (1992). "The Dynamics of the Language Lesson". In *TESOL Quarterly, 26* (2), 225-315.

Pym, A. (1992). "Translation Error Analysis and the Interface with Language Teaching". In Dollerup, C., & A. Loddegaard (Eds.), *Teaching Translation and Interpreting. Training, Talent and Experience.* Amsterdam & Philadelphia: John Benjamins.

Rabadán, R. (1991). *Equivalencia y traducción.* León: Publicaciones Universidad de León.

Reid. J. (1999). "Affect in the classroom : problems, politics and pragmatics". In Arnold, J. (Ed.), *Affect in Language Learning* (pp.

289-303). Cambridge: Cambridge University Press.

Reiss, K., & H. J. Vermeer (1996). *Fundamentos para* una *teoría funcional de la traducción.* Madrid: Akal Ediciones.

Ribé, R. (Coord). (1997). *Tramas creativas y aprendizaje de lenguas: prototipos de tareas de tercera generación.* Barcelona: Servicio de Información y Publicaciones, Universitat de Barcelona.

Ribé, R., & Vidal, N. (1993). *Project Work Step by Step.* Oxford: Heinemann.

Ribé, R. (1998). *Foundations of Translation.* Barcelona: Edicions Universitat de Barcelona.

Richards, J., & Rodgers, T. (1986/2001). *Approaches and Methods in Language Teaching.* Cambridge: Cambridge University Press.

Richards, J., & C. Lockhart (1994). *Reflective Teaching in Second Language Classrooms.* Cambridge: Cambridge University Press.

Rinvolucri, M. (Ed.). (2002). *Humanising Language Teaching Journal,* University of Kent: Pilgrims http://www.hltmag.co.uk/may02/edit.htm

Rinvolucri, M. (2002). Humanising Your Coursebook. Activities to Bring Your Classroom to Life. London: Delta.

Rivers, W. M. (1964). *The Psychologist and the Foreign* Langmzge *Teacher.* Chicago: The University of Chicago Press.

Robinson, D. (1991). *The Translator's Turn.* Baltimore and London: Johns Hopkins University Press.

Robinson, D. (1995). "Theorizing Translation in a Woman's Voice". *The Translator, 1* (2), 153-175.

Robinson, D. (1997a). *Becoming a Translator.* London & New York:

Routledge

Robinson, D. (1997b). *Western Translation Theory from Herodotus to Nietzche.* Manchester: St. Jerome Publishing.

Roger, E., & W. B. Olsen (1992). "Cooperative Learning and Social Studies". In Kessler (Ed.), *Cooperative Language Learning.* Hemel Hampstead: Prentice Hall.

Rogers, C. (1994). *Freedom to Learn.* Ohio: Charles E. Merrill.

Rowling, J. (2000). *Harry Potter and the Goblet of Fire.* London: Bloomsbury.

_____(Trans.) Muñoz García, A., & N. Martín (2001). *Harry Potter y el Caliz de Fuego.* Barcelona: Salamandra.

Sager, J. (1993). Language Engineering and Translation; Consequences of Automatation. Amsterdam & Philadelphia: John Benjamins.

Sainz, Ma. (1994). "Student-centred corrections of translations". In Dollerup, C., & A. Lindegaard (Eds.), *Teaching Translation and Interpreting,* 2, 133-143. Amsterdam & Philadelphia: John Benjamins.

Saura, C. (1990). *Ay, Carmela!*,, Coproducción: Iberoamericana Films, S.A. (Madrid), y Ellepi (Roma) en colaboración con TVE, S.A.

Saussure, F. (1922). *Course de linguistique générale* (Ed. C. Bally & A. Sechehaye). Paris: Editions Payot.

Schleiermacher, F. (1813/2000). "Über die verschiedenen Methoden des Übersetzens",. In Gallén, E., M. Lianas, M. Ortín, R. Pinyol, & P. Quer (Eds.), *L'art de traduir. Reflexions sobre la traducció al Ilarg de la història* (pp. 232-287). Universitat de Vic: EUMO Editorial.

Schumann, J. H. (1997). *The Neurobiology of Affect in Language.*

Boston: Blackwell.

Scott, R. (1982). *Bladerunner.* Warner Bros.

Scott-Tennent, C., & M. González Davies. (2000). "Translation Strategies and Translation Solutions: Design of a Teaching Prototype and Empirical Study of Results". In Beeby, A. et al. (Eds.), *Investigating Translation* (pp. 107–117). Amsterdam & Philadelphia: John Benjamins.

Séguinot, C. (1991). "A Study of Student Translation Strategies". In Tirkkonen-Condit, S. (Ed.), *Empirical Research in Translation and Intercultural Studies* (pp. 79-88). Tubingen: Gunter Narr.

Seleskovitch, D. (1974/1983). "Zur Theorie des Dolmetschens". In Kapp, V. (Ed.), *(Übersetzer und Dolmetscher.* Heidelberg: Quelle und Meyer.

Selinker, L. (1972). "Interlanguage". *International review of Applied Linguistics, X* (3), 209- 231.

Selinker, L. (1992). *Rediscovering Interlanguage.* London & New York: Longman.

Shakespeare, W. (1894/1976). *The Oxford Shakespeare Complete Works,* Craig, W. J. (Ed.). London, New York& Toronto: Oxford University Press.

Shreve, G. M. (1995). "Prescription and Description in Translation Teaching". Foreword to *Pathways to Translation. Pedagogy and Process* Kiraly, D., ix-xiv. Kent, Ohio & London: The Kent State University Press.

Skinner, B. (1957). *Verbal Behaviour.* New York: Appleton Century Crofts.

Slavin, R.E. (1990). *Cooperative Learning: Theory, Research and*

Practice. Englewood Cliffs: Prentice Hall.

Snell-Hornby, M. (1992). "The Professional Translator of Tomorrow: Language Specialist or All-round Expert?". In Dollerup, C.,& A. Loddeggard (Eds.), *Teaching Translating and Interpreting* (pp. 9-22). Amsterdam & Philadelphia: Benjamins.

Spielberg, S. (1984). *Indiana Jones in the Temple of Doom.* Lucasfilms Ltd.

Stanovich, K. (1980). "Toward an Interactive-Compensatory Model of Individual Differences in the Development of Reading Fluency". *Reading Research Quarterly, 16,* 32-71.

Steiner, G. *(1975/1992). After Babel: Aspects of Language and Translation.* London, Oxford & New York: Oxford University Press.

Stephens, John. (1992). *Language and Ideology in Children's Fiction.* London & New York: Routledge.

Stevenson, R. L. (1883/1990). *Treasure Island.* London & New York: Guild.

________(Trans.) Arús, J. (1926). *L'Illa del Tresor.* Barcelona: Joventut.

________(Trans.) Lutteroth, H. L. (1967). *La Isla del Tesoro.* Bruguera: Barcelona.

Tannen, D. (1990). You Just Don't Understand Women and Men in Conversation. New York: Harper-Collins.

The Mabinogion (Trans Jones, G., & T. Jones). (1982). Hendrik-Ido-Ambacht: Dragon's Dream.

Thomas, P. "Romance in Cartlandia" (reference not available).

Thornbury, S. (1999). "What's the Matter with Grammar? A Review".

TTEd SIG Newsletter, 23.

Thurber, J. (1974). *Fables for Our Time and Illustrated Poems.* New York & London: Harper and`Row. http://www.whsd.k12.pa.us/ej/Arthla/thurber.htm

Tirkkonen-Condit, S. (2001). "Metaphors in Translation Processes and Products". *Quaderns. Revista de Traducció,* 6, 11-15.

Titford, C., & A. E. Heike. (1985). Translation in Foreign Language Teaching and Translation. C. Tubingen: Gunter Narr.

Todorov, T. (1998). "The First Hundred Years of Mikhail Bakhtin". *The Times Literary Supplement,* March 13, 7-8.

Torres, M. (1987). *The Spanish Table.* London: Ebury Press.

Toury, G. (1978). "The Nature and Role of Norms in Literary Translation". In Holmes, L., & van den Broeck (Eds.), *Literature and Translation; New Perspectives in Literary Studies*, 83-100.

Toury, G. (1980). *In Search of a Theory of Translation.* Tel Aviv: Porter Institute.

Toury, G. (1995). *Descriptive Translation Studies and Beyond.* Amsterdam & Philadelphia: John Benjamins.

Townsend, S. (1984). *The Growing Pains of Adrian Mole.* London: Methuen.

Trousdale, G., & K. Wise. (1991). *Beauty and the Beast.* Walt Disney Company.

Tymoczko, M. (2001). "Translation and Political Engagement. Activism, Social Change and the Role of Translation in Geopolitical Shifts". *The Translator,* 6(1), 23-47.

Tymoczko, M. (2001). "Translation and Political Engagement.

Activism, Social Change and the Role of Translation in Geopolitical Shifts". *The Translator* (pp. 23•—13). Manchester: St. Jerome.

Underhill, A. (1999). "Facilitation in Language Teaching". In Arnold, J. (Ed.), *Affect in Language* Learning, 143–159. Cambridge: Cambridge University Press.

Ur, P. (1996). Quoted in Brewster, J. "Task-based learning. The challenge for teachers and trainers." *A.P.A.C. of News, 27* `34-38. Barcelona: Alhambra-Longman.

Valenzuela, L. (1996). "Translation on the Border: La Smart Cookie en su Low Rider". *ATA Chronicle, 25* (1), 10-11.

Valero, C. (1997). "Cómo evaluar la competencia traductora. Varias propuestas". In Bacardí, M. et al. (Ed.), *Actes Congrés Internacional sobre Traducció de 1994.* Barcelona: Universitat Autònoma de Barcelona.

Venuti, L. (1992). *Rethinking Translation,* London & New York: Routledge.

Venuti, L. (1992). "Is Translation a Linguistic or a Cultural Process?". In Coulthard, M. (Ed.), *Studies in Translation/Estudos in Traduçao, Ilha do Desterro, 28.*

Venuti, L. (1995). *The Translator's Invisibility.* London & New York: Routledge.

Vienne, J. (1998). "Teaching what they didn't learn as language students". In Malmkjaer, K. (Ed.), *Translation and Language Teaching* (pp. 111-117). Manchester: St. Jerome.

Vinay, J.-P., & J. Darblenet (1958/1977). *Stylistique comparée du français et de l'anglais, Méthode de traduction,* Paris: Didier.

Vygotsky, L. S. et al. (1978). *Mind in Society. Development of Higher Psychological Processes.* Cambridge, MA: Harvard University Press.

Wadell, M. (1990). "The Tough Princess". *The Walker Bear. A Children's Treasury,* 86-87. London & New York: Guild.

Weller, G. (1989). "Some Polemic Aspects of Translation in Foreign Language Pedagogy Revisited". In Krawutsche, P. (Ed.), *Translator and Interpreter Training and Foreign Language Pedagogy^* ATA Scholarly Monograph Series, vol. III, 39-50. Binghamton: SUNY.

Widdowson, H. (1979). "The deep structure of discourse and the use of translation". *Explorations in Applied Linguistics,* 101–111, Oxford: Oxford University Press.

Wilde, O. (1979). *Complete Shorter Fiction.* Oxford: Oxford University Press.

Widdowson, H. G. (1984). *Explorations in Applied Linguistics 2.* Oxford: Oxford University Press.

Williams, M. (1999). "Learning Teaching: A Social Constructivist Approach". In Trappes Lomax & McGrath (Eds.), *Theory in Language Teacher Education.* Harlow: Longman. Wilss, W. (1989). "Topical Issues in Translator Training at Universities". In Krawutsche, P. (Ed.)〉*Translator and Interpreter Training and Foreign language Pedagogy*, ATA Scholarly Monograph Series, vol. Ill, 89-99. Binghamton: SUNY.

Wilss, W. (1994). "A Framework for Decision-Making in Translation".

Target, 6, (2), 131- 150. Amsterdam & Philadelphia: John Benjamins.

Woodward, T. (1992). *Models and Metaphors in Language Teacher Training.* Cambridge: Cambridge University Press.

Wright, T. (1987). *Roles of Teachers and Learners.* Oxford: Oxford University Press. Wyngaarden, J., & L. Smith (Eds.). (1982). *Cecil Textbook of Medicine.* Philadelphia, London & Toronto: W. B. Saunders Company / Mexico City, Rio de Janeiro, Sydney & Tokyo: Igaku-Shoin/Saunders. Chiang Yee http://www.authorsignatures.com/xyzauth/yee_chiang.htm

관련 웹 사이트

http://blpc.bl.uk

영국국립도서관 소장 도서목록 데이터베이스로 번역서 포함

http://cvc.cervantes.es/aula/el_atril/

세르반테스 연구소의 번역워크숍으로 불어/포르투갈어/영어에서 스페인어로의 온라인 번역문 공개

컴퓨터

http://www.acronymfinder.com/

두문자어, 약어 사전

http://whatis.techtarget.com/

가장 최신 IT 용어 정의

http://www.lisa.org

LISA(Localisation Industry Standards Association 로컬라이제이션 표준협회)

http://babelfish.altavista.com/translate.dyn

텍스트나 웹페이지를 여러 언어로 자동번역

http://www.wordfisher.com

WordFisher와 WordAlign: WordFisher 번역 프로젝트 매니저

WordAlign는 WordFisher용 플러그인

사전 목록

www.arl.org/scomm/edir

전자출판 사전

http://europa.eu.int/eurodicautom/login.jsp

유럽 용어 데이터베이스

www.yourdictionary.com
사전 및 용어 해설
www.onelook.com
정의 및 번역

영화 대본

http://www.script-o-rama.com
영어로 된 영화 대본
http://www.simplyscripts.com/movie-scripts.html
미제작된 영화, 라디오, 텔레비전 대본
http://us.imdb.com
국제 영화 데이터베이스

문학

http://ota.ahds.ac.uk
옥스퍼드 텍스트 아카이브. 온라인 문학 텍스트
http://onlinebooks.library.upenn.edu
온라인 북 이니셔티브
http://cervantesvirtual.com/
온라인 스페인 문학
http://catalog.loc.gov/
미국 의회도서관 목록
http://www.inlibris.com
문학 자료 (온라인 북, 잡지, 출판사 등)

http://www.abp1.com/3funhous/stories/story05.html
이야기 모음

의학

http://www.ncbi.nih.gov/entrez/query.fcgi
PubMed: 1950년대이후 바이오메디컬 논문 (국립의학도서관)
http://www.scirus.com/
과학 분야 웹페이지 검색 엔진
http://www.ugr.es/~ oncoterm/alpha-index.html
종양학, 영어-스페인어(그라나다 대학교)
http://www.insp.mx/cisp/publicaciones/mhernandez/1994_45.pdf
유행병학 용어 해설 (영어, 불어, 스페인어, 포르투갈어)
http://www.who.int/druginformation/vol17num3_2003/proplist89.pdf
3개 언어로 의약품 소개
http://mel.lib.mi.us/health/health-dictionaries.html
사전과 용어 해설 목록 MEL(The Health Information Resources section of the Michigan Electronic Library 미시간 전자도서관 건강정보자료)

교육

www.hltmag.co.uk
Humanising Language Teaching(인본주의적 언어 교육)
http://www.geocities.com/SoHo/Workshop/1478/Ejournal.html
Translation Web Journals(번역 웹 저널)
http://www.fask.uni-mainz.de/user/kiraly/

돈 키캘리 웹페이지: 번역 교육에 대한 대안적 접근 방법
http://polaris.umuc.edu/~rouellet/learning/index.html
학습 및 교습 스타일

"문자메시지" 참고 사이트

http://www.beckminster.freeserve.co.uk/beckoner/dec01/

찾아보기

1) 이 책은 카탈로니아의 DURSI(Departament d'Universitats per a la Recerca i Societat de la Informació, 영어로는 Department of Universities for Research and Information Society), DOGC(2000.11.28)와 연구그룹 PITILE(Pedagogia de la Traducció i de les Llengües Estrangeres, 영어로는 Teaching Translation and Foreign Languages), 스페인의 빅(Vic) 대학교(2002-2003)에서 연구비를 지원받았다.

2) 학습과 습득의 차이에 관한 자세한 설명은 크라센, 번역에의 적용은 키랠리(1995, p.29), 모니터 이론은 크로우체의에서 벨러 참조(1989:44).

3) 선천적/후천적 번역사에 대한 논의는 키랠리 참조(1995:15–16).

4) 번역상의 손실에 관한 교육학적 논의는 허비, 히긴스, 헤이우드 참조(1995:16–17).

5) 원문에서 번역문으로의 전이에 관해서는 다양한 이론가들이 다양한 방법으로 표현해 왔다. 그 중 교육학과 가장 연관성이 높은 것은 장 드릴(1984)이 제안한 내용으로, 드릴은 언어와 담화 사이의 간극을 연결하자고 주장하고 그 방안으로서 8단계론를 제안하였다.

6) 여기에서는 각 시대에 가장 영향력이 컸던 이론들을 다룬다. 당시 다른 이론들이 존재하지 않았다는 의미가 아니라, 단지 지배적인 위치를 점하지 못했거나 새로운 사고방식을 소개하지 않았기 때문에 다루지 않는 것이다. 번역과 관련된 논의는 19세기 이전에 이미 시작되었다(2장 참조).

7) 이 아이디어를 제공한 에바 박사에게 감사한 마음을 전한다.

8) 카탈로니아의 사회언어학적 상황은 최근 몇 년 사이에 많이 변했다. 1996년에 올리바의 번역서가 출간되었을 때 인구의 95퍼센트가 카탈로니아어를 이해할 수 있었고 45.8퍼센트가 카탈로니아어를 쓸 줄 알았다. 카탈로니아어로만 쓰인 어린이 잡지 *Cavall Fort*는 1962년에 창간되어 2만 5천부를 발행했다. 카탈로니아 라디오 텔레비전 총국에 속한 텔레비전 채널 중에는 카탈로니아어로만 방송하는 채널이 두 개(TV3과 Canal 33) 있다. 바르셀로나와 같은 도시에서는 방송에서 BTV

와 같은 지역방송을 내보낼 때 이중 언어를 사용하는 것이 표준이다.

9) 이 텍스트는 바르셀로나의 SOIKOS가 1989년에 진행한 역번역 프로젝트의 일부 텍스트이다. 바르셀로나 대학교 언어센터의 로빈 라이크로프트 소장이 의학 텍스트 역번역문의 신뢰도를 평가하기 위해 진행하였다. 여기서 소개한 이 텍스트는 "구토증의 영향 개요서"를 평가하기 위한 질문지였다.

10) 필립 뱅크스 박사가 준비한 텍스트를 일부 전사한 것이다.

11) 번역에서는 살리지 못한 mummies 와 mammies 의 언어 유희에 주목해 보자. 반 전체의 토론시간이 아주 흥미로울 수 있음을 보여주는 사례이다. 번역 대안으로는 영화에서처럼 두 번째 음절에서 처리하는 대신에 이전 문장((mamas)의 첫 번째 음절(mama)을 강조하는 방법이 있다. 그렇게 하면 음성적 언어 유희를 조금이라도 살릴 수 있다.

12) 학생들의 번역을 평가하는데 분야전문가들이 적극적으로 참여하여 진행한 실험에 관해서는 곤잘레스 데이비스 참조(1998).

13) 이 부분은 "비등가"를 논하는 부분인데 이 사례는 "비등가"에 해당하지 않는다. 그러나 비등가 문제를 본격적으로 해결하기 전에, 논의가 필요한 첫 번째 단계로 학생들이 제안한 사항이다.

14) 실제 현장의 번역 과업을 보내 준 독일 마인즈 대학교의 돈 키랠리, 비정부기구의 핸슬러, 로라에게 감사의 마음을 전한다.

15) 유익한 제안과 귀중한 도움을 제공하고 열정적으로 연구에 참여해 준 컴퓨터수업 강사 리차드 샘슨에게 감사한 마음을 전한다.

In the series Benjamins Translation Library the following titles have been published thus far or are scheduled for publication:

1 **SAGER, Juan C:** *Language Engineering and Translation: Consequences of automation*, 1994.

2 **SNELL-HORNBY, Mary, Franz POCHHACKER and Klaus KAINDL (eds):** *Translation Studies: An interdiscipline. Selected papers from the Translation Congress, Vienna, 9-12 September 1992.* 1994.

3 **LAMBERT, Sylvie and Barbara MOSER-MERCER (eds):** *Bridging the Gap: Empirical research on simultaneous interpretation.* 1994.

4 **TOURY, Gideon:** *Descriptive Translation Studies — and beyond.* 1995

5 **DOLLERUP, Cay and Annette LINDEGAARD (eds.):** Teaching Translation and Interpreting 2. Insights, aims and visions. Papers from the Second Language International Conference Elsinore, 1993. 1994. viii, 358 pp.

6 **EDWARDS, Alicia B.:** The Practice of Court Interpreting. 1995. xiii, 192 pp.

7 **BEAUGRANDE, Robert de, Abdullah SHUNNAQ and Mohamed Helmy HELIEL (eds.):** Language, Discourse and Translation in the West and Middle East. 1994. xii, 256 pp.

8 **GILE, Daniel:** Basic Concepts and Models for Interpreter and Translator Training. 1995. xvi, 278 pp.

9 **REY, Alain:** Essays on Terminology. Translated by Juan C.

Sager. With an introduction by Bruno de Bessé. 1995. xiv, 223 pp.

10 **KUSSMAUL, Paul:** Training the Translator. 1995. x, 178 pp.

11 **VINAY, Jean-Paul and Jean DARBELNET:** Comparative Stylistics of French and English. A methodology for translation. Translated and edited by Juan C. Sager, M.-J. Hamel. 1995. xx, 359 pp.

12 **BERGENHOLTZ, Henning and Sven TARP (eds.):** Manual of Specialised Lexicography. The preparation of specialised dictionaries. 1995. 256 pp.

13 **DELISLE, Jean and Judith WOODSWORTH (eds.):** Translators through History. 1995. xvi, 346 pp.

14 **MELBY, Alan K. and Terry WARNER:** The Possibility of Language. A discussion of the nature of language, with implications for human and machine translation. 1995. xxvi, 276 pp.

15 **WILSS, Wolfram:** Knowledge and Skills in Translator Behavior. 1996. xiii, 259 pp.

16 **DOLLERUP, Cay and Vibeke APPEL (eds.):** Teaching Translation and Interpreting 3. New Horizons. Papers from the Third Language International Conference, Elsinore, Denmark, 1995. 1996. viii, 338 pp.

17 **POYATOS, Fernando (ed.):** Nonverbal Communication and Translation. New perspectives and challenges in literature, interpretation and the media. 1997. xii, 361 pp.

18 **SOMERS, Harold (ed.):** Terminology, LSP and Translation.

Studies in language engineering in honour of Juan C. Sager. 1996. xii, 250 pp.

19 **CARR, Silvana E., Roda P. ROBERTS, Aideen DUFOUR and Dini STEYN (eds.):** The Critical Link: Interpreters in the Community. Papers from the 1st international conference on interpreting in legal, health and social service settings, Geneva Park, Canada, 1–4 June 1995. 1997. viii, 322 pp.

20 **SNELL-HORNBY, Mary, Zuzana JETTMAROVÁ and Klaus KAINDL (eds.):** Translation as Intercultural Communication. Selected papers from the EST Congress, Prague 1995. 1997. x, 354 pp.

21 **BUSH, Peter and Kirsten MALMKJÆR (eds.):** Rimbaud's Rainbow. Literary translation in higher education. 1998. x, 200 pp.

22 **CHESTERMAN, Andrew:** Memes of Translation. The spread of ideas in translation theory. 1997. vii, 219 pp.

23 **GAMBIER, Yves, Daniel GILE and Christopher J. TAYLOR (eds.):** Conference Interpreting: Current Trends in Research. Proceedings of the International Conference on Interpreting: What do we know and how? 1997. iv, 246 pp.

24 **ORERO, Pilar and Juan C. SAGER (eds.):** The Translator's Dialogue. Giovanni Pontiero. 1997. xiv, 252 pp.

25 **POLLARD, David E. (ed.):** Translation and Creation. Readings of Western Literature in Early Modern China, 1840–1918. 1998. vi, 336 pp.

26 **TROSBORG, Anna (ed.):** Text Typology and Translation.

1997. xvi, 342 pp.

27 **BEYLARD-OZEROFF, Ann, Jana KRÁLOVÁ and Barbara MOSER-MERCER (eds.):** Translators' Strategies and Creativity. Selected Papers from the 9th International Conference on Translation and Interpreting, Prague, September 1995. In honor of Jiří Levý and Anton Popovič. 1998. xiv, 230 pp.

28 **SETTON, Robin:** Simultaneous Interpretation. A cognitive-pragmatic analysis. 1999. xvi, 397 pp.

29 **WILSS, Wolfram:** Translation and Interpreting in the 20th Century. Focus on German. 1999. xiii, 256 pp.

30 **DOLLERUP, Cay:** Tales and Translation. The Grimm Tales from Pan-Germanic narratives to shared international fairytales. 1999. xiv, 384 pp.

31 **ROBERTS, Roda P., Silvana E. CARR, Diana ABRAHAM and Aideen DUFOUR (eds.):** The Critical Link 2: Interpreters in the Community. Selected papers from the Second International Conference on Interpreting in legal, health and social service settings, Vancouver, BC, Canada, 19–23 May 1998. 2000. vii, 316 pp.

32 **BEEBY, Allison, Doris ENSINGER and Marisa PRESAS (eds.):** Investigating Translation. Selected papers from the 4th International Congress on Translation, Barcelona, 1998. 2000. xiv, 296 pp.

33 **GILE, Daniel, Helle V. DAM, Friedel DUBSLAFF, Bodil Ringe MARTINSEN and Anne SCHJOLDAGER (eds.):**

Getting Started in Interpreting Research. Methodological reflections, personal accounts and advice for beginners. 2001. xiv, 255 pp.

34 **GAMBIER, Yves and Henrik GOTTLIEB (eds.):** (Multi) Media Translation. Concepts, practices, and research. 2001. xx, 300 pp.

35 **SOMERS, Harold (ed.):** Computers and Translation. A translator's guide. 2003. xvi, 351 pp.

36 **SCHMID, Monika S.:** Translating the Elusive. Marked word order and subjectivity in English-German translation. 1999. xii, 174 pp.

37 **TIRKKONEN-CONDIT, Sonja and Riitta JÄÄSKELÄINEN (eds.):** Tapping and Mapping the Processes of Translation and Interpreting. Outlooks on empirical research. 2000. x, 176 pp.

38 **SCHÄFFNER, Christina and Beverly ADAB (eds.):** Developing Translation Competence. 2000. xvi, 244 pp.

39 **CHESTERMAN, Andrew, Natividad GALLARDO SAN SALVADOR and Yves GAMBIER (eds.):** Translation in Context. Selected papers from the EST Congress, Granada 1998. 2000. x, 393 pp.

40 **ENGLUND DIMITROVA, Birgitta and Kenneth HYLTENSTAM (eds.):** Language Processing and Simultaneous Interpreting. Interdisciplinary perspectives. 2000. xvi, 164 pp.

41 **NIDA, Eugene A.:** Contexts in Translating. 2002. x, 127 pp.

42 **HUNG, Eva (ed.):** Teaching Translation and Interpreting 4.

Building bridges. 2002. xii, 243 pp.

43 **GARZONE, Giuliana and Maurizio VIEZZI (eds.):** Interpreting in the 21st Century. Challenges and opportunities. 2002. x, 337 pp.

44 **SINGERMAN, Robert:** Jewish Translation History. A bibliography of bibliographies and studies. With an introductory essay by Gideon Toury. 2002. xxxvi, 420 pp.

45 **ALVES, Fabio (ed.):** Triangulating Translation. Perspectives in process oriented research. 2003. x, 165 pp.

46 **BRUNETTE, Louise, Georges BASTIN, Isabelle HEMLIN and Heather CLARKE (eds.):** The Critical Link 3. Interpreters in the Community. Selected papers from the Third International Conference on Interpreting in Legal, Health and Social Service Settings, Montréal, Quebec, Canada 22–26 May 2001. 2003. xii, 359 pp.

47 **SAWYER, David B.:** Fundamental Aspects of Interpreter Education. Curriculum and Assessment. 2004. xviii, 312 pp.

48 **MAURANEN, Anna and Pekka KUJAMÄKI (eds.):** Translation Universals. Do they exist? 2004. vi, 224 pp.

49 **PYM, Anthony:** The Moving Text. Localization, translation, and distribution. 2004. xviii, 223 pp.

50 **HANSEN, Gyde, Kirsten MALMKJÆR and Daniel GILE (eds.):** Claims, Changes and Challenges in Translation Studies. Selected contributions from the EST Congress, Copenhagen 2001. 2004. xiv, 320 pp.

51 **CHAN, Leo Tak-hung:** Twentieth-Century Chinese Translation

Theory. Modes, issues and debates. 2004. xvi, 277 pp.

52 **HALE, Sandra Beatriz:** The Discourse of Court Interpreting. Discourse practices of the law, the witness and the interpreter. 2004. xvi, 261 pp. + index.

53 **DIRIKER, Ebru:** De-/Re-Contextualizing Conference Interpreting. Interpreters in the Ivory Tower? vii, 209 pp. + index. Expected Summer 2004

54 **GONZÁLEZ DAVIES, Maria V.:** Multiple Voices in the Translation Classroom. Activities, tasks and 프로젝트s. 2004. xii, 259 pp + index.

55 **ANGELELLI, Claudia:** Revisiting the Interpreter's Role. A study of conference, court, and medical interpreters in Canada, Mexico and the United States. Expected Fall 2004

56 **ORERO, Pilar (ed.):** Topics in Audiovisual Translation. Expected Fall 2004

A complete list of titles in this series can be found on www.benjamins.com/jbp

John Benjamins Series

05 Multiple Voices in the Translation Classroom

존 벤자민스 통번역 총서 05

학습자 중심의
번역 수업 모델 - 활동, 과업, 프로젝트
Multiple Voices in the Translation Classroom

초판 인쇄 2014년 12월 12일
초판 발행 2014년 12월 20일

지은이 마리아 곤잘레즈 데이비스
기 획 정호정(한국통역번역학회 회장)
옮긴이 신지선
발행인 김인철
발행처 한국외국어대학교 지식출판원
130-791 서울특별시 동대문구 이문로 107
전화 02)2173-2495~7
팩스 02)2173-3363
홈페이지 http://press.hufs.ac.kr
전자우편 press@hufs.ac.kr
출판등록 제6-6호(1969. 4. 30)
디자인 · 편집 (주)이환디앤비 02)2254-4301
인쇄 · 제본 상지사피앤비 031)955-3636

ISBN 978-89-7464-945-6 94700 정가 27,000원
978-89-7464-914-2 (세트)

*잘못된 책은 교환하여 드립니다.

HU:NE은 한국외국어대학교 지식출판원의 어학 및 사회과학도서 Sub Brand이다. 한국외대의 영문명인 HUFS, 현명한 국제전문가 양성의(International+Intelligent)의 의미를 담고 있으며, 휴인(携引)의 뜻인 '이끌다, 끌고 나가다'라는 의미처럼 출판계를 이끄는 리더로서, 혁신의 이미지를 담고 있다.